"十三五"国家重点出版物出版规划项目
深海悬浮隧道关键技术研究丛书

波流场中悬浮隧道模型实验技术与实例研究

Study on Technology and Examples of Submerged Floating Tunnel Model Experiment under Wave-Current Field

丁浩 李科 程亮 ◎ 著

图书在版编目（CIP）数据

波流场中悬浮隧道模型实验技术与实例研究 / 丁浩，李科，程亮著. 一成都：西南交通大学出版社，2020.11

（深海悬浮隧道关键技术研究丛书）

"十三五"国家重点出版物出版规划项目

ISBN 978-7-5643-7814-1

Ⅰ. ①波… Ⅱ. ①丁… ②李… ③程… Ⅲ. ①水下隧道–隧道工程–研究 Ⅳ. ①U459.5

中国版本图书馆 CIP 数据核字（2020）第 211639 号

"十三五"国家重点出版物出版规划项目
深海悬浮隧道关键技术研究丛书

Boliuchang zhong Xuanfu Suidao Moxing Shiyan Jishu yu Shili Yanjiu

波流场中悬浮隧道模型实验技术与实例研究

丁　浩
李　科　著
程　亮

出 版 人	王建琼
策划编辑	黄庆斌
	孟秀芝
责任编辑	姜锡伟
封面设计	曹天擎

印张	18.75	字数	279千
成品尺寸	170 mm × 230 mm		
版次	2020年11月第1版		
印次	2020年11月第1次		
印刷	成都市金雅迪彩色印刷有限公司		
书号	ISBN 978-7-5643-7814-1		

出版发行　西南交通大学出版社

网址　http://www.xnjdcbs.com

地址　四川省成都市金牛区二环路北一段
　　　111号西南交通大学创新大厦21楼

邮政编码　610031

发行部电话　028-87600564　028-87600533

定价　180.00元

图书如有印装质量问题　本社负责退换
版权所有　盗版必究　举报电话：028-87600562

序
PREFACE

近年来,随着水下隧道的建设水域逐渐由地势平坦的江河向沟槽发育的海湾和海峡发展,传统建设工法在复杂水域面临着巨大挑战,需要不断突破和创新。"钻爆法+盾构法""沉管法+悬浮法"或"盾构法+悬浮法"等组合工法已成为工程建设的备选,特别是水中悬浮隧道,靠浮力和锚索张力保持动力平衡的特殊水中交通结构,现已成为世界各国重点研究的方向。在某些难以修建隧道或桥梁的地方,悬浮隧道可以作为解决通过窄而深的海峡、湖泊和河流的交通方案。

悬浮隧道(Submerged Floating Tunnel,SFT)也被称为"阿基米德桥",是一种跨越长大水域的新型交通构筑物。其主要由依靠浮力悬浮在水下一定深度处的隧道管体、限制管体过大位移的锚固装置、深水基础以及衔接两岸的驳岸段组成。悬浮隧道主要有自由式、浮筒式、立柱支撑式和锚索式四种类型。水中悬浮隧道具有对环境整体影响小、车辆能耗低、受天气影响小、造价低、运营阶段不受恶劣气候影响、能耗低等优势,挪威、中国、美国、意大利、日本等对水中悬浮隧道开展了大量可行性研究,为各跨大面积水域交通工程建设提供了更多的备选方案,成为21世纪最具竞争力的跨海结构形式。

习近平总书记在十九大报告中指出:"要瞄准世界科技前沿,强化基础研究,实现前瞻性基础研究、引领性原创成果重大突破。……突出关键共性技术、前沿引领技术、现代工程技术、颠覆性技术创新,为建设……交通强国……提供有力支撑"。2018年,"跨深大海峡通道(悬浮隧道)关键技术"被列入中国科学技术协会发布的我国面向未来的 12 个重点领域 60 个重大科学问题。悬浮隧道建设是面向未来、面向科技前沿、具有重大挑战的世界级难题，是未来解决峡湾跨越、深海通道等重大交通工程的重要方式，对我国引领未来交通运输发展具有重要意义。

招商局重庆交通科研设计院有限公司自 2013 年起承担交通运输部建设科技项目"深海悬浮隧道关键技术的前期研究"以来，联合中国科学院力学研究所、天津大学、合肥工业大学、重庆交通大学等单位组成悬浮隧道建设关键技术联合攻关项目组，围绕悬浮隧道总体设计、结构安全标准、环境荷载计算方法、管节结构选型、接头结构形式、锚固方式、防撞技术、运营通风防灾等开展研究，提出了琼州海峡水中悬浮隧道的初步工程技术方案。本书重点介绍了悬浮隧道的国内外研究现状、模型实验理论方法、实验系统、模型设计、实验过程、实验结果分析等方面的独有成果和思考。希望该书能为从事悬浮隧道基础理论和关键技术研究及相关领域的学者提供一些有益的参考。

作　者
2020 年 10 月

目录

001 第1章 概述

002 \ 1.1 悬浮隧道简介

003 \ 1.2 悬浮隧道发展现状

018 \ 1.3 悬浮隧道模型实验现状

031 第2章 悬浮隧道模型实验理论

032 \ 2.1 相似准则

039 \ 2.2 实验断面的确定

043 \ 2.3 模型实验比尺的确定

044 \ 2.4 模型相似设计

048 第3章 水下隧道模型实验平台

049 \ 3.1 平台功能

055 \ 3.2 水池系统

057 \ 3.3 造流系统

061 \ 3.4 造波系统

064 \ 3.5 拖曳系统

065 \ 3.6 给排水系统

目 录

066
第 4 章　悬浮隧道水槽模型实验
067 \ 4.1　SFT 波浪水槽实验方法
076 \ 4.2　实验数据分析

099
第 5 章　波–流耦合作用下悬浮隧道模型实验
100 \ 5.1　SFT 波–流耦合模型实验方法
140 \ 5.2　纯流作用下的 SFT 结构响应
149 \ 5.3　波浪作用下的 SFT 结构响应
214 \ 5.4　波–流耦合作用下的 SFT 结构响应

279
第 6 章　主要结论

282
参考文献

第1章

PART

概 述

第1章 概述

1.1 悬浮隧道简介

悬浮隧道（Submerged Floating Tunnel，SFT）是一种穿越海峡、湖泊以及其他水域的交通结构物，一般由浮在水中一定深度的管状结构（该结构的空间很大，足以适应道路和铁道交通的要求）、锚固在水下基础上的锚缆杆（或水上的浮箱）装置、锚固锚杆或锚索装置的水下抗拔基础及与两岸相连的构筑物组成。这种新型的水下跨越结构物有效地利用了水体的浮力作用，故又称为阿基米德桥。从结构形式和荷载角度来看，悬浮隧道就像一种隐藏在水中的封闭的桥梁，但从使用功能的角度来看，悬浮隧道更多地具有隧道的特点；所以通常称之为"隧道"，而不是"桥梁"。

据不完全统计，到目前为止，我国已建成（含在建）30余座跨海（江）公路隧道工程。其中：已建成通车的跨越长江的大型隧道有武汉长江隧道、南京长江隧道、上海长江隧道等，已建成的跨海峡隧道有青岛胶州湾海底隧道、厦门翔安海底隧道、香港红磡海底隧道、港珠澳大桥海底隧道等，正在建设的海底隧道有大连湾海底隧道等。其修建工法主要有钻爆法、盾构法、沉管法和围堰法等，我国已经基本上掌握了上述海底隧道的建造工法。但是，我国跨海隧道的建设将面临更为复杂和多样的水域环境。《国家高速公路网规划》中跨越琼州海峡、渤海海峡和台湾海峡等的规划项目就是其中的典型代表。面对越来越复杂的建设环境条件，传统的跨海隧道修建工法已经难以满足要求，成为制约工程上马的关键。为适应复杂的海底地形和地质条件，悬浮隧道这种新型隧道形式也逐渐成为跨海通道研究领域的一个方面。

近年来，随着水下隧道的建设水域逐渐由地势平坦的江河向沟槽发育的海湾和海峡发展，传统建设工法在复杂水域面临着巨大挑战，需要不断突破和创新。"钻爆法+盾构法""沉管法+悬浮法"或"盾构法+沉管法"等组合工法已成为工程建设的备选工法，特别是水中悬浮隧道（靠浮力和锚索张力保持动力平衡的特殊水中交通结构）现已成为世界各国重点研究的方向。

习近平总书记在十九大报告中指出：要瞄准世界科技前沿，强化基础研究，实现前瞻性基础研究、引领性原创成果重大突破。突出前沿引领技术、现代工程技术创新，建设交通强国。2018年，"跨深大海峡通道（悬浮隧道）关键技术"被列入中国科学技术协会发布的我国面向未来的12个重点领域60个重大科学问题。悬浮隧道建设是面向未来、面向科技前沿、具有重大挑战的世界级难题，是未来解决峡湾跨越、深海通道等重大交通工程的重要方式，对我国引领未来交通运输发展具有重要意义。

在已有的悬浮隧道研究成果中：所采用的断面形式主要有圆形、椭圆形、矩形、多边形等；而采用的支撑形式则包括浮筒式、立柱支撑式（可采用桩基支撑、锚杆支撑等）、张力腿式（布置形式可采用竖向、斜向或组合交叉式）等；悬浮隧道结构的材料包括混凝土（预应力混凝土、钢筋混凝土等）、钢结构、铝合金、橡胶泡沫等；连接方式包括管段之间的连接、管段与两岸的连接以及支撑系统与管段的连接等，主要采用柔性接头和刚性接头。

1.2 悬浮隧道发展现状

在悬浮隧道研究领域，由于经济、安全、政治等各种原因，至今世界上仍没有任何国家或地区建成悬浮隧道实际工程，所有研究主要通过理论研究、模拟分析、物理模型实验等方式进行，因此还处于研究初期阶段。总体来说，欧洲起步最早，处于领先水平，特别是意大利、挪威两国对悬浮隧道这种特殊隧道结构进行了广泛深入的研究，研究范围包括整体设计、计算理论、设计方法、设计指南以及施工方法等。日本、美国也依靠其已有的土木工程和海洋工程技术，根据本国的具体情况对悬浮隧道进行了较深入的研究。近年来，更有其他国家如韩国、印度尼西亚、墨西哥等的研究人员，结合本国交通建设发展需求，对悬浮隧道这一新型水下结构开展了大量的研究。而我国对悬浮隧道的研究始于20世纪90年代，起步较晚。随后中国与意大利两国专家合作，在浙江金塘海峡、千岛湖地区进行了悬

第 1 章 概 述

浮隧道的可行性研究和初步设计，特别是千岛湖悬浮隧道设计方案为后续相关研究提供了丰富的研究资料。虽然目前我国研究人员对悬浮隧道已经取得了不少实质性成果，但在悬浮隧道的某些研究领域仍处于空白状态或研究深度不够，因此有必要对悬浮隧道这一新型隧道结构进行更广泛深入的理论和实验研究。图 1-1 为几种悬浮隧道概念设计示意。

1.2 悬浮隧道发展现状

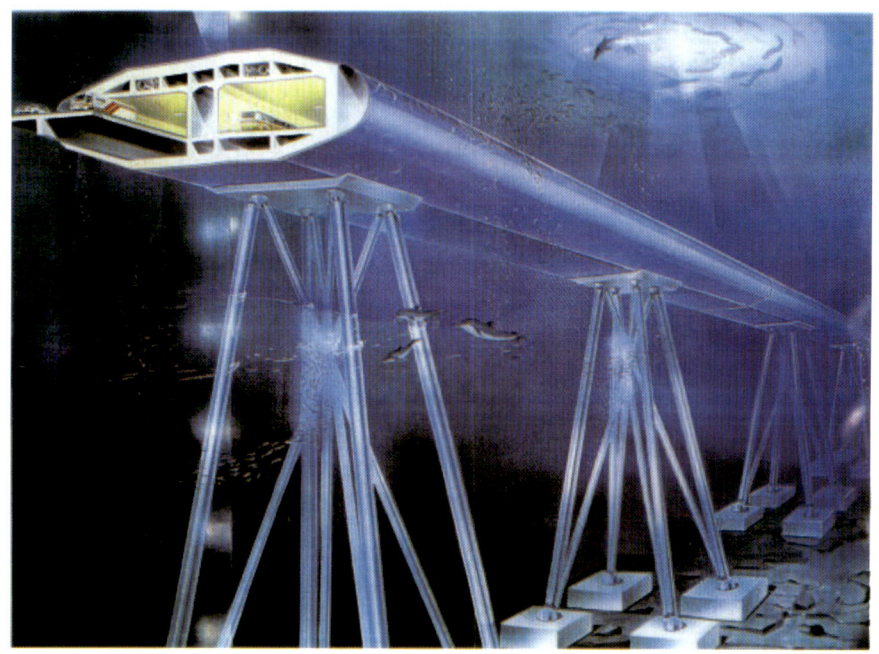

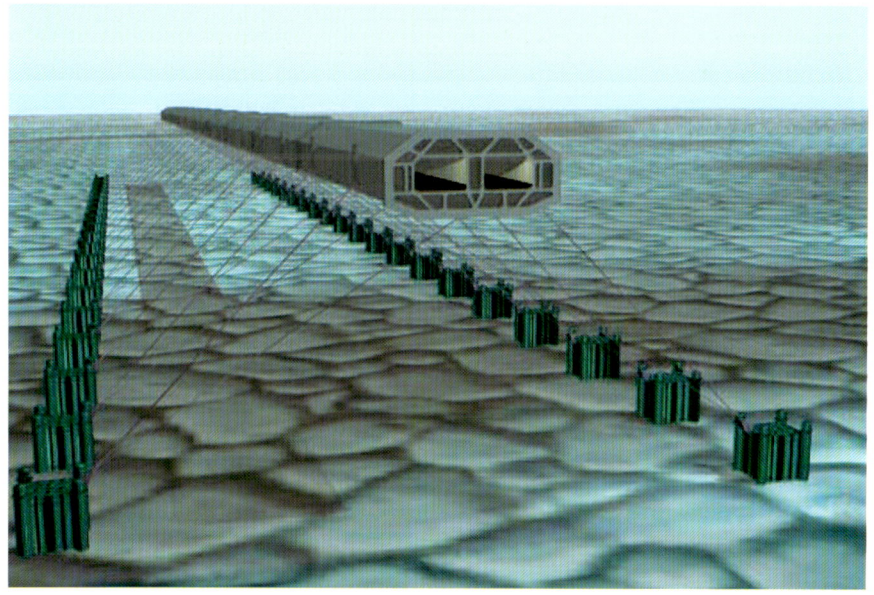

图 1-1 几种悬浮隧道概念设计示意

1.2.1 悬浮隧道断面设计形式研究

隧道断面形状主要取决于隧道设计功能、设计荷载和交通量等,并综合考虑隧道结构的防灾和耐久性。从满足公路交通和铁路交通的角度出发,隧道断面形式以圆形和箱形截面为主。而水中悬浮隧道则需要考虑应急通道、排风通道、检测通道及压水仓和排水仓等功能。

挪威、意大利、中国、美国、日本等结合本国不同情况,针对其国内的海峡,提出了各具特色的不同悬浮隧道初步设计方案及施工技术方案,形成了图 1-2 所示的 4 种典型的水中悬浮隧道断面形式设计方案。

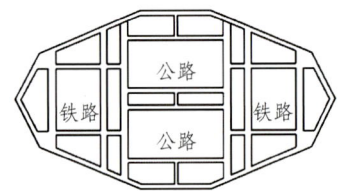

(a) 意大利 Messina 海峡悬浮隧道断面设计方案

(b) 中国金塘海峡悬浮隧道断面设计方案

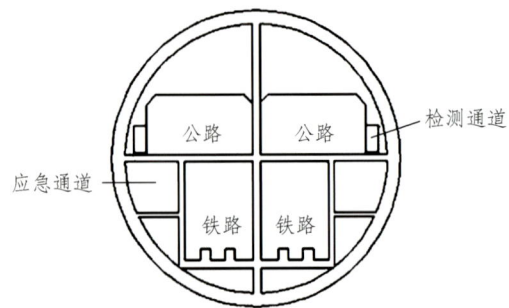

(c) 日本喷火湾悬浮隧道断面设计方案

1.2 悬浮隧道发展现状

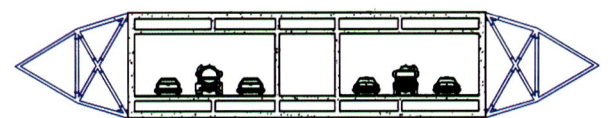

（d）日本明石海峡悬浮隧道断面设计方案

图 1-2 典型水中悬浮隧道断面设计方案

周晓军、闫宏生等学者针对均匀流或典型水域的水中悬浮隧道，开展了不同断面形式下的结构表面的压强分布、断面升阻力变化和结构稳定性研究，提出了合理的断面形式建议。

丁浩、李科等通过对断面形式的相关研究，认为水中悬浮隧道断面选型存在以下几个方面的共识：

（1）随着来流速度的增加，结构表面正负压强区均有所增大。

（2）迎流面宽度对悬浮隧道周围压力场分布影响很小，对结构升力和阻力影响明显。

（3）高宽比一定时，升阻力系数变化：钝角断面＞无钝角断面；尾流区大小：圆形截面＞椭圆形截面＞耳形截面＞多边形截面。

尽管圆形断面是更稳定的流体静力学结构形式，但对于处于复杂动水环境中的悬浮隧道，耳形或椭圆形断面形式的悬浮隧道稳定性好，所受升力和阻力较小，更为合理。考虑到水下悬浮隧道往往具有相对更大的截面尺寸，对周围流场会产生较大影响，对水流、波浪作用在结构上的阻力与浮托力会产生更大影响；因此，相关学者根据工程海域潮流运动呈显著往复流性质，综合考虑各方面的影响，设计出了适合某海域的悬浮隧道断面形式，见图 1-3。

1.2.2 悬浮隧道结构动力响应研究

在深水环境中修建水中悬浮隧道，需要考虑结构浮重比和外部水压等永久荷载，隧道运营过程中的交通荷载，水流、波浪等环境荷载，由地震、撞击等产生的意外荷载，以及由于外部环境变化产生的变形荷载、盐度荷载，等。水中悬浮隧道荷载条件较为复杂，主要类型见表 1-1。

第 1 章 概　述

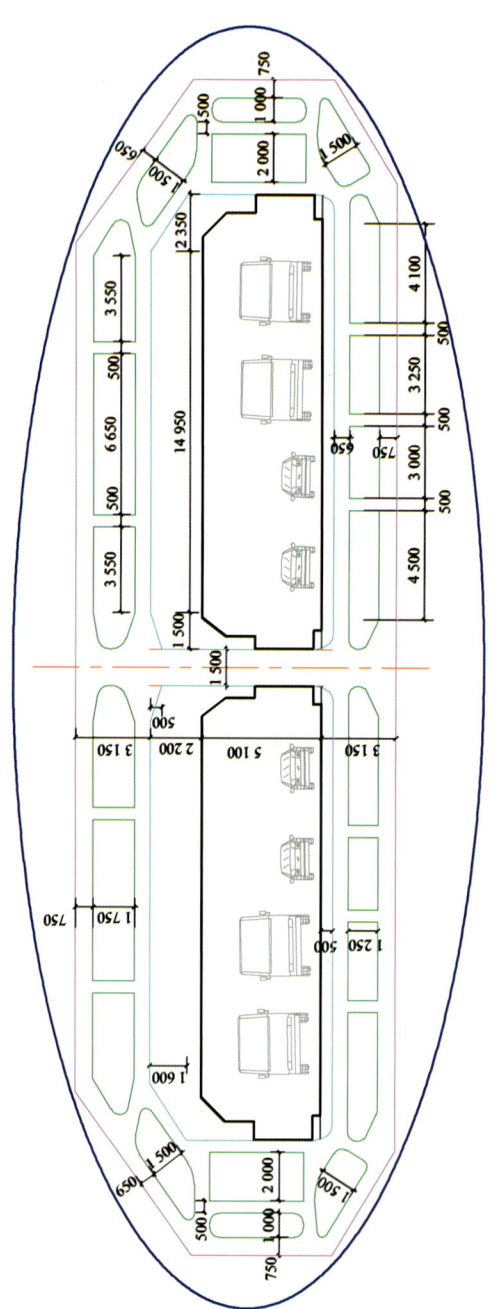

（a）双向八车道公路隧道

1.2 悬浮隧道发展现状

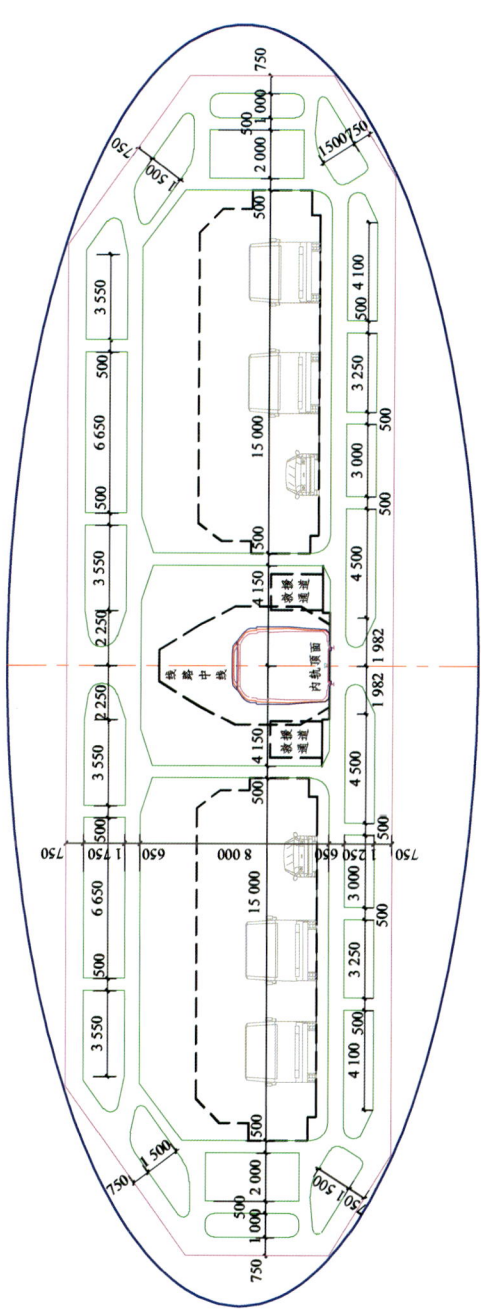

(b) 公路双向六车道+单线高速铁路

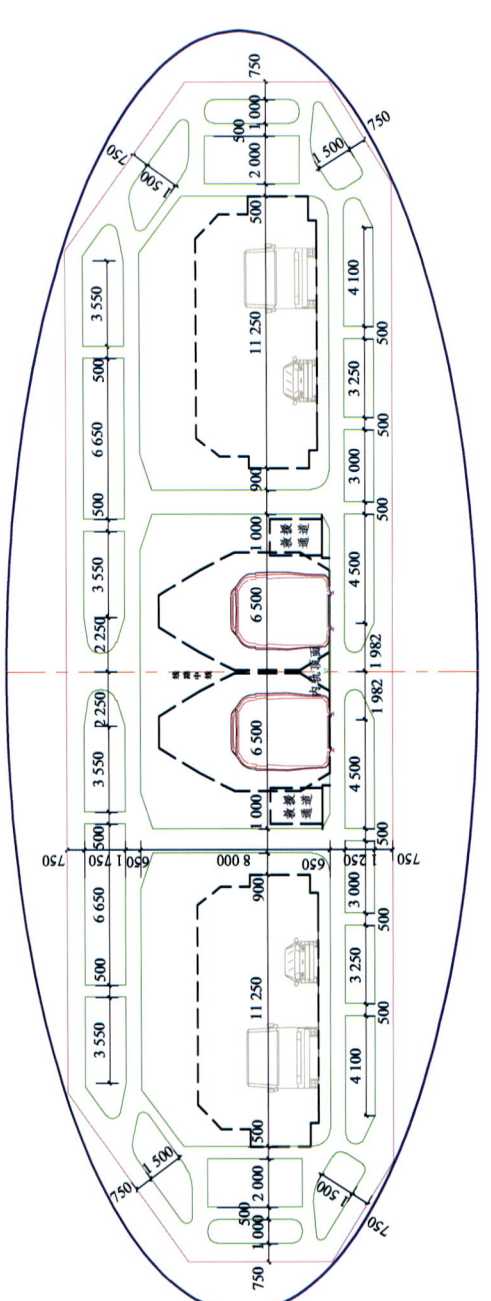

(c) 公路双向四车道+双线高速铁路

图 1-3 某海峡悬浮隧道断面设计方案

1.2 悬浮隧道发展现状

表1-1 水中悬浮隧道所受主要荷载

荷载类型	原因
永久荷载	结构自重和水压
环境荷载	风、浪、流、潮汐等
功能荷载	交通路面荷载
意外荷载	地震、交通事故、船舶碰撞、爆炸等
变形荷载	温度变化、沉降不均、永久应力等
盐度荷载	海水盐度分布不均

目前，关于水中悬浮隧道结构动力响应的研究主要集中在以波浪流为主的环境荷载、以地震力为主的意外荷载和以浮重比为主的永久荷载这几个方面。下面将对这几个方面的研究现状进行总结。

1. 环境荷载下悬浮隧道管节动力响应

Tariverdilo等根据流场的势函数，推导出二维、三维流场中作用在管体上的流体力的表达式，并通过求解运动微分方程，对管体刚度、长度及锚固刚度等关键参数进行了讨论。Seo等提出了一种简化的理论方法，采用线性波理论和莫里森方程同时计算受力，并通过在波浪水槽中测试物理模型进行了可靠性验证。

西南交通大学麦继婷是国内较早开始研究环境荷载条件下悬浮隧道管节动力响应的学者之一。她针对波流作用下悬浮隧道的响应问题，开展了波流共同作用下悬浮隧道的静、动态响应及漩涡诱发结构物的动态响应研究；利用莫里森方程求解作用在悬浮隧道上的流体作用力，建立了悬浮隧道结构系统的静、动态响应分析的有限元数值计算模型和静、动态响应的求解方法，并利用该方法对海况条件、结构断面形式、放置深度和支撑形式等因素对悬浮隧道的动静态响应进行了计算分析；又采用梁单元的共旋理论列式法，在波浪与悬浮隧道管节结构相互作用的条件下,对波浪入射方向、放置深度及断面形式等对悬浮隧道管节动力响应的影响进行了分析。

浙江大学项贻强等提出了一种研究 SFT 管节结构在参数激励和水动力激励联合作用下的非线性动力响应的理论方法。他认为当流速达到一定值时,锚索的涡激振动(VIV)会引起结构的强烈共振,SFT 位移幅值随波高的增加而增大,管节结构的浮重比(GBR)和锚索的锚固角度(IMA)共同决定了 SFT 的固有振动频率。

中国科学院力学研究所洪友士、葛斐等学者通过建立均匀来流作用下水中悬浮隧道动力响应问题的计算模型,获得了横向振动的微分方程,并利用伽辽金方法和四阶龙格-库塔方法求解方程,研究了考虑和不考虑阻尼情况下,隧道长度和均匀来流流速对水中悬浮隧道横向振动响应的影响。洪友士、葛斐等以千岛湖悬浮隧道的构想方案为工程背景,在考虑非线性流体阻力和锚索非线性回复力的影响基础上,建立结构有限元模型,探讨管体基本参数对结构在动水荷载作用下动态行为的影响。他们认为管体浮重比(BWR)对悬浮隧道和锚固系统的动力响应都起着至关重要的作用,在设计阶段应予以着重考虑。

2. 交通荷载下悬浮隧道管节动力响应

Martire 等以固定均布荷载的方式模拟交通荷载,分析了不同锚索布置形式的悬浮隧道动力响应。Tariverdilo 等采用沿管体纵向移动的集中力来模拟悬浮隧道中的交通荷载,研究了移动荷载激励下悬浮隧道的动力响应。

项贻强等通过将悬浮隧道简化为等间距弹性支撑梁,基于莫里森方程在综合考虑流体附加惯性效应和阻尼效应的基础上,采用振型叠加法和伽辽金法建立悬浮隧道在移动荷载作用下的振动微分控制方程,并采用四阶龙格-库塔法进行数值求解,以此对移动荷载作用下悬浮隧道的动力响应进行了分析。

董满生等将交通荷载简化为等间距移动的集中荷载,建立了悬浮隧道动力学模型,并分别研究了张力腿竖向刚度、交通荷载、行车间距对悬浮隧道动力响应的影响。梁波等采用移动振动荷载模拟悬浮隧道中的交通荷载，通过开展数值模拟和正交实验，分析了车辆轮载、路面不平度、行驶速度等参数对悬浮隧道跨中竖向振动位移的影响。

3. 偶然荷载下悬浮隧道管节动力响应

悬浮隧道在运营过程中面临着多种偶然作用威胁，主要包括地震等自然灾害，沉船、内部车辆的冲击碰撞，锚索突发的断裂失效，甚至战争和恐怖袭击，等。这些偶然状况发生概率低，持续时间短，一旦发生，荷载量值非常大，对结构安全构成严重威胁。悬浮隧道管体处于深水环境中，一旦发生结构破坏导致涌水事故，将会严重威胁内部人员安全。进行偶然状况动力研究的目的在于了解其受力行为和机理，采取相应的设计预防措施，保证结构受力主体在偶然状况下不会发生破坏而丧失承载能力，或者受力构件局部失效时不会出现无法逆转的连续性破坏。

孙胜男等率先开展了悬浮隧道地震响应模型实验，模拟分析了地震激励下悬浮隧道-水体的相互作用，还分析了悬浮隧道地震荷载作用下的反应特点，以及影响悬浮隧道动力响应的主要因素。Wu等为模拟真实的海洋地震条件，利用欧拉梁理论和伽辽金法，建立了水下浮动隧道索在水动力和地震作用下的分析模型，利用随机相谱法描述了地震在时域内的随机激励，讨论了水动力、地震和结构参数等关键参数对索动力响应的敏感性。晁春峰等引入忽略隧道管体弹性变形等假定，推导了理想流体层中悬浮隧道所受平面 P 波（纵波）引起的动水荷载理论计算方法。

董满生等基于欧拉梁理论推导出悬浮隧道管段受迫振动时的运动方程，采用虚拟激励模拟随机地震输入，数值模拟了悬浮隧道管体在平稳随机地震作用下的动力响应。

4. 悬浮隧道锚固形式

水中悬浮隧道的锚索布置方式主要分为垂直布索、倾斜布索、混合布索、扇形布索、附加质量块的特种布索等（图 1-4）。垂直布索和倾斜布索可以简单理解为锚索与隧道管节结构垂直和存在一定的夹角;混合布索则是将垂直布索和倾斜布索相结合;扇形布索方式是多条缆索共同连接到某一基础中,缆索呈扇形分布;附加质量块的特种布索方式由倾斜式缆索以及缆索下方悬挂好质量块的相对短索构成,倾斜式缆索及相对短索相邻分布。

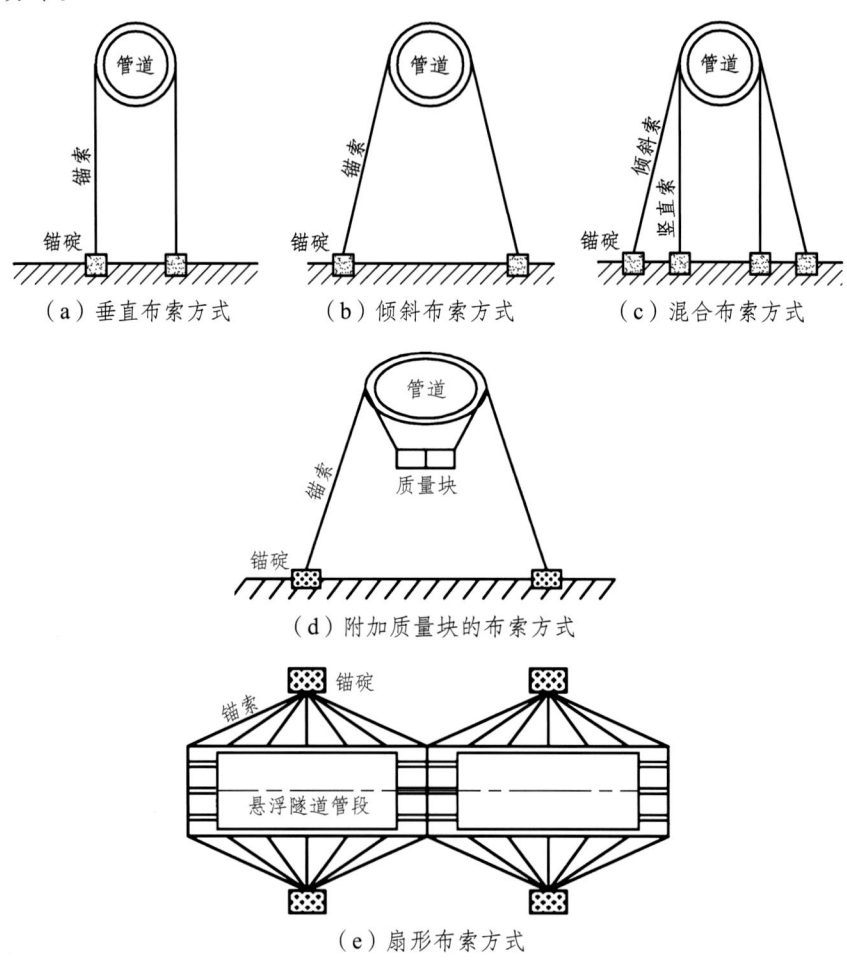

图 1-4 水中悬浮隧道锚固形式

由于控制原理存在差异,各种类型的水中悬浮隧道的优缺点及适用范围也存在一定差异,详见表1-2。

表1-2 缆索式的水中悬浮隧道的不同布索方式对比分析

类型	优势和特点	缺点	适用范围
垂直布索	垂向荷载借助垂直锚索抵抗，水平荷载借助水平布置为拱形的水中悬浮隧道管体本身的抗力来抵抗，或者借助锚固于海岸的水平锚索进行抵抗；对锚固基础的要求较低	对环境条件苛刻，要求水流平缓，且洋流方向固定；弯曲的形状不仅增加了隧道的长度，机车通过弯曲的隧道时，也会产生一定的横向力	水流平缓、方向固定、地质要求不高的水道
倾斜布索	倾斜的锚索能够供给竖直以及水平2个方向的分量，竖直分量抵御浮力，水平分量抵御环境影响产生的水平方向的作用力	对锚固基础的要求较高，需要承受更大的荷载	洋流湍急或方向经常变化的海况，地质要求较高
混合布索	有效结合了前两种索型的优势，借助倾斜索的水平分量抵御构件的水平荷载，借助倾斜索的竖直分量和垂直索抵御构件的垂直荷载；可以通过合理布置来适应地形	锚固基础的数量增多，增加了施工难度，以及基础和锚索的建造与维修费用	更恶劣的海况和更复杂的地形
附加质量块布索	借助倾斜索的水平分量抵御构件的水平荷载，借助倾斜索的竖直分量以及质量块的重量抵御构件的垂直荷载；减少了锚索的用量，相对减少了锚固基础的数量	质量块的横向稳定性难以保证	水流平缓、略复杂的地形
扇形布索	对弹性支承的距离进行了加密，隧道管体的弯矩值变小，隧道管体的建造要求变低；锚固基础的数量减少，工程量小	基础所受荷载增大，增加了基础的建造难度和费用；对海峡海底地形要求苛刻	地形复杂、较恶劣的海况

5. 锚索涡激振动研究

悬浮隧道锚索具有柔度大、阻尼小、质量轻的特点，相比于隧道管体更容易在各种激励下产生振动。作为悬浮隧道的关键组成部分，国内外学者围绕锚索振动开展了大量研究。

Perotti 在研究 SFT 管段和锚索的地震效应时，采用三维梁单元模拟 SFT 管段、杆单元模拟锚索，结果表明：具有不同锚索长度的 SFT 管段的动力响应差别很大，说明管段的动力响应主要由锚索的柔度决定。

西南交通大学罗刚等通过分析锚索质量比、阻尼比、来流速度、流向运动等因素对锚索横向涡激振动的影响，获得了锚索涡激振动的相关诱因，并采用模态叠加法深入研究相关因素对锚索涡激疲劳损伤的影响。麦继婷等应用伽辽金方法和数值积分法，借用海洋平台中张力腿的动力方程，认为锚索的变形更接近于受张力的梁。

浙江大学项贻强等采用交替荷载路径法（AP法）模拟了索的破坏过程，然后根据哈密顿原理建立了 SFT 管的微分方程，采用四阶龙格-库塔法求解，并以此讨论了浮重比、SFT 阻尼比、断线时间、断线位置等关键参数对结构振动的影响。

中国科学院力学研究所洪友士、招商局重庆交通科研设计院有限公司李科等在交通运输部科技项目"深海悬浮隧道关键技术的前期研究"的资助下，以琼州海峡海域条件为工程背景，以缆索的倾角、缆索间的夹角以及缆索对数为变量，建立了多种不同的缆索倾斜模型和扇形模型，得到了不同模型下水下悬浮隧道管段沿水流方向的位移以及单根缆索上的最大张力，提出了适合琼州海峡特定海况的水下悬浮隧道的最优布置形式。

1.2.3 悬浮隧道建设技术方案研究

较为完整的悬浮隧道基本设想最早由英国工程师 Mr.Grant 在 1966 年提出，同时将其申请了专利。在此基础上，各国结合本国不同情况，针对其国内的海峡，提出了各具特色的不同悬浮隧道设计方案及初步施工技术。

开展过悬浮隧道工程技术研究的欧美国家主要有意大利、挪威、瑞士、希腊、西班牙以及美国。1984 年意大利阿基米德桥公司成立，1989 年首先对墨西拿海峡悬浮隧道提出 ATI-SSST 模型，即所谓的钢 - 混凝土 - 钢三明治管节模型，后又于 1996 年先后提出 Consortium ENI 模型（钢 - 混凝土 - 钢圆形结构断面）和 Sirprogetti（外钢管＋内壳的结构）。B.Faggiano 首先分析了传统的悬索桥和斜拉桥的外荷载、缆索体系构成等方面的特点，并分析指出悬索桥和斜拉桥所受荷载的特点与水中悬浮隧道的外荷载特点具有一定的相似性，进而认为可以将传统意义上的悬索结构形式改进后应用到水中悬浮隧道中，得到一种改进的"倒悬索桥"（Cable Supported Immersed Inversed Bridge，CSIB）的悬浮隧道方案。研究表明"倒悬索桥"相比于传统的悬浮隧道支撑体系具有明显的优势，认为"倒悬索桥"（CSIB）作为悬浮隧道的方案具有潜在应用可能。

F.M.Mazzolani 列举出了拟实施的全尺寸悬浮隧道模型——千岛湖悬浮隧道（中国）设计时需要考虑的各种问题，包括建设位置的选取、结构方案和不同设计阶段的设计要求、设计工作和设计成果；同时还针对环境荷载作用下结构力学响应、锚固方式的优选、锚固连接、管节内部连接和近岸端头连接等设计细节作了相应说明。

1996 年，挪威针对跨 Høgsfjord 峡湾悬浮隧道提出张力腿式、浮筒式和柱式等多种模型，Rolf Magne Larssen 等人研究推荐采用浮筒式悬浮隧道跨越。挪威对 Sulafjord 峡湾也开展过相关的技术攻关研究，简要介绍了 Storfjord 峡湾、Nordfjord 峡湾和 Sognefjord 峡湾的初步设计方案。

在亚洲，日本的喷火湾、大阪湾跨海通道工程，都以水中悬浮隧道解决方案作为重点研究对象，日本从 20 世纪 90 年代至今开展了大量研究工作。印度尼西亚的千岛群岛，属于台风和地震较活跃区域，水中悬浮隧道将成为最可能选择的跨海连接方式。他们开展了国际合作，于 2009 年提出了水中悬浮隧道初步设计方案。韩国的济州海峡隧道长 68 km，最大水深 120 m，正在开展水中悬浮隧道方案的可行性研究。

中国对千岛湖、琼州海峡、台湾海峡以及渤海湾等区域开展过前期研究。

其他悬浮隧道项目还有诸如瑞士卢加诺湖项目、希腊 Rion Antirion 通道工程、土耳其博斯普鲁斯海峡悬浮隧道工程、西班牙直布罗陀海峡悬浮隧道和美国的华盛顿湖水中悬浮隧道。上述诸项目对悬浮隧道的固定方式、主体结构材料、接头等一些施工关键问题进行过一定的研究。

1.3 悬浮隧道模型实验现状

1.3.1 模型实验平台发展现状

目前，实验水池主要包括海洋工程水池、港工水池、船舶拖曳水池等。拖曳水池平面呈长条形，一般而言长度方向尺寸上百米，宽度仅几米，此类尺寸的水池与水下隧道实验的要求有较大的差异。港工水池深度较浅，一般小于 1.5 m，可满足一般条件下的沉管实验要求，但无法满足极限深度的水下隧道实验要求。鉴于此，本节首先较详细地介绍了目前国内外有代表性的海洋深水模拟实验装置的建造情况及其主要配套实验设备等，最后对多种水池的尺寸与技术指标进行总结。

1. 中国海洋深水实验池

海洋深水实验池由国家发展和改革委员会、上海市发展和改革委员会、中国海洋石油总公司和上海交通大学共同投资建设，于 2005 年在上海交通大学闵行校区开工建设，2008 年年底建成，2009 年年初投入试运行，如图1-5所示。

图 1-5　上海交通大学海洋深水实验池

1.3 悬浮隧道模型实验现状

海洋深水实验池是我国第一座海洋深水实验池,它装备有模拟风、浪、流等各种复杂海洋环境的设备,具备模拟4 000 m水深的深海工程实验能力,能覆盖我国南海等大部分深海海域的海况。水池拥有各种海洋工程实验研究所需的测试手段和仪器设备,可以对不同深度环境下的海洋工程结构物的运动、荷载等进行各种测量、分析和研究,其综合实力位居世界前列,是我国研究掌握深海工程关键技术的核心实验设施。海洋深水实验池主要承担的实验任务包括:开展船舶及海洋工程结构物在深海环境中的实验研究,完成相关新装备的研发设计和性能验证工作;开展石油、天然气、多金属结核等深海资源开发工程的模拟实验,为深海资源的开发利用提供技术保障;开展深海潜水器、水下管线埋设与检修等技术的研发,为深海物理研究、深海环境保护等方面提供技术支持。

2. 中国海洋工程水池

20世纪80年代中期,为了满足海洋工程的研究需要,我国在上海交通大学建设了第一个海洋工程模拟实验水池,该水池于1991年投入使用,如图1-6所示。该水池可以模拟风、浪、流等各种海洋环境,并能任意调节水深,主要用于测试海洋结构物在复杂海洋环境下的各种性能、荷载。水池建成以来,为发展我国海洋工程研究发挥了重要的作用。

图1-6 上海交通大学海洋工程水池

3. 中船重工 702 所

实验设施名称：适航性水池实验室（图 1-7）。

图 1-7　中船重工 702 所适航性水池

主要应用方向：适航性水池实验室主要从事船舶、海洋工程装备等在波浪中的运动性能理论研究、实验测试及优化。

主要测试设备：自由度非接触运动测量系统有浪高仪、陀螺仪、加速度传感器、压力传感器等。

设施主要性能指标：水池主尺度为长 69 m、宽 46 m、水深 4 m；拖车的最大速度为 4 m/s；水池南北向架有一座长 78 m 的钢质大桥，可绕水池中心旋转 45°；造波机，规则波最大波高可达 0.5 m、周期 0.5 ~ 5 s，不规则波有义波高 0.5 m、最大波高可达 1.0 m，波向角 0° ~ 180°。

常规实验项目为船舶以及海洋结构物波浪中运动特性测试和系泊、靠泊系统的运动、受力（包括缆绳拉力、护舷碰撞力）测试。

4. 挪威 MARINTEK 海洋深水实验池

挪威海洋工程技术研究院（Norwegian Marine Technology Research Institute）的 MARINTEK 海洋深水实验池如图 1-8 所示，其特点是水池的主体尺度较大，但未设置深井。水池的主要有效工作尺寸为长 80 m、宽 50 m 和最大工作水深 10 m。

图 1-8 挪威 MARINTEK 海洋深水实验池

水池的主要装备有：

（1）造波系统：水池一侧安装有摇板式多单元造波机（最大波高为 0.4 m），相邻一侧安装有双摇板整体造波机（最大波高为 0.9 m）。

（2）消波系统：造波机对面安装有消波装置。

（3）造流系统：围绕假底循环的造流系统，可以模拟均匀流，最大流速为 0.2 m/s（5 m 水深）和 0.15 m/s（7.5 m 水深）。

（4）造风系统：可移动式造风系统。

（5）水深调节系统：可在 0～10 m 调整水池实验水深。

（6）拖车系统：XY 型拖车，最高速度达 5.0 m/s。

（7）光学六自由度运动测量系统。

5. 荷兰 MARIN 海洋工程水池

荷兰 MARIN（Maritime Research Institute Netherlands）海洋工程水池于 2000 年建成，如图 1-9 所示。该水池装备有各种大型仪器设备，可以模拟各种复杂的海洋环境，可开展各种深海海洋工程结构物的模拟实验研究工作。水池由水池主体和一个深井组成，其主要有效工作尺寸为长 45 m、宽 36 m、最大工作水深 10.5 m、深井工作水深 30 m、深井直径 5 m。

图 1-9　荷兰 MARIN 海洋工程水池

水池的主要装备有：

（1）造波系统：水池相邻两边安装有摇板式多单元造波机，可模拟各种风浪和涌，最大有义波高可达 0.3 m。

（2）消波系统：造波机对面安装有消波滩。

（3）造流系统：外循环式造流系统，造流深度为 0～10.5 m，可以模拟不同的流速剖面。

（4）造风系统：可移动式造风系统，风区宽度为 24 m。

(5)水深调节系统:大面积假底可在 0 ~ 10.5 m 范围调整水池,更深的实验水深可用 30 m 水深的深井来模拟。

(6)拖车系统:XY 型拖车,双向最高速度达 3.2 m/s,可安装转台以进行操纵性实验。

(7)光学六自由度运动测量系统。

6. 美国 OTRC 海洋工程水池

位于美国休斯敦的 OTRC(Offshore Technology Research Center)海洋工程水池如图 1-10 所示,它主要用于研究针对墨西哥湾等海域的 SPAR(单柱式)、TLP(张力腿)等深海平台。据不完全统计,在墨西哥湾工作的大多数深海平台均在 OTRC 进行过研究。水池由水池主体和一个深井组成,其主要有效工作尺寸为长 45.7 m、宽 30.5 m、最大工作水深 5.8 m、深井工作水深 16.8 m、深井长 9.1 m、深井宽 4.6 m。

图 1-10 美国 OTRC 海洋工程水池

水池的主要装备有：

（1）造波系统：水池一边安装有摇板式多单元造波机，可模拟各种风浪和涌，最大波高为 0.9 m。

（2）消波系统：造波机对面安装有消波装置。

（3）造流系统：组合喷射式造流系统，可以模拟不同深度和方向的流速，最大流速为 0.6 m/s。

（4）造风系统：由 16 个风扇组成，可模拟各个方向的风，最大风速为 12 m/s。

（5）拖车系统：拖车最高速度达 0.6 m/s。

（6）光学六自由度运动测量系统。

7. 巴西 LabOceano 海洋工程水池

巴西 LabOceano 海洋工程水池位于里约联邦大学，其研究工作主要是针对深海区域，其水池主体的深度是世界上最深的，如图 1-11 所示。水池由水池主体和一个深井组成，其主要有效工作尺寸为：长 40 m、宽 30 m、最大工作水深 15 m、深井工作水深 25 m、深井直径 5 m。

图 1-11　巴西 LabOceano 海洋工程水池

水池的主要装备有：

（1）造波系统：水池一侧安装有摇板式多单元造波机，最大有义波高为 0.3 m。

（2）消波系统：造波机对面安装有消波装置。

（3）造流系统：建造流深度为 0～5 m 的外循环式造流系统。

（4）造风系统：8 个直径 0.5 m 的风扇，最大风速为 12 m/s。

（5）水深调节系统：浮动假底可在 2.4～14.85 m 范围调整水池实验水深，深井水深可在 15～24.65 m 调节。

（6）视频六自由度运动测量系统。

8. 日本国家海事研究所海洋工程水池

日本国家海事研究所于 2001 年建成的深海海洋工程水池是圆形水池，形状和配置比较奇特，与通常的海洋工程水池不同。该水池的最大水深为 35 m，可模拟海上水深为 3 500 m 时的波浪和水流，用以研究和发展深海工程技术。水池由圆形水池主体和一个深井组成，其主要有效工作尺寸为水池直径 14 m、最大工作水深 5 m、深井工作水深 35 m、深井直径 6 m。

水池的主要装备有：

（1）造波、消波系统：水池的外圈圆形池壁上，配置了 128 个单元的推板或蛇形造波机，能产生规则波和不规则波，最大波高为 0.5 m；同时兼备主动式消波系统，具有消波功能。

（2）造流系统：配有局部造流系统，在水池中央 1 m 范围内最大的流速为 0.2 m/s。

（3）水深调节系统：在深井部分设置了可移动的假底，依靠假底的调节，可使实验水深在 5～35 m 变化。

国内外主要实验水池的几何尺寸及其配套装备总结见表 1-3。

第 1 章 概 述

表 1-3 实验水池调研统计

水池名称	水池大小 /m			技术指标	所在单位
	长	宽	深		
海洋工程水池	50	30	6	最大波高可达 0.5 m，最大流速为 0.2 m/s，大面积（28 m×26 m）可升降假底能使水深在 0～5 m 按需要任意调节，拖车系统最大速度为 1.5 m/s，配有非接触式六自由度运动测量仪	中国上海交通大学海洋工程国家重点实验室
海洋深水实验池	50	40	10	最大有义波高达 0.3 m，10 m 深度范围内的均匀流速可达到 0.1 m/s，大面积可升降假底（50 m×40 m）能使水池主体水深在 0～10 m 按需要任意调节	中国上海交通大学海洋工程国家重点实验室
船模拖曳水池	110	6	3	拖车的最大速度可达 6.0 m/s，最大波高可达 0.3 m	中国上海交通大学海洋工程国家重点实验室
适航性水池	69	46	4	规则波最大波高可达 0.5 m，周期 0.5～5 s；不规则波有义波高 0.5 m，最大波高可达 1.0 m；波向角 0°～180°；拖车最大速度 4 m/s	中船重工 702 所
海洋深水实验池	80	50	10	最大波高为 0.9 m；最大流速 0.2 m/s（5 m 水深）和 0.15 m/s（7.5 m 水深）；拖车最大速度 5 m/s	挪威海洋工程技术研究院
海洋工程水池	45	36	10.5	最大有义波高可达 0.3 m；造流深度为 0～10.5 m，可以模拟不同的流速剖面；拖车最高速度达 3.2 m/s	荷兰 Maritime Research Institute Netherlands

1.3 悬浮隧道模型实验现状

续表

水池名称	水池大小 /m			技术指标	所在单位
	长	宽	深		
海洋工程水池	45.7	30.5	5.8	最大波高为 0.9 m，最大流速为 0.6 m/s，最大风速为 12 m/s，拖车最高速度达 0.6 m/s	美国 Offshore Technology Research Center
海洋工程水池	40	30	15	最大有义波高为 0.3 m，造流深度为 0~5 m，最大风速为 12 m/s	巴西里约联邦大学
海洋工程水池	直径 14		5	最大波高为 0.5 m，水池中央 1 m 范围内最大的流速为 0.2 m/s	日本国家海事研究所
多功能综合水池	55	34	0.7	池中有一个 15 m×15 m 的深水池，最大水深可达 1.7 m，配有实验室自制的可移式多向不规则波造波机（0.4 m×70 m）、计算机控制及数据采集系统、潮汐模拟系统及 2 台 1.0 m³/s 轴流泵的造流系统	中国大连理工大学海岸和近海工程国家重点实验室
平面实验水池	45	30	1		中交股份海岸工程水动力重点实验室
港池	30	20	1.2	不规则造波	中国重庆交通大学
多功能水槽	26.5	2	1	造流	中国重庆交通大学
实验水槽	68	1	1.5		水路交通环境保护技术交通行业重点实验室
操纵水池	90	30	1.0	可调节流速，最大流速 0.7 m/s，最大风速 12 m/s，配有移动式造波装置，最大波高 15 cm	航运技术交通行业重点实验室（中国上海）

续表

水池名称	水池大小 /m			技术指标	所在单位
	长	宽	深		
拖曳水池	192	10	4.2	拖车最大车速 9 m/s，最大波高 35 cm	航运技术交通行业重点实验室（中国上海）
港池	70	50	1.2	不规则造波	港口航道泥沙工程交通行业重点实验室（中国南京）
波浪池	45	20	1.5		港口航道泥沙工程交通行业重点实验室（中国南京）
不规则波、风、流水槽	65	1.8	1.8	最大波高约 0.40 m，波周期范围为 0.5～5.0 s	港口航道泥沙工程交通行业重点实验室（中国南京）
波浪、潮流水槽	100	2.5	1.8	最大波高 0.6 m	工程泥沙交通行业重点实验室（中国天津）

1.3.2 模型实验现状

模型实验是悬浮隧道研究的一种重要手段。在实验室内按相似原理制作与原型相似的模型，利用相关测试仪器观测悬浮隧道模型动力响应，能够推断原型可能发生的力学现象，同时验证理论推导与数值分析模型，为后期设计建造悬浮隧道提供相关的科学依据和方法。特别是对于复杂水域环境条件并伴随各种动力响应的悬浮隧道，开展模型实验研究，相较于数值模拟等其他方法更具实际和科学意义。

国内外对于 SFT 管段模型实验主要以二维水槽实验和水池实验为主，SFT 管节以圆形断面模型为主，实验荷载以波浪、洋流和地震荷载为主。

日本学者 Fujita、Yoshiha 等进行了浅水中悬浮隧道的模型实验，认为

1.3 悬浮隧道模型实验现状

锚索张力随着规则波周期的增加而增加。Kunisu 等通过在一个二维波浪水槽中产生规则波浪，然后通过改变实验水深、波浪要素以及结构浮重比进行了工况组合实验。韩国的 Oh 和 Seo 等也通过波浪水槽中的规则波物理实验研究了 SFT 在波浪作用下的水动力特性，发现锚固系统对结构的运动位移有着重要影响。

浙江大学干湧开展了 SFT 的静水荷载实验，获得了管段在静水荷载作用下的空间应力分布。晁春峰等开展了 SFT 锚索流固耦合振动节段模型实验及 SFT 整体冲击响应模型实验，观察到锚索涡激振动现象，发现圆形锚索倾斜布置有利于降低涡激共振的不利影响。

西南交通大学周晓军团队设计建造了可调节流速的实验水池，用以研究 SFT 管段的运动特性。麦继婷、田雪飞等学者对海洋内波的波浪力条件下的 SFT 管节动力响应进行了研究。王广地、秦银刚等利用该水池开展了 SFT 结构节段模型实验，研究了水流作用下 SFT 结构的空间应力和锚索轴力分布规律。

李勤熙等利用该实验室开展了二维波浪水槽采用不规则波和规则波两种波浪条件下椭圆形 SFT 断面的波动特性实验，冀以优化和开发新结构形式的水中悬浮隧道。蒋树屏等利用该实验室以琼州海峡跨海通道工程为背景，开展了 9 种工况的物理模型实验，研究了悬浮隧道结构在不同波浪周期、不同波浪高度下的压强变化特性，认为波高是影响悬浮隧道结构稳定的主要因素之一，其中短周期波浪对结构稳定性的影响应重点关注。国内外关于水中悬浮隧道的模型实验情况详见表 1-4。

表 1-4 国内外主要 SFT 管段模型实验参数

研究机构及研究人员	缩 尺	断面形式	断面尺寸 /m	港池类型	港池尺寸 /(m×m×m)	实验荷载
浙江大学，干湧	1∶50	八边形	0.558×0.242	水池		静水压力
西南交通大学，王广地	1∶100	圆形	$R=0.3$	水池	6.0×2.6×2.0	洋流

续表

研究机构及研究人员	缩尺	断面形式	断面尺寸/m	港池类型	尺寸/(m×m×m)	实验荷载
大连理工大学，孙胜男	1∶50	圆形	$R=0.16$	水池		地震荷载
西南交通大学，秦银刚	1∶100	圆形	$R=0.29$	水池	6.0×2.6×2.0	洋流
韩国铁道科学研究院，Oh 等	1∶148	类圆形	$R=0.10$	水槽	55.0×1.2×1.0	波浪（规则波）
韩国海洋科学与技术研究所，Seo 等	1∶100	圆形	$R=0.23$	水槽	53.0×2.25×1.0	波浪（规则波）
日本东京五洋建设有限公司，Kunisu 等	1∶62.16	圆形	$R=0.48$	水槽	85×3.0×1.6	波浪+洋流
招商交科院，蒋树屏等	1∶40	椭圆形	0.685×0.227	水池	26×26×3.0	波浪+洋流

第 2 章
PART

悬浮隧道模型实验理论

第 2 章 悬浮隧道模型实验理论

2.1 相似准则

水下悬浮隧道工程的设计与建设，需要了解并掌握海洋环境动力要素对水下悬浮隧道的作用，以及预测水下悬浮隧道的存在对海洋环境的影响。对这类问题，理论计算分析手段通常难以获得较为满意的结果，现今的数值模拟技术对计算机性能要求较高，并且相关可靠算法仍在发展当中，因而物理模型实验仍是解决这些复杂工程技术问题的首要途径。水动力实验可以在小尺度条件下，较精确地复演海洋上的风、浪、流等动力要素，从而可能获取动力要素与水下悬浮隧道的相互作用规律，并获得特定海洋环境中工程建设所需的相关数据及工程完工后的预期影响。

开展物理模型实验时，模型的尺寸越接近原型实物，实验结果越符合实际。然而模型过大会导致实验费用增加、实验效率降低。因此在开展物理模型实验时，通常需要在原型实物尺寸的基础上按一定的比例缩小，制作模型实物，缩小的比例即是模型比尺。由于模型与原型尺寸不一致，产生了模型与原型的相似问题。

相似率是物理模型实验的基础，要求模型与原型的几何形状、运动形态、作用力都相似。其中：几何相似要求模型和原型的任意对应尺寸之比为常数（长度比尺）；运动相似要求模型和原型的任意对应质点的运动迹线满足几何相似关系，并且任意对应质点通过相对应的距离所需的时间之比为常数（时间比尺）；作用力相似要求模型和原型任意对应质点上具有相同性质的作用力，即要求模型与原型对应的各类作用力方向一致且比值为常数（作用力比尺）。

在经典力学范畴内讨论力学相似问题时，模型与原型均应满足牛顿第二定律：

$$\left(\frac{Ft}{Mu}\right)_p = \left(\frac{Ft}{Mu}\right)_m = 常数 \quad (2\text{-}1)$$

式中：下标 p 表示原型值；下标 m 表示模型值；F 表示任意作用力；t 表

示特征时间；M 表示特征质量；u 表示特征运动速度。

当质量 M 用密度与体积乘积（$M=\rho l^3$）代替时，式（2-1）可转化为：

$$\left(\frac{F}{\rho l^2 u^2}\right)_p = \left(\frac{F}{\rho l^2 u^2}\right)_m = Ne \tag{2-2}$$

式中：ρ 表示水密度（针对以水为介质的工程问题）；l 表示特征长度；无量纲参数 Ne 称为相似准数或牛顿相似准数。

式（2-2）可称为牛顿相似律，该式指出当两个几何相似体系（p 和 m）的 Ne 数相等时，其运动规律相似。在经典力学领域，牛顿相似律是判断两个体系运动规律相似性的普遍定律，适用于作用在体系上的任何不同性质的力。

作用于悬浮隧道上的外力多种多样，如重力、黏性力、弹性力、阻力和压力等。考虑不同的外力为主要作用力，代入式（2-2）中时，可以得到不同的相似准则，如重力相似准则（或称弗劳德数相似）、雷诺相似准则（黏性力相似）、弹性相似准则（柯西数相似）等。

2.1.1 重力相似准则

重力表达式为 $F_G = Mg$，将其代入式（2-2）中，得到重力相似条件：

$$\left(\frac{gl}{u^2}\right)_p = \left(\frac{gl}{u^2}\right)_m = Ne_1 \tag{2-3}$$

定义弗劳德数 $Fr = \dfrac{u}{\sqrt{gl}}$，则重力相似条件式（2-3）可改写为弗劳德相似：

$$(Fr)_p = (Fr)_m \tag{2-4}$$

定义长度比尺为：

$$\lambda = \frac{l_p}{l_m} \tag{2-5}$$

在重力环境中，模型与原型的重力加速度相等，即重力加速度比尺 = 1，将其代入重力相似条件式（2-3），并结合长度比尺式（2-5）推算出满足重力相似准则时的速度比尺为：

$$\lambda_u = \sqrt{\lambda} \qquad (2\text{-}6)$$

根据时间与长度和速度的关系 $t = \dfrac{l}{u}$，结合长度比尺式（2-5）和速度比尺式（2-6）推算出时间比尺为：

$$\lambda_t = \sqrt{\lambda} \qquad (2\text{-}7)$$

将长度比尺式（2-5）和速度比尺式（2-6）代入式（2-2）中可以推算出作用力比尺为：

$$\lambda_F = \lambda_\rho \lambda^3 \qquad (2\text{-}8)$$

在水动力模型实验中，作用力主要由水提供且模型与原型均处于水环境中（不改变流体介质），可以近似认为模型与原型的密度保持不变，即密度比尺 $\lambda_\rho = 1$，将其代入式（2-8）得到水动力模型实验中的作用力比尺为：

$$\lambda_F = \lambda^3 \qquad (2\text{-}9)$$

因此，在重力环境及水环境中（$\lambda_g = 1$，$\lambda_\rho = 1$），重力相似准则要求原型、模型体系中的长度物理量、时间物理量、作用力物理量的比值依次满足式（2-5）、式（2-7）、式（2-9）。其中长度比尺式（2-5）根据实验目的和实验条件选取，其余物理量比尺可以根据量纲分析推算得到。

2.1.2 雷诺相似准则

根据牛顿内摩擦定律，黏性力可表示为：

$$F_\mu = \mu A \left(\frac{\mathrm{d}u}{\mathrm{d}y} \right) \qquad (2\text{-}10)$$

式中：μ 表示水体的动力黏性系数；A 表示特征面积，可以由特征长度替换（A

$= l^2$);du/dy 表示流速梯度,可以由特征速度和特征长度比值替代(u/l)。

将黏性力表达式(2-10)代入牛顿相似律式中,提取特征参数,得到黏性力相似条件:

$$\left(\frac{\mu}{\rho u l}\right)_p = \left(\frac{\mu}{\rho u l}\right)_m = Ne_2 \qquad (2\text{-}11)$$

定义雷诺数 $Re = \rho u l/\mu$,可将黏性力相似条件式(2-11)改写为雷诺数相似:

$$(Re)_p = (Re)_m \qquad (2\text{-}12)$$

在水动力模型实验中,若模型与原型所处水环境不变(不改变流体介质),则可以近似认为模型与原型的密度和动力黏性系数均不发生改变($\lambda_\rho = 1$,$\lambda_\mu = 1$),结合长度比尺式(2-5)和黏性力相似条件式(2-11),推算出满足雷诺相似准则的速度比尺为:

$$\lambda_u = \frac{1}{\lambda} \qquad (2\text{-}13)$$

根据时间与长度和速度的关系 $t = l/u$,结合长度比尺式(2-5)和雷诺相似准则的速度比尺式(2-13)推算出时间比尺为:

$$\lambda_t = \lambda^2 \qquad (2\text{-}14)$$

将长度比尺式(2-5)和雷诺相似准则的速度比尺式(2-13)代入牛顿相似律式推算出作用力比尺为:

$$\lambda_F = 1 \qquad (2\text{-}15)$$

因此,在水环境不变的情况下($\lambda_\rho = 1$,$\lambda_\mu = 1$),雷诺相似准则要求原型、模型体系中的长度物理量、时间物理量、作用力物理量的比值依次满足式(2-5)、式(2-14)、式(2-15),其中长度比尺式(2-5)根据实验目的和实验条件选取,其余物理量比尺可以根据量纲分析推算得到。

2.1.3 弹性相似准则

弹性力可表示为：

$$F_E = EA\varepsilon \tag{2-16}$$

式中：E 表示结构选用材料的特征弹性模量；ε 表示结构的特征相对变形量，假定变形量的比尺等于几何比尺，则 $\lambda_\varepsilon = 1$。

将弹性力表达式（2-16）代入式（2-2）中，提取特征参数，得到弹性力相似条件：

$$\left(\frac{E\varepsilon}{\rho u^2}\right)_p = \left(\frac{E\varepsilon}{\rho u^2}\right)_m = Ne_3 \tag{2-17}$$

定义柯西数 $Cy = \rho u^2/E$，由 $\lambda_\varepsilon = 1$，可将弹性力相似条件式（2-17）改写为柯西数相似：

$$(Cy)_p = (Cy)_m \tag{2-18}$$

此处不考虑水环境的影响，单独讨论结构的弹性相似问题。弹性力相似条件式（2-17）中的 ρ 代表结构自身的密度，为消除歧义，采用 ρ_s 表示。模型中结构密度和材料特性可根据实验目的和实验条件选取，结构的材料弹性模量比尺和密度比尺分别用 λ_E 和 $\lambda_{\rho s}$ 表示，代入弹性力相似条件式（2-17）中推算速度比尺：

$$\lambda_u = \sqrt{\lambda_E / \lambda_{\rho s}} \tag{2-19}$$

进一步推算出弹性相似要求的时间比尺与作用力比尺如下：

$$\lambda_t = \lambda \sqrt{\lambda_{\rho s} / \lambda_E} \tag{2-20}$$

$$\lambda_F = \lambda_E \cdot \lambda^2 \tag{2-21}$$

因而，假定变形量的比尺等于几何比尺（$\lambda_\varepsilon = 1$），弹性相似准则要求原型、模型体系中的长度物理量、时间物理量、作用力物理量的比值依次满足式（2-5）、式（2-20）、式（2-21），其中长度比尺式（2-5）、材

料弹性模量比尺 λ_E 及结构密度比 $\lambda_{\rho s}$ 结合实验目的和实验条件选取，其余物理量比尺可以通过量纲分析推算得到。

2.1.4 相似准则关系

水动力物理模型实验中考虑的相似准则通常为重力相似准则、雷诺相似准则、弹性相似准则，其他相似准则如考虑音速流动的马赫数相似和考虑表面张力的韦伯相似等均不在此处考虑。相似准则条件汇总如表 2-1 所示。

表 2-1 相似准则条件汇总

作用力相似条件	重力相似准则 $\left(\dfrac{gl}{u^2}\right)_p = \left(\dfrac{gl}{u^2}\right)_m$	雷诺相似准则 $\left(\dfrac{\mu}{\rho u l}\right)_p = \left(\dfrac{\mu}{\rho u l}\right)_m$	弹性相似准则 $\left(\dfrac{E\varepsilon}{\rho u^2}\right)_p = \left(\dfrac{E\varepsilon}{\rho u^2}\right)_m$
长度比尺	λ	λ	λ
重力加速度比尺 λ_g	1	1	1
密度比尺 λ_ρ	1	1	$\lambda_{\rho s}$
动力黏度比尺 λ_μ	1	1	—
变形量比尺 λ_ε	—	—	1
弹性模量比尺	—	—	λ_E
速度比尺 λ_u	$\sqrt{\lambda}$	$1/\lambda$	$\sqrt{\lambda_E/\lambda_{\rho s}}$
时间比尺 λ_t	$\sqrt{\lambda}$	λ^2	$\lambda\sqrt{\lambda_{\rho s}/\lambda_E}$
作用力比尺 λ_F	λ^3	1	$\lambda_E \cdot \lambda^2$

水下悬浮隧道处于海洋环境中，受到的主要作用力为重力，因而开展水下悬浮隧道水动力相关物理模型实验需要满足的首要相似准则为重力相似准则，模型与原型物理体系需要同时满足重力相似条件式（2-3）。

通常重力条件及水环境介质不可更换，因而存在 ($\lambda_g = 1$、λ_ρ、$\lambda_\mu = 1$)，

结合长度比尺式（2-5）和重力相似准则下的速度比尺式（2-6），推算出：

$$(Re)_p = \lambda^{\frac{3}{2}} (Re)_m \tag{2-22}$$

式（2-22）与黏性力相似条件式（2-11）矛盾，雷诺相似准则不成立。因此，在重力环境和水介质条件均不改变的前提下（$\lambda_g = 1$、λ_ρ、$\lambda_\mu = 1$），重力相似准则与雷诺相似准则是不可调和的，不能同时满足。

根据莫里森方程可知，水体对水中结构物（如悬浮隧道）的作用可以简化为惯性力和拖曳力，其中惯性力系数 C_M 和拖曳力系数 C_D 受无量纲的 Keulegan-Carpenter 数（$KC = ut/l$）和雷诺数 Re 影响。在重力相似准则下，模型与原型的 KC 数自然相等（可通过量纲分析得到），由式（2-22）可知雷诺数不相等，因此在模型实验中获得的水体对水中结构物的作用力结果不能直接应用到原型中。另外，水流经过悬浮隧道后可能产生漏泄现象，涡的特征参数如斯特劳哈尔数受雷诺数影响，因而满足重力相似准则后，由于模型与原型的雷诺数不相等，模型实验中模拟的涡结果也不能直接应用到原型中。

假定变形量的比尺等于几何比尺（$\lambda_E = 1$），考虑重力相似准则和弹性相似准则能同时满足，结合重力相似条件下的速度比尺式（2-6）和弹性相似准则下的速度比尺式（2-19）得到：

$$\lambda_E = \lambda_{\rho s} \lambda \tag{2-23}$$

式（2-23）即为重力相似准则下的弹性相似条件。

若不改变模型材料与原型材料的弹性模量，取 $\lambda_E = 1$，则满足重力相似准则下的弹性相似条件式（2-23）可改写为：

$$\lambda_{\rho s} = \frac{1}{\lambda} \tag{2-24}$$

根据量纲分析，由式（2-24）可以推算出质量比尺与作用力比尺为：

$$\lambda_M = \lambda_F = \lambda^2 \tag{2-25}$$

在水环境中，作用力的相似需要满足式（2-9），这是由于模型与原型的水介质不可替换，使得 $\lambda_\rho = 1$，进而根据重力相似条件推算得到的。水环境中重力相似条件式（2-9）与式（2-25）矛盾，不能同时满足。在水环境中重力相似条件下，为使水中的作用力比尺与结构的作用力比尺保持一致，结构密度比尺需要满足 $\lambda_{\rho s} = 1$，此时根据重力相似准则下的弹性相似条件式（2-23）可得到：

$$\lambda_E = \lambda \quad (2\text{-}26)$$

因此，在重力和水环境中，假定变形段的比尺等于几何比尺，若结构的密度比尺 $\lambda_{\rho s} = 1$ 且弹性模量比尺满足式（2-26），则重力相似准则与弹性相似准则能同时满足。然而在实践中，满足弹性模量条件式（2-26）的材料通常是难以找到的，即使能找到满足弹性模量相似的材料，由于模型与原型材料的不同，泊松比及剪切力也可能无法模拟准确，导致模型实验结果不能准确反映实际物理规律。林皋和林番（2000）认为根据实验目的不同及实验中重点关注的作用力和力作用影响的不同，可以采用不同的技巧，调整相似率策略，侧重模拟主要的作用力及其影响，而不需要严格满足所有的相似率。

2.2 实验断面的确定

围绕 SFT 断面形式，各国在拟建 SFT 工程中针对不同的海域特点和工程情况，提出了多种断面形式，见表 2-2，主要包括圆形、耳形、六边形和八边形等。本书模型实验选择了三种具有代表性的断面形式开展实验，具体为圆形、椭圆形和八边形，并以琼州海峡跨海通道为背景，根据它们的几何形状进行了交通断面设计，三种断面形式均采用双向六车道形式的交通方案。这里均采用双向六车道进行断面布置即是假定它们在交通量一致的条件下进行比较。实验断面如图 2-1 所示，它们的原型尺寸见表 2-3。实验时，根据不同的实验需求可在三种断面形式中选取适当的断面开展实验。

第 2 章　悬浮隧道模型实验理论

表 2-2　不同 SFT 工程项目采用的断面形式

国　家	项目名称	断面形式
中　国	金塘海峡	六边形
意大利	墨西拿海峡	八边形
日　本	关岛-神户机场海峡	耳　形
瑞　士	卢加诺湖	耳　形
日　本	北海道 Funka 海峡	圆　形
挪　威	Høgsfjord 峡湾	圆　形

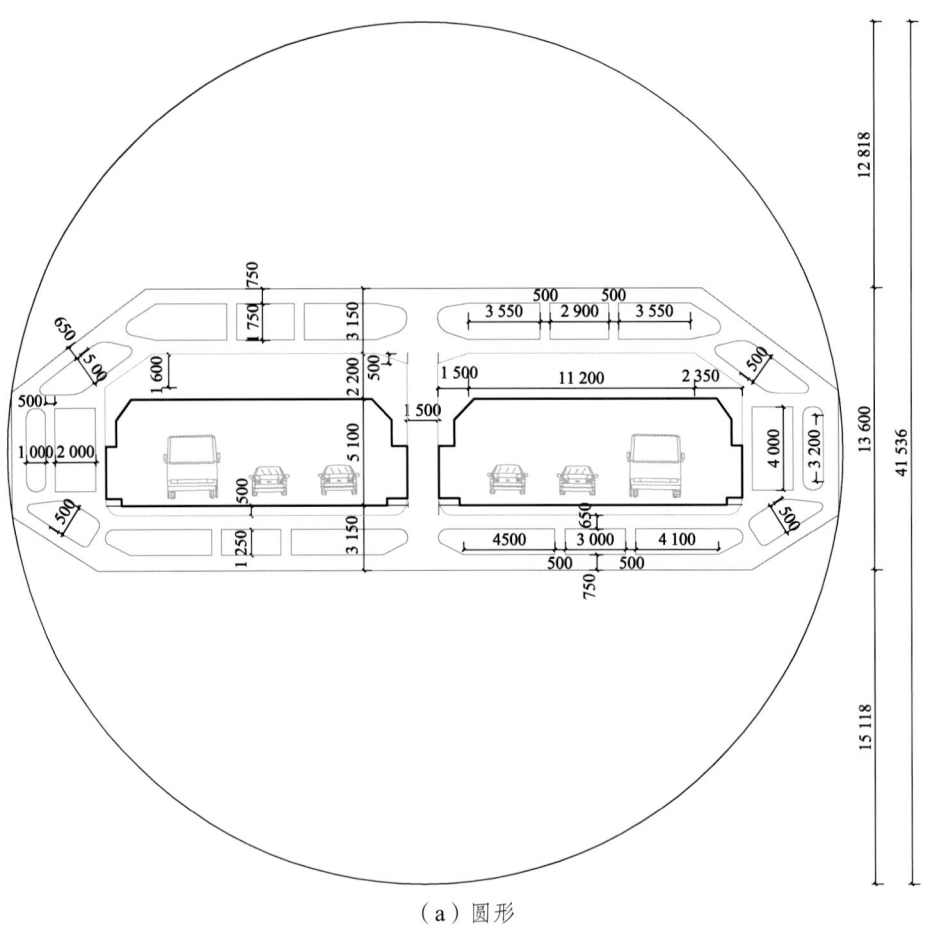

（a）圆形

2.2 实验断面的确定

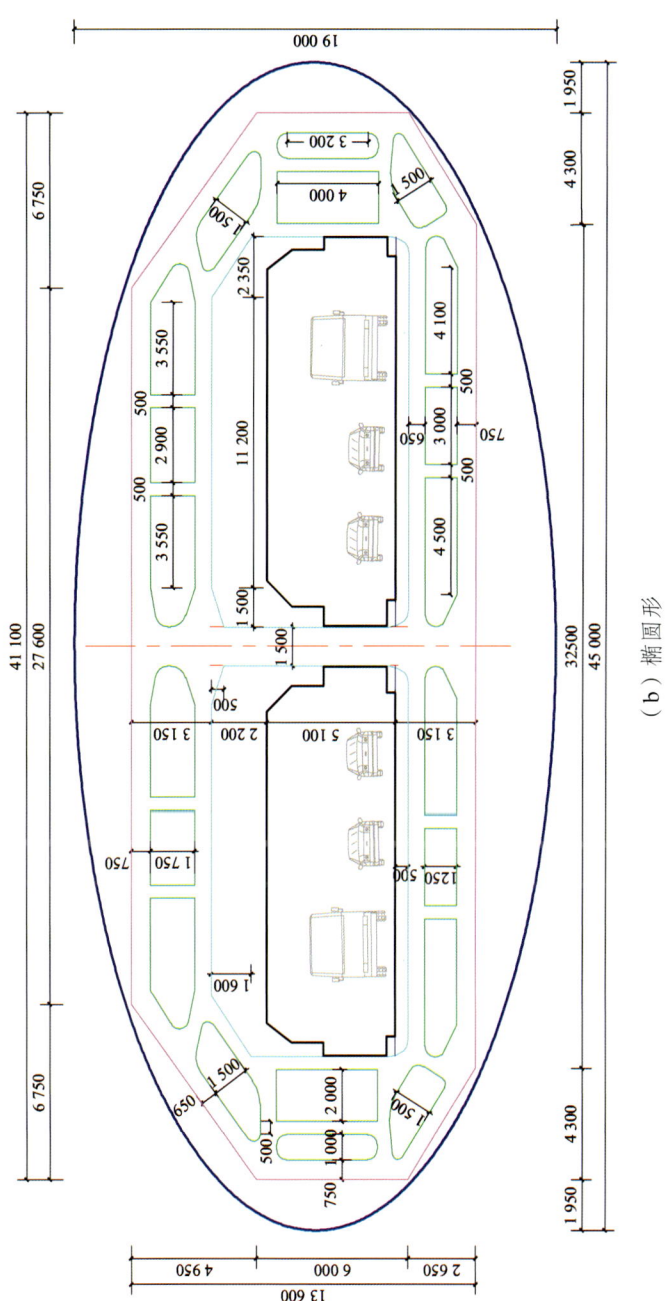

(b) 椭圆形

第 2 章　悬浮隧道模型实验理论

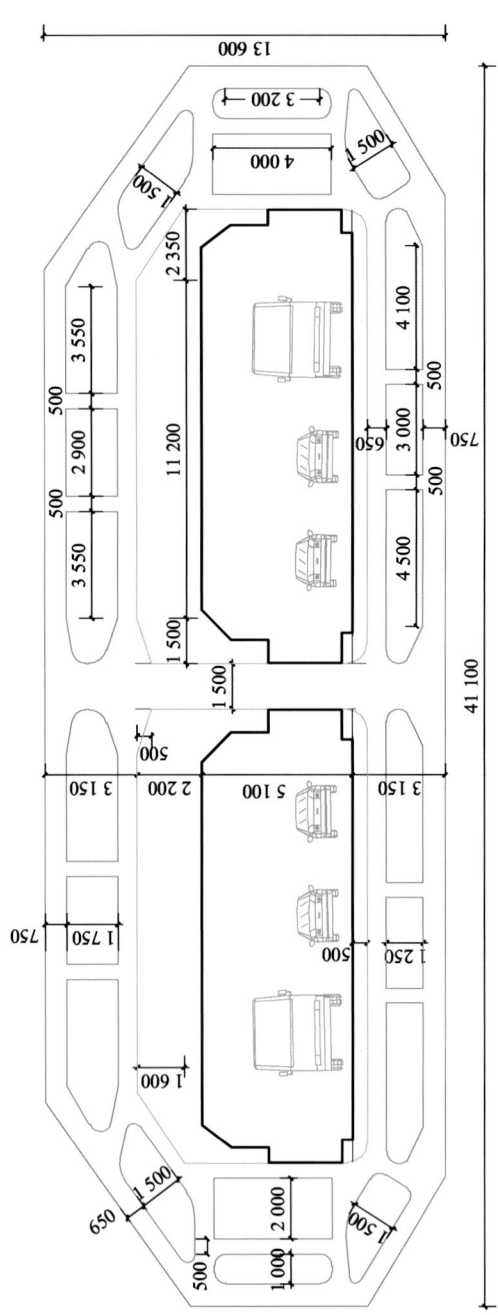

（c）多边形

图 2-1　三种双向六车道 SFT 断面形式（单位：mm）

表 2-3 三种 SFT 的断面形式尺寸

断面形式	主要参数值	断面积	交通量
圆形	直径 = 41.5 m	1 355.0 m²	双向六车道
椭圆形	长轴 × 短轴 = 5.0 m×19.0 m	671.5 m²	双向六车道
多边形	高 × 宽 = 41.2 m×13.6 m	514.2 m²	双向六车道

2.3 模型实验比尺的确定

SFT 的实验比尺与其相对应的原型直接相关,但由于目前没有真正意义的 SFT 投入建设,所以没有合适的 SFT 原型设计数据。因此,目前世界各国学者开展的 SFT 模型实验均采用的是拟建海域的设计原型,在比尺近似的情况下,由于原型的尺寸不同,实际实验断面有很大差异,表 2-4 是国内外实验模型的比尺对比。从表 2-4 中可以发现大部分国内外模型实验结构断面尺寸仍然停留在厘米级。以琼州海峡跨海通道设计的断面形式为本实验的原型,总体而言,本原型的实验断面较各国学者的原型均更大。为了尽量克服实验的尺寸效应,各国学者的实验缩尺一般而言均在 50~100,《波浪模型试验规程》(JTJ/T 234—2001)规定,在开展波浪荷载的模型实验时,实验缩尺不宜超过 80。同时,考虑满足水动力实验的弗劳德数相似准则,本书 SFT 的断面形式研究实验选定的实验缩尺确定为 60。

表 2-4 国内外实验模型比尺对比

实验机构及作者	比尺	断面	断面尺寸 /m	管节长度/m	壁厚/m	材料
本书断面形式实验	1:60	圆形/椭圆形/八边形	直径 = 0.692; 长轴 × 短轴 = 0.750×0.327; 宽 × 高:0.687×0.227	0.85	0.008	有机玻璃
本书波流耦合实验	1:40	椭圆形	宽 × 高:1.125×0.475	3.0	0.012	有机玻璃
浙江大学,干湧	1:50	八边形	宽 × 高:0.558×0.242	2.5	0.004	有机玻璃

续表

实验机构及作者	比 尺	断 面	断面尺寸 /m	管节长度 /m	壁厚 /m	材料
西南交通大学，王广地	1∶100	圆形	直径 = 0.300	1.0	0.02	塑胶材料
大连理工大学，孙胜男	1∶50	圆形	直径 = 0.160	3.0	0.01	PVC（聚氯乙烯）
西南交通大学，秦银刚	1∶100	圆形	直径 = 0.290	1.0	0.02	黑塑料
韩国铁道科学研究院，S-H. Oh	1∶148	类圆形	直径 ≈ 0.100	0.56	0.007	有机玻璃
韩国海洋科学与技术研究所，Sung-il Seo	1∶100	圆形	直径 = 0.230	0.98		有机玻璃

2.4 模型相似设计

根据船舶流体力学和传统水动力学实验要求，考虑弗劳德数相似准则，本实验主要选取的相似指标为波浪、水流、锚索和模型管段。

2.4.1 波浪模拟

波浪模拟满足重力相似条件，不规则波波谱采用 JONSWAP 谱，其表达式为：

$$s(f) = \alpha H_s^2 T_p^{-4} f^{-5} \exp\left[-\frac{5}{4}(T_p f)^{-4}\right] \gamma^{\exp[-(T_p f - 1)/2\sigma^2]} \quad (2\text{-}27)$$

式中：$\alpha = \dfrac{0.0624}{0.230 + 0.0336\gamma - 0.185(1.9+\gamma)^{-1}}$；$\sigma = \begin{cases} 0.07 & f < f_p \\ 0.09 & f \geq f_p \end{cases}$；$H_s$ 为有效波高（m）；T_p 为谱峰值周期（s）；γ 为谱峰值参数，取 $\gamma = 3.3$。

实验采用间歇式造波，以消除造波机的多次反射。实验中不规则波每组波列波数约为 120 个。每一组实验完成之后，均需等待水面平静后再开始下一组造波实验。

2.4.2 水流模拟

水流模拟满足重力相似。实验中通过调节进水阀门控制流速，在出流口设置导流栅调节流向和平顺水流，流速模拟值与目标值的偏差控制在 ±3% 以内，流量由计算机控制。在开展波 - 流耦合实验时，首先将流速调至设计值，再施加波浪工况进行组合实验。

2.4.3 锚索模拟

锚索为非刚性结构，根据力的变形和质量进行相似模拟。《波浪模型试验规程》（JTJ/T 234—2001）规定锚索的变形相似是按照锚索模型应与原型的拉力 - 伸长关系曲线进行相似控制的，具体可以按下式进行计算：

$$T_{\mathrm{m}} = \frac{C_{\mathrm{p}} d_{\mathrm{p}}^2 (\Delta S/S)^n}{\lambda^3} \quad (2\text{-}28)$$

式中：T_{m}—— 模型锚索拉力（N）；
C_{p}—— 原型锚索弹性系数，钢缆取 $C_{\mathrm{p}} = 26.97 \times 10^4$ MPa；
d_{p}—— 原型锚索直径（m）；
$\Delta S/S$—— 原型锚索相对伸长；
S—— 原型锚索初始长度（m）；
n—— 指数，钢缆可取 $n = 1.5$；
λ—— 模型比尺，本次实验中 $\lambda = 60$。

SFT 原型锚索比较长，在受力时会发生变形，但模型实验中采用的钢丝绳锚索长度过短，受力时几乎不会变形。为了模拟原型锚索变形与受力的关系，实验中锚索模型采用一种基本无弹性（在本次实验测力范围内）

的钢丝绳与多级弹簧钢片的组合装置,通过调节弹簧钢片的长度来模拟不同的拉力-伸长曲线,使模型和计算原型的拉力与伸长量保持相似关系。锚索长度、锚索位置和锚索倾角也与原型保持相似。本实验锚索拉力-伸长曲线如图 2-2 所示。

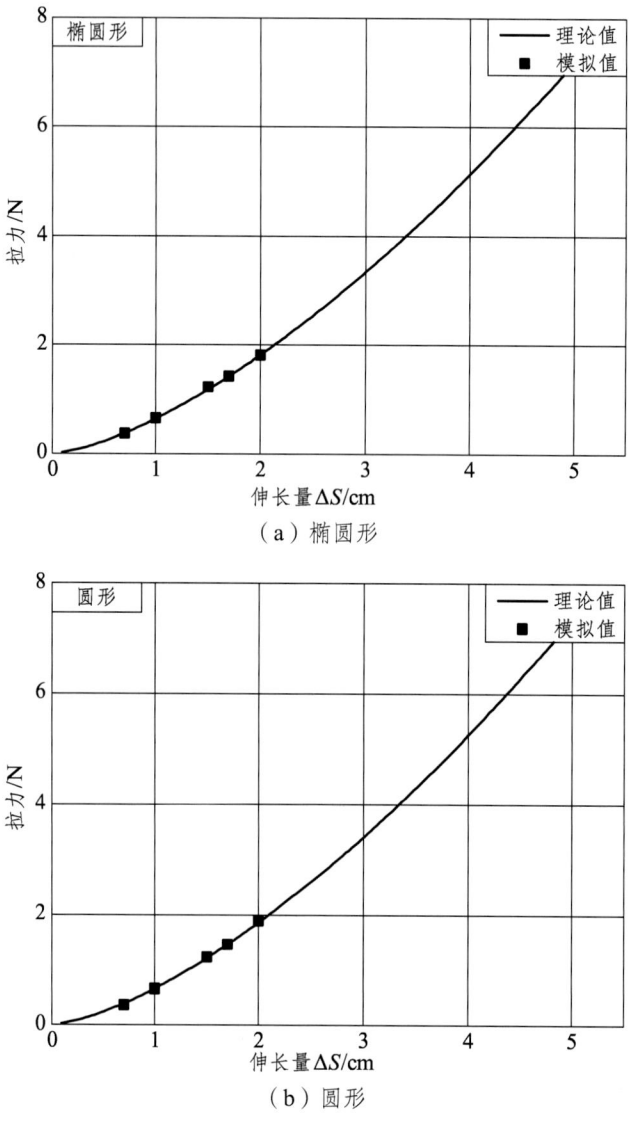

(a)椭圆形

(b)圆形

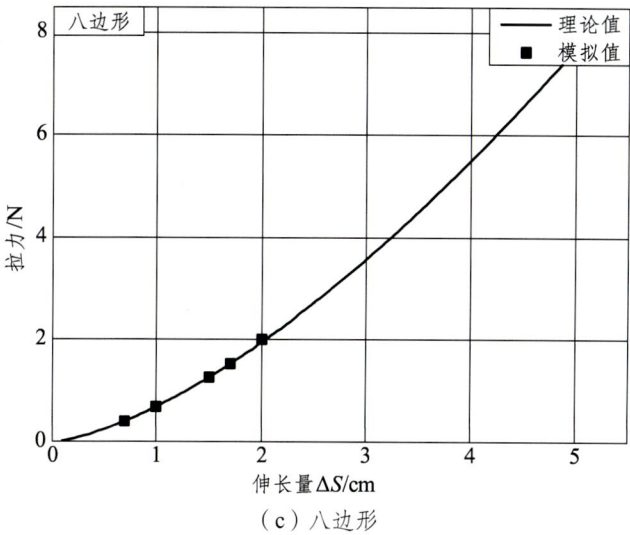

（c）八边形

图 2-2　锚索拉力 - 伸长关系曲线

《波浪模型试验规程》（JTJ/T 234—2001）规定锚索质量相似可以按下式进行计算：

$$W = \frac{C_p d_p^2}{\lambda^2} \quad (2\text{-}29)$$

式中：W——锚索单位长度质量（kg/m）；

C_p——空气中原型锚索质量比例系数，钢缆可取 $C_p = 3\,670[\text{kg}/(\text{m}^2 \cdot \text{m})]$；

d_p——原型锚索直径（m）；

λ——模型比尺，这里为 60。

根据管段的质量相似进行压载配重后，锚索的初始张力为 30 kN。

2.4.4　管节模拟

SFT 模型材料为有机玻璃，制作时外轮廓与原型保持几何相似。为了保持与原型的质量相似，同时控制 SFT 实验模型的重心，对浮重比不同的 SFT 分别采用铅制薄片压载配重。

第 3 章

PART

水下隧道模型实验平台

目前，国内外还没有 SFT 的专用实验港池，在参考大量国内外水工实验水池的基础上，招商局重庆交通科研设计院有限公司公路隧道建设技术国家工程实验室新建了水下隧道建设技术专项实验室。实验室主要建设内容包括：水下隧道实验水池、水下沉管隧道实验系统、水中悬浮隧道实验系统、水下钻爆法隧道实验系统和水下盾构法隧道实验系统。

实验室建成后的主要任务是：着重研究软基、超长、高水位、大流速下的沉管隧道和深海悬浮隧道等特殊环境下的水下公路隧道关键技术问题，为跨海超长公路隧道的建造储备核心技术。

3.1 平台功能

水下实验主要基于大比尺模型实验方法，在实验水池内根据实际条件设计相应的外部边界条件以及沉管或悬浮隧道模型，同时利用造波、造流设备产生不同的流场环境，模拟真实的复杂水文环境；利用先进的数据采集设备测试隧道结构体系各关键部位和区段在拖曳、沉放和静置等不同阶段的力学响应，包括速度、位移、加速度、锚索间距以及流固耦合产生的动力响应等控制性参数，从而为水下隧道工程的设计提供实验依据。

水下隧道模型实验平台主要功能如下：
（1）波流共同作用下沉管隧道纵向拖曳实验。
（2）波流共同作用下沉管隧道横向沉放实验。
（3）波流作用下沉管隧道管段结构和接头的力学响应规律实验。
（4）沉管隧道基础水下处理方案研究实验。
（5）波流作用下悬浮隧道结构体系力学响应规律实验。
（6）悬浮隧道结构体系在水下冲击荷载下力学行为实验。
（7）悬浮隧道不同结构体系要素的水动力影响规律实验。
（8）兼顾水下盾构隧道和水下钻爆法隧道的水下模型实验。

3.1.1 悬浮隧道实验

实验内容包括波流共同作用下悬浮隧道结构体系的力学性能、水动力影响规律等。通过不同水深、波流、锚索（支撑）体系组合工况测试锚索（支撑）受力、管节的运动响应，可实现管节和管节群的纵向、横向、斜向排放。其一般实验流程见图3-1。

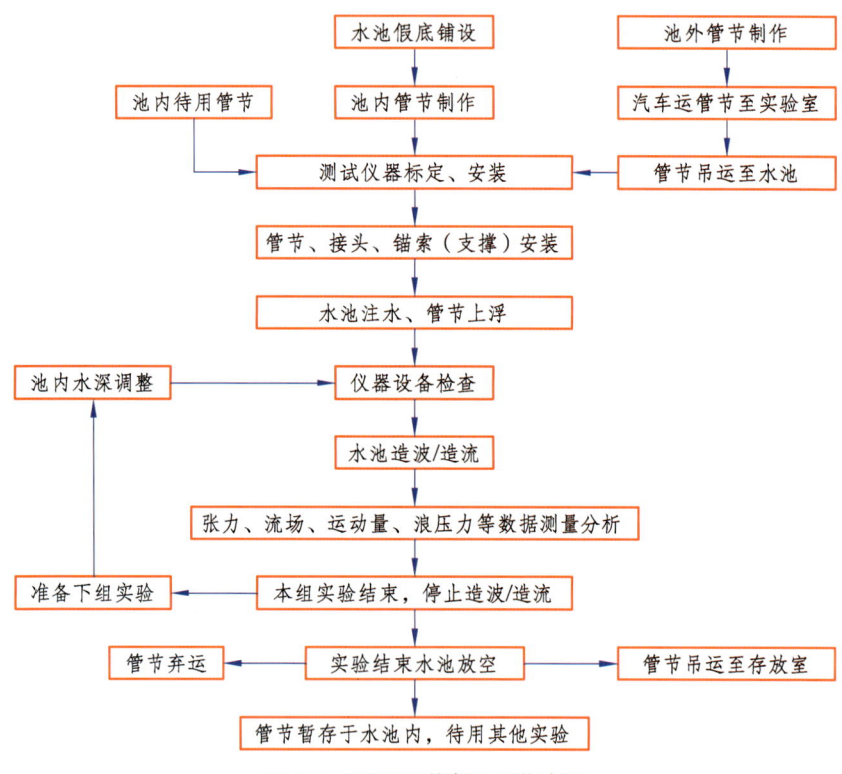

图 3-1 悬浮隧道实验工艺流程

3.1.2 波流共同作用下悬浮（沉管）隧道浮运实验

实验内容包括波流共同作用下管节阻力性能、操作性能、系泊性能等。管节在浮运及系泊定位过程中主要承受的力有拖航阻力、波浪阻力、锚抓力和浮力，而浮力只对锚泊系统设备起作用，在管节内不产生应力。通过不同水深、波流、拖速组合工况测试拖缆的阻力、管节的运动响应，可实现纵向、横向、斜向拖曳。其一般实验流程见图3-2。

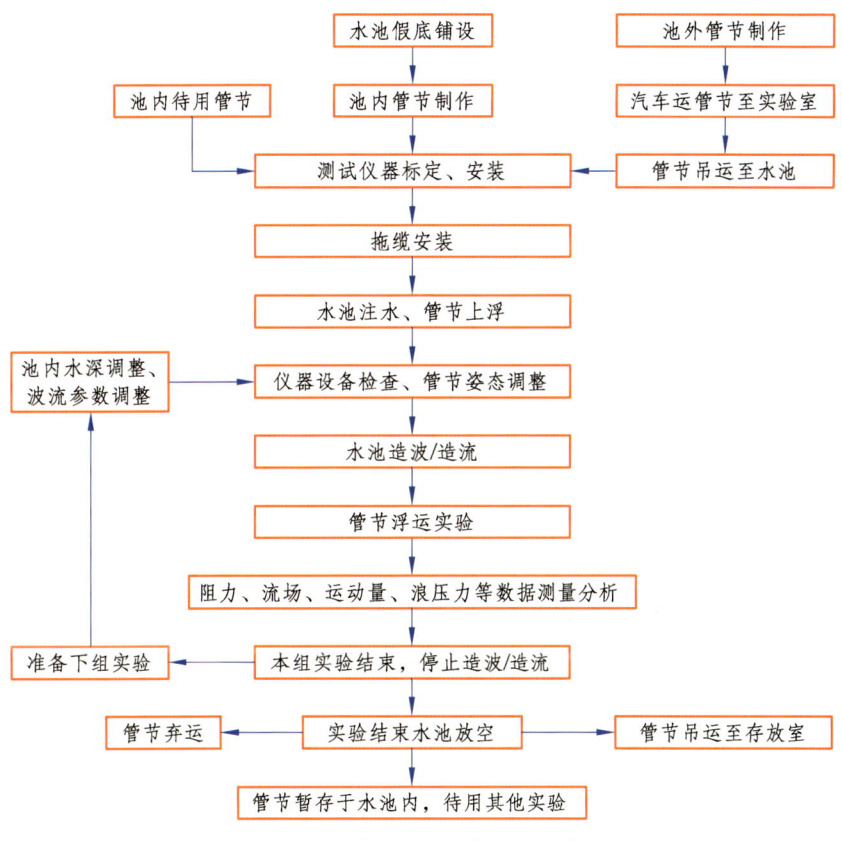

图 3-2 沉管隧道浮运实验工艺流程

3.1.3 波流共同作用下悬浮（沉管）隧道沉放实验

通过不同水深、波流、沉速组合工况测试吊挂缆的阻力、管节的运动响应，可实现纵向、横向、斜向沉放。其一般实验流程见图3-3。

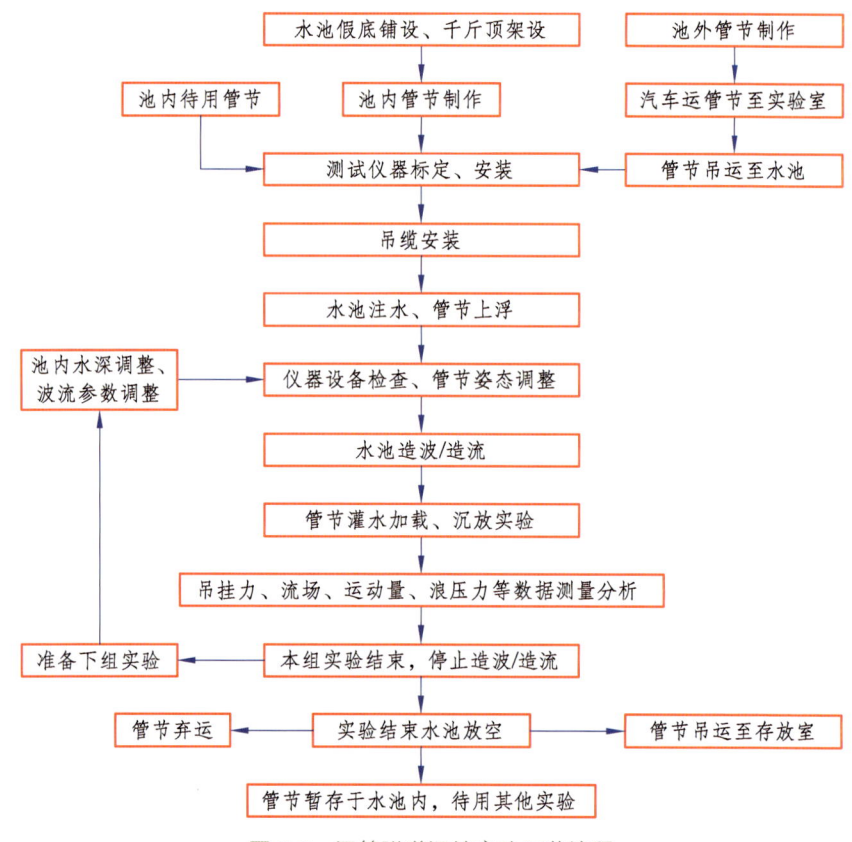

图 3-3 沉管隧道沉放实验工艺流程

3.1.4 波流共同作用下悬浮（沉管）隧道结构力学性能实验

通过不同水深、波流组合工况测试各管节结构和接头（一般为3节连接）在水下的力学性能。其一般实验流程见图3-4。

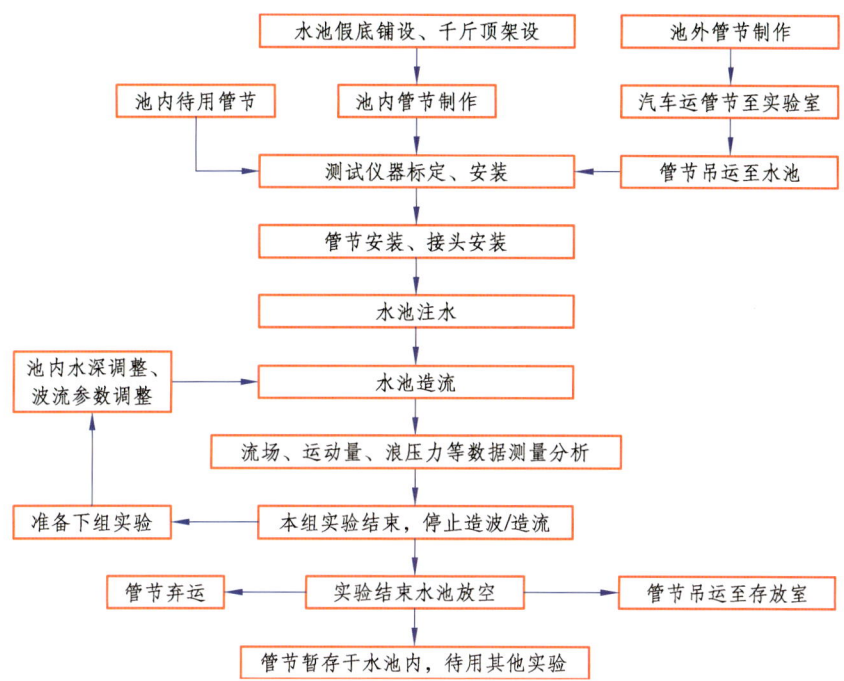

图 3-4 沉管隧道管段结构和接头的力学性能实验工艺流程

3.1.5 沉管隧道水下基础处理实验

基础处理的方法有压砂法和压浆法，通过不同水深、压砂（浆）孔布置和压力组合工况测试管节基础的砂（浆）盘充满度、浮托力、基础沉降等参数。其一般实验流程见图 3-5。

第3章 水下隧道模型实验平台

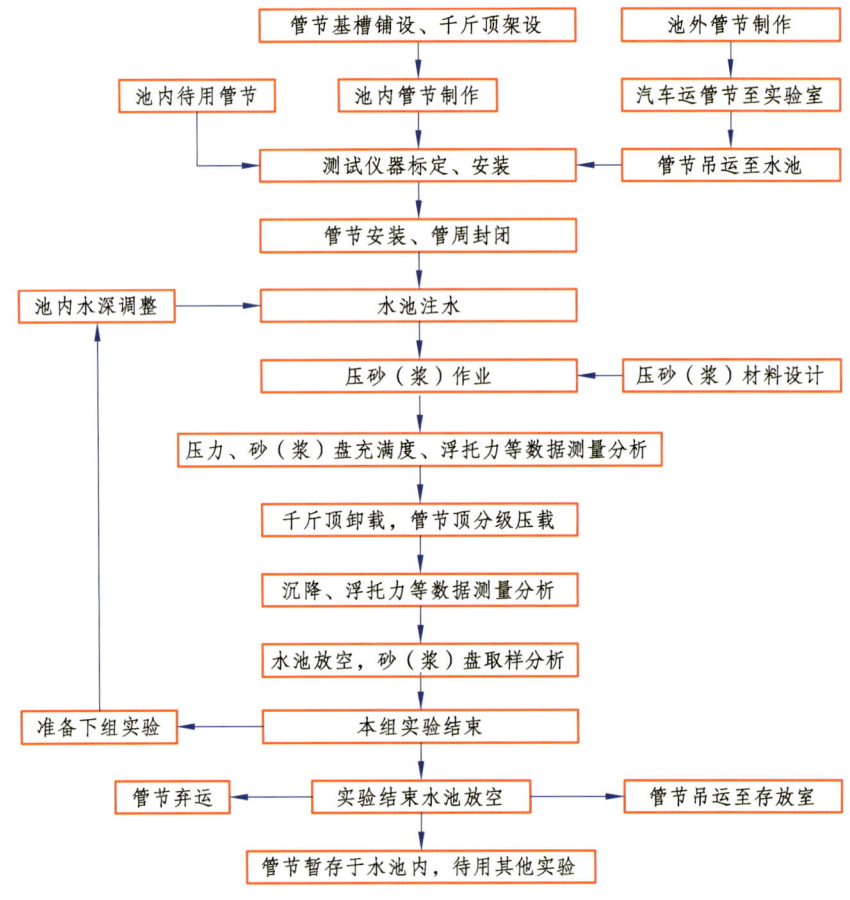

图 3-5　沉管隧道水下基础处理实验工艺流程

3.1.6　水下钻爆、盾构隧道实验

水下钻爆、盾构隧道的施工涉及围岩与水体的交互作用（流固耦合）问题。一方面，围岩中的渗流作用将改变围岩中孔隙水压力，从而改变围岩的原始应力状态；另一方面，围岩应力状态的改变，反过来会改变围岩本身的结构，改变围岩的渗透性能，从而改变水体的渗流状态。本水池可提供三维流固耦合实验的物理模拟环境，可通过不同水深、围岩相似材料的模拟，测试在隧道开挖掘进过程中，围岩的位移场、应力场、渗流场的

变化规律。其一般实验流程见图 3-6。

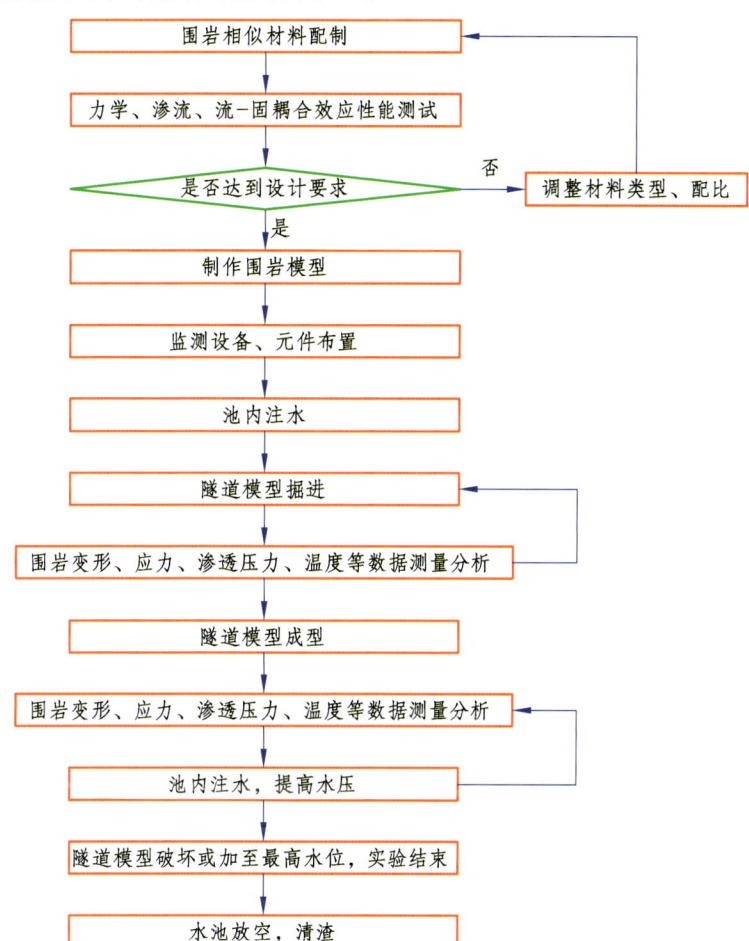

图 3-6　水下钻爆、盾构隧道实验工艺流程

3.2　水池系统

水下隧道建设技术专项实验室悬浮水下隧道实验区水池长 36 m、宽 31 m，包含造波区长 24 m、宽 5 m，SFT 实验区长 24 m、宽 24 m，消波区长 24 m、宽 2 m，下部出流口深 1.5 m，水下隧道实验室的主要技术指标如

表 3-1。水下隧道实验室设计如图 3-7 所示。实验室水池左边为造波区；实验室水池上下及右边部分设置有消波板，用于消浪。实验室为波-流耦合实验港池，兼具造波和造流功能。

表 3-1 水下隧道实验室主要参数

项目	主要指标	参数值
实验室	建筑/占地面积/m²	1 243×1 243
辅助用房	建筑/占地面积/m²	476×238
变电所	建筑/占地面积/m²	242×242
实验区域	长×宽×高/m	24×24×3

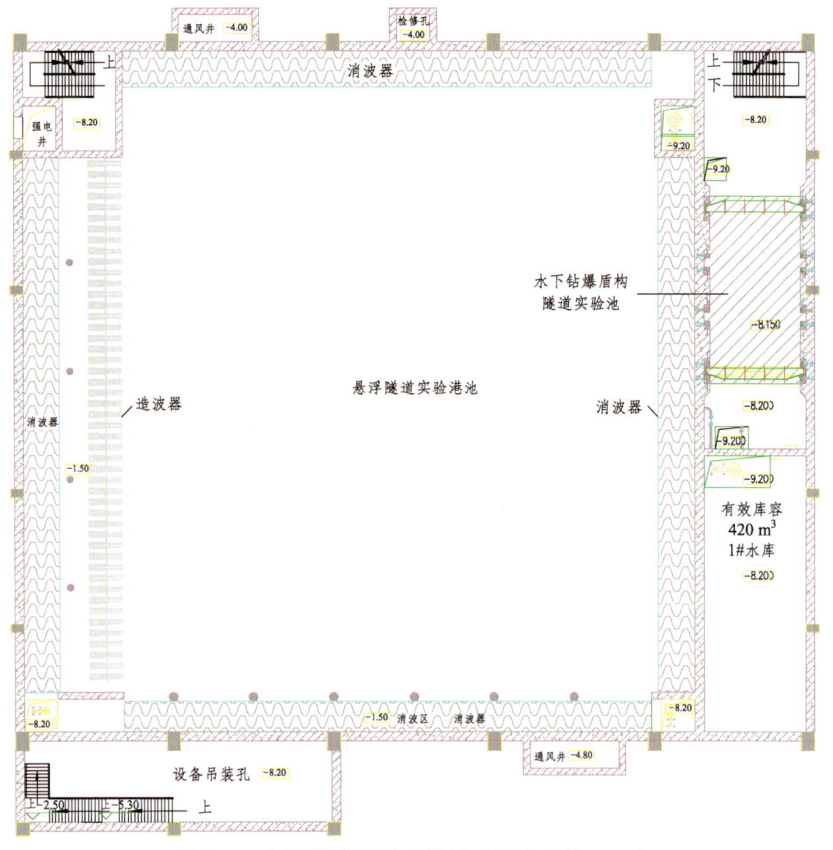

图 3-7 水下隧道实验室设计（标高单位：m）

钻爆、盾构隧道实验池长 17.65 m、宽 4.6 m，其中实验区长 8.3 m、宽 4.1 m；水池深 8.2 m，池底标高 −8.2 m。实验区沿长度方向每隔 2.4 m 设一道闸槽，共 4 道，配备 2 扇活动闸门，可设置在不同的闸槽，相应实验模型的长度为 6.926 m、4.526 m 和 2.126 m。活动闸门采用钢结构制作，门高 7.5 m、宽 4.45 m，为叠梁门结构，采用 10 t 门吊启闭。叠梁分节高度为 1.5 m，共 5 节 10 扇，其中 8 节分别设直径为 0.3 m、0.5 m、0.8 m、1.0 m 的观察孔，以适应不同大小的模型尺寸，观察孔用法兰盖封孔。每节叠梁门需设反滤排水管路，用于实验结束排除池内积水。

1# 水库长 12.25 m、宽 4.6 m、深 8.2 m，有效库容 413 m^3；2# 水库长 16.2 m、宽 4.45 m、深 6.7 m，有效库容 375 m^3。沉管、悬浮隧道实验池蓄水 2.5 m 深时蓄水量约 2 550 m^3，蓄水 1.5 m 深时蓄水量约 1 670 m^3，仅进出水仓和造流管道蓄满时蓄水量 720 m^3。1#、2# 水库库容合计 780 m^3，水库库容仅用于实验时调节水深用。

沉管悬浮隧道实验池、水下钻爆盾构实验池、1# 水库、2# 水库等盛水构筑物防水等级为 Ⅱ 级，防水构造为防水钢筋混凝土主体＋防水涂层，防水涂料采用 Ⅰ 型水泥基渗透结晶型防水涂料（CCCWC Ⅰ）。

3.3 造流系统

3.3.1 功能指标

1. 正向造流

全断面平均设计流速 0.27 m/s，设计水深 2 m，断面宽 24 m，总流量 12.96 m^3/s；全断面最小设计流速 0.10 m/s，设计水深 1 m，断面宽 24 m，总流量 2.4 m^3/s；局部最大设计流速 0.35 m/s，设计水深 2 m（2.5 m），断面宽度 19.2 m（14.4 m），总流量 13.44 m^3/s（12.6 m^3/s）。正向造流设计参数见表 3-2，局部正向造流详见图 3-8。

表 3-2　正向造流设计参数

类　型	设计流速 /(m/s)	设计水深 /m	断面宽度 /m	总流量 /(m³/s)
全断面平均	0.27	2	24	12.96
全断面最小	0.10	1	24	2.4
全断面最大	0.35	2（2.5）	19.2（14.4）	13.44（12.6）
局部最大	0.47	1.5（2）	19.2（14.4）	13.54

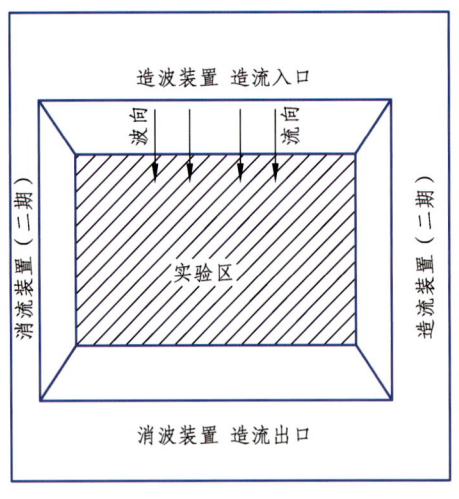

图 3-8　局部正向造流示意

2. 斜向造流

水池单边设 10 个独立的进出水口，各进出水口可以通过阀门启闭，通过布置导流墙可调整流向角度范围 0°～30°，其中 30° 时水池实验区宽度 10 m，局部最大设计流速 0.50 m/s，设计水深 2.5 m 时，总流量 12.5 m³/s。斜向造流详见图 3-9。

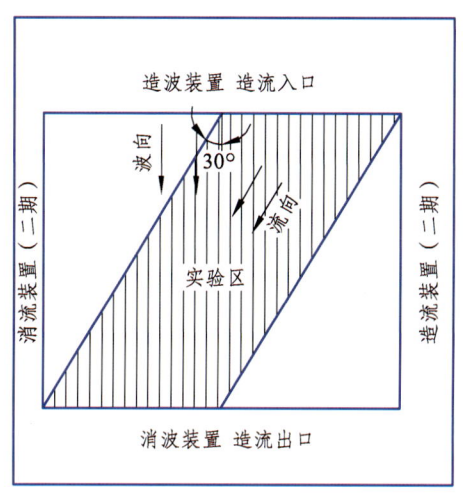

图 3-9　局部斜向造流示意

3.3.2　系统组成

造流系统由双向造流泵、管路、阀门、导流栅叶、整流蜂窝组成。采用 5 台 900ZLB(Q)-100 型卧式双向轴流泵并联布置，水泵的直径为 DN900。通过组合 5 台水泵的开闭可以满足不同的实验流量要求。水泵的流量可通过调节电机的功率来控制。双向造流泵型号 900SZB-100，流量 $Q = 2.82 \text{ m}^3/\text{s}$，扬程 $H = 3.92 \text{ m}$，功率 $P = 200 \text{ kW}$，转速 $n = 485 \text{ r/min}$。双向造流，反向造流时流量损失不超过 7%；采用变频控制，铸钢泵体，304 不锈钢叶轮；介质为浑水，含防泥沙保护机封装置。造流泵见图 3-10。

图 3-10 造流泵

3.3.3 造流参数

SFT 布置在天然海况中，水流条件无法选择，考虑最大水流速度为 3.0 m/s，当采用的模型比尺为 40 ~ 80 时，水池内流速应该为 0.45 ~ 0.34 m/s。

如在水池内全断面造流，且流速需达到 0.45 m/s，则需投入大量的设备，并不经济；局部需要大流速时通过高速水流、减小断面等模型实验技术来实现，以使投资更加经济合理。也可以根据实际情况适当减小模型比尺，以适应水池参数。水池中还应该设置稳流结构，本实验通过设置导流孔以实现水流的均匀分布。导流孔的布置如图 3-11 所示。

图 3-11 导流孔布置

国内外的多项研究资料表明，波流同向时 SFT 的运动和受力最大。为了验证最不利工况，应该首先考虑波流同向的水动力情况。

3.4 造波系统

3.4.1 系统组成

本实验布置一套单边单向不规则造波机系统，其顺流向推波板总宽度为 24 m，高度为 1.5 m。造波系统包含了 24 台造波机，每台造波机功率为 8 kW，利用 4 套伺服电机控制 24 台造波机，每套伺服电机分别控制 6 台造波机。造波机布置如图 3-12 所示。从实验目标和建设经济性综合考虑，本实验的设计波高范围为 2.0 ~ 18.0 cm，周期的范围为 1.0 ~ 2.1 s。

图 3-12　造波机布置

本实验为了消除波浪的反射影响，在水池四周均布置了消波网箱面板。消波网箱面板主要由内填塑料盲沟板构成，如图 3-13 所示。

图 3-13 消波网箱面板

4 套平行摆放的造波机同步工作，每套推波板宽 6 m，可以生成二维的规则波和不规则波。每套造波机都是一个独立的伺服控制系统，由推波板、直线滚动导轨、滚珠丝杠驱动器、交流伺服电机、电机数字伺服驱动器、交流变压器、控制柜、电脑、接口卡和波高仪等组成。造波机结构示意如图 3-14 所示，现场布置如图 3-15 所示。

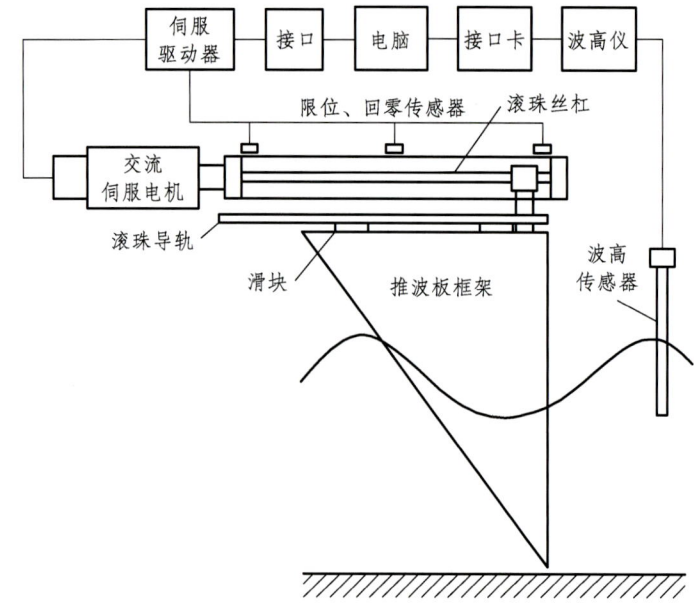

图 3-14 造波机结构示意

3.4 造波系统

图 3-15　造波机现场布置

本实验采用交流伺服电机驱动造波机。与液压驱动设备相比较，它具有输出力矩稳定、动态特性好、死区小、节省能源、不需要冷却水、无噪声、无油污染和便于维修等一系列优点。

3.4.2　工作原理

先由电脑根据波要素谱参数生成造波数据文件，造波时将造波数据文件的数据变换成控制脉冲，定时地经接口送至电机数字驱动器，电机随之转动，经滚珠丝杠驱动器变成直线的运动驱动推动板沿轨道前后摆动，产生波浪。生成规则波的有正弦波、椭圆余弦波和孤立波；生成不规则波的谱有海港水文规范谱、Bretschneider 谱、Jonswap 谱、P-M 谱、ISSC 谱、ITTC 谱、Scott 谱和 Wallops 谱等。4 块推波板能同时同步工作，也可任选其中的几块同步工作。该系统具有自动迭代功能，经几次迭代后就能在实验段生成所期望的规则波或不规则波。

3.4.3　数据采集和数据处理

系统在造波的同时，能进行测量参数的数据采集。数据采集的通道数为 32，采样频率和采样数据量可在一定范围内任意设定。采集到的数据将以 Excel 文件格式存盘。

波浪特征值的处理采用上跨零点的方法，可计算得到平均波高、波周期、有效波高、最大波高、最小波高等基本波浪参数。波谱分析采用分段 FFT 法计算谱密度，并进行数值滤波，得出各种谱参数，如谱密度、谱各阶矩、谱峰值、峰频等。造波机系统框架如图 3-16 所示。

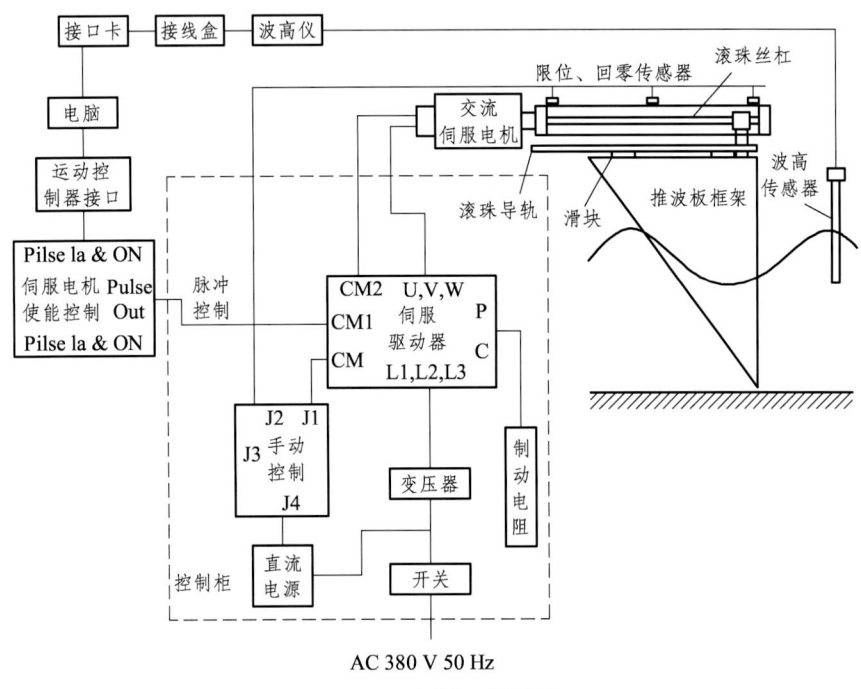

图 3-16　造波机系统框架

3.5　拖曳系统

在水池长度方向（南北向）布置拖车，其中沿长度方向运动的为 X 向大车，沿宽度方向（东西向）运动的为 Y 向横向小车，横向小车上搭载沿 Z 向运动的综合实验平台，实验平台边长 3 m、宽 2 m，升降高度

≥ 1.2 m，实验平台能同步升降并在任意高度自锁。另设 10 t 龙门吊用于模型及设备的起重吊装，龙门吊轨道与拖车共轨。设计拖速为 0.1～0.5 m/s（X 向和 Y 向），稳速行程 ≥ 18 m，稳速精度 2%；浮运时最大水平牵引力 ≥ 2 kN；大车轨距为 26.35 m，轨道长度为 32 m，小车轨距为 1.5 m，轨道长度为 22 m，控制方式为本地控制。

3.6 给排水系统

水库首次蓄水采用 DN150 市政管道供水。实验时，进出水仓和造流管道的 720 m³ 蓄水量采用 DN150 市政管道供水，水池蓄水通过水库补给，不足部分仍通过市政管道补给。

实验完成，进出水仓和造流管道中的水保留。水池里的水回至水库，多余部分排至室外雨污管。

钻爆与盾构实验池最大用水量约 100 m³，采用市政管道供水。水池排水通过闸门上的反滤排水管路，排至池内集水坑，再用小型潜污泵排至室外雨污管。

水库排水采用 200WQ13181 型潜污泵，流量 400 m³/h，扬程 12 m，功率 22 kW。沉管、悬浮隧道实验池排水采用 100WQ111191 型潜污泵，流量 90 m³/h，扬程 18 m，功率 7.5 kW。钻爆与盾构实验池排水采用 40WQ11102 型潜污泵，流量 20 m³/h，扬程 15 m，功率 2.2 kW。

第4章

PART

4 悬浮隧道水槽模型实验

基于 SFT 工程化的考虑，首先需要解决的就是 SFT 的断面适用性问题。由于断面形式过多，开展大型的水池实验很不经济。为此，我们基于水工物理模型实验理论，设计了一套 SFT 的波浪水槽实验系统。基于相同的交通量条件，设计了圆形、椭圆形和多边形三种双向六车道形式的 SFT 断面，开展了不同波浪条件下 SFT 波浪水槽实验。根据疏义广的研究，当椭圆形断面的高宽比小于 0.5 时，结构不会发生涡激振动，所以本书的椭圆形高宽比确定为 0.4。

根据波浪运动的方向，波浪力将在 SFT 截面的不同位置形成不同的压强分布，包括上表面压强、下表面压强、背浪面压强和迎浪面压强。由于不同位置和不同时刻压强差的变化，SFT 将具有明显的波动特征。本章将围绕不同断面 SFT 的波动特性作比较。

4.1 SFT 波浪水槽实验方法

4.1.1 模型实验方法

本实验选用南京水利科学研究院波流实验厅的波浪水槽开展模型实验。考虑到波浪水槽的尺寸限制和水工实验的最小比尺要求，综合确定模型实验比尺为 1 ∶ 60，并据此确定了模型实验管节的长度为 85 cm。为防止水进入管节内部，实验时管节始终处于密封状态。实验断面采用圆形、椭圆形和八边形断面。它们的交通设计均为双向六车道形式断面，因此本实验假定它们的交通量一致来进行比较。

实验波浪水槽长 60 m、高 1.9 m、宽 2.0 m，如图 4-1 所示。在宽度 2.0 m 范围内波浪水槽分为两个 1.0 m 宽的水槽，实验区域位于其中之一，另一侧则对反射波浪有扩散作用。为了得到可靠的波浪序列，首先对波浪要素进行了标定。实验水槽分为上下两个区域，下半部分为实验区域，水槽俯视图如图 4-2 所示。在实验过程中，波浪会由造波机位置传至实验区域。

波浪传播经过实验区域后，在下半部分尽头碎石处波浪被破碎，能力被耗散。而另一部分波浪遇到 SFT 管段后反射，反射波一部分被造波机处的协调装置消散，另一部分传播至上半部分区域平行水槽，在平行水槽尽头被碎石破碎后耗散。因此，平行水槽和碎石的设计很好地消散了波浪的反射作用。

图 4-1　波浪实验水槽

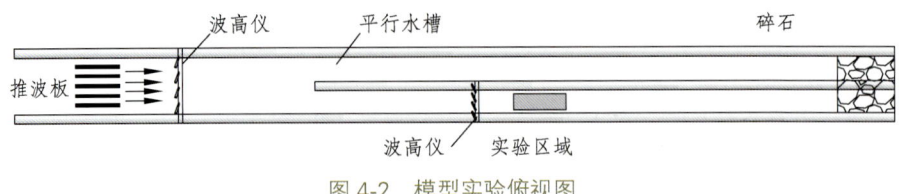

图 4-2　模型实验俯视图

实验时 SFT 管段由锚索固定于水槽底部，实验水深始终保持 70 cm 不变，波浪沿水槽纵向垂直于 SFT 管段传播，图 4-3 给出了模型实验测试图

4.1　SFT 波浪水槽实验方法

和主要实验参数。为了测试随机波浪荷载下的管段表面的压强，我们在各个断面周向均匀地布置了 8 个压强传感器。同时，为了测试锚索张力，总共布置了 4 个总力计，如图 4-4 所示。

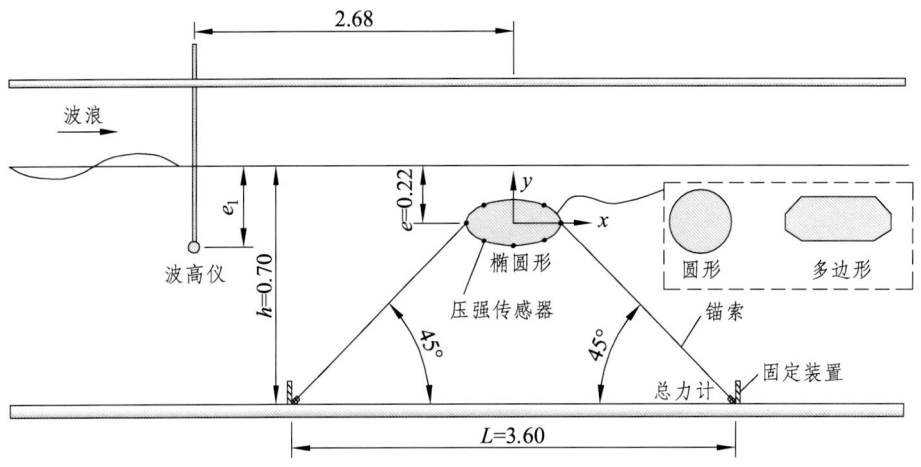

图 4-3　模型实验侧视图（单位：m）

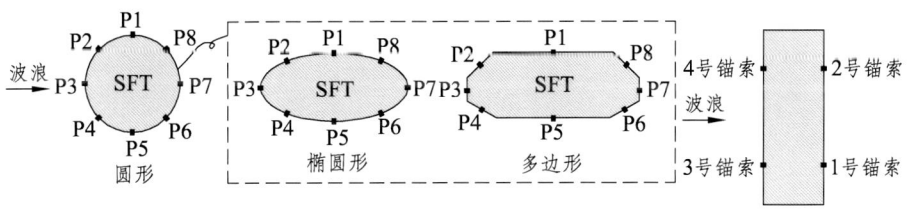

图 4-4　三种实验模型断面压强测点布置

SFT 的管段按照 2.4 节中模型相似准则进行设计，保持实验管节的几何相似和质量相似。实验管段如图 4-5 所示，断面实验尺寸如表 4-1 所示。

（a）圆形俯视图

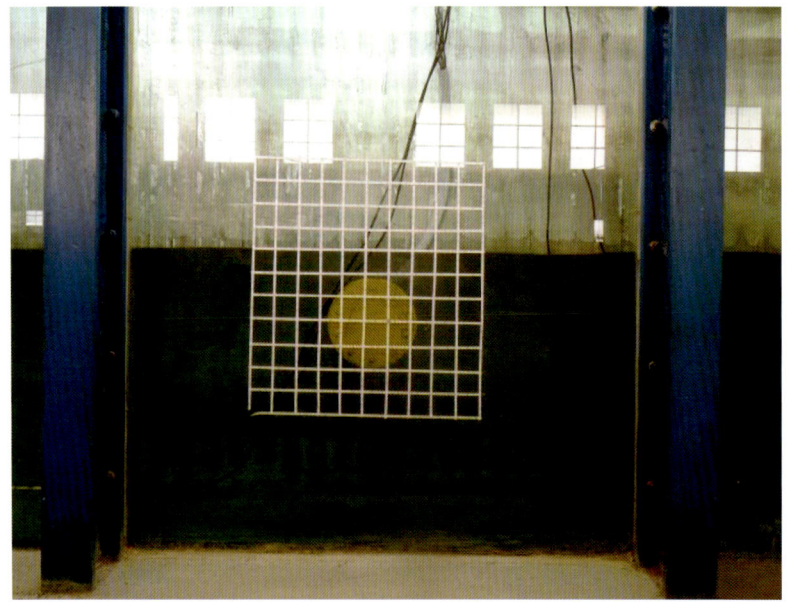

（b）圆形侧视图

4.1 SFT 波浪水槽实验方法

(c) 椭圆形俯视图

(d) 椭圆形侧视图

(e)多边形俯视图

(f)多边形侧视图

图45 实验管节现场概况

4.1 SFT 波浪水槽实验方法

表 4-1 三种断面的实验尺寸

断面形式	主要参数值	断面积	交通量
圆形	直径 = 0.692 m	0.376 m²	双向六车道
椭圆形	长轴 × 短轴 = 0.750 m×0.327 m	0.186 m²	双向六车道
多边形	宽 × 高 = 0.687 m×0.227 m	0.143 m²	双向六车道

4.1.2 实验参数

实验安装时，保持三种断面形式管段的顶点距水面的高度为 10 cm，锚索的横向间距为 70 cm。实验波浪为不同波高和不同周期的规则波与不规则波序列。表 4-2 给出了实验和波浪条件概况。

表 4-2 实验条件概况

类别	参数	参数值
模型	埋置深度	0.1 m（水面至模型顶面）
	管节长度	0.85 m
	支撑形式	柔性锚索
锚索	锚索类型	钢丝绳
	钢丝绳直径	2.5 mm
	锚索倾角	60°
	锚索间距	70 cm
波浪	波浪周期	1.5 ~ 2.1 s
	波高	2 cm、4 cm、6 cm

4.1.3 实验设备

实验选用南京水利科学研究院生产的压强测量系统和总力测量系统，如图 4-6 和图 4-7 所示。图 4-8 是现场数据采集情况。压力和总力传感器数据采集原理均为模拟量转化为数字量，压力传感器由应变转化，而总力传感器由形变量转化。压力测试系统和总力测试系统的主要参数见表 4-3。

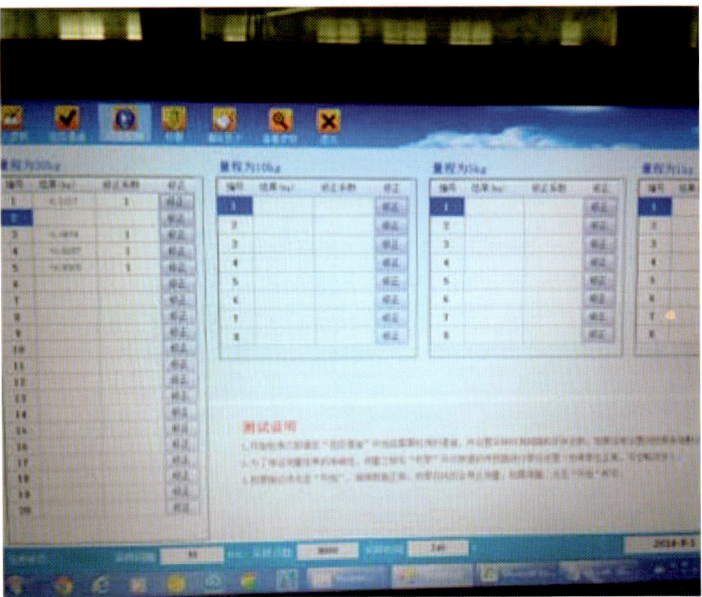

图 4-6 压强采集系统

4.1　SFT 波浪水槽实验方法

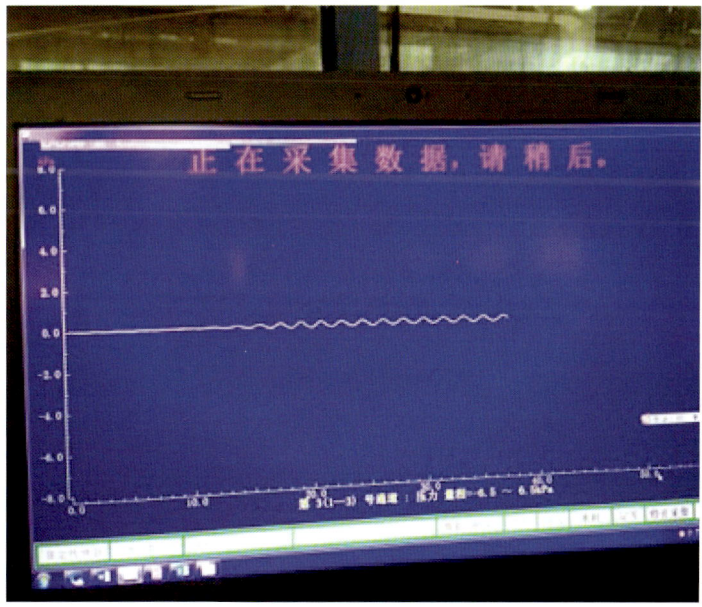

图 4-7　拉力采集系统

图 4-8　现场采集情况

表 4-3　测量系统主要参数

传感器系统	量　程	分辨精度	采样频率
压力测量系统	10 ~ 20 kPa	1%	125 Hz
总力测量系统	2 ~ 30 kg	1%	33 Hz

4.2　实验数据分析

　　为研究三种断面的波动响应性能，下面分别从三种断面的周边压强分布、压强幅值以及压强差等三个角度进行对比分析，具体而言，包含了波高、波浪周期、背浪面压强、迎浪面压强和迎、背浪表面压强差等物理量。

4.2.1 断面压强包络线

据图4-9绘制了圆形断面在波峰和波谷时刻的周边压强分布包络图，如图4-10所示。

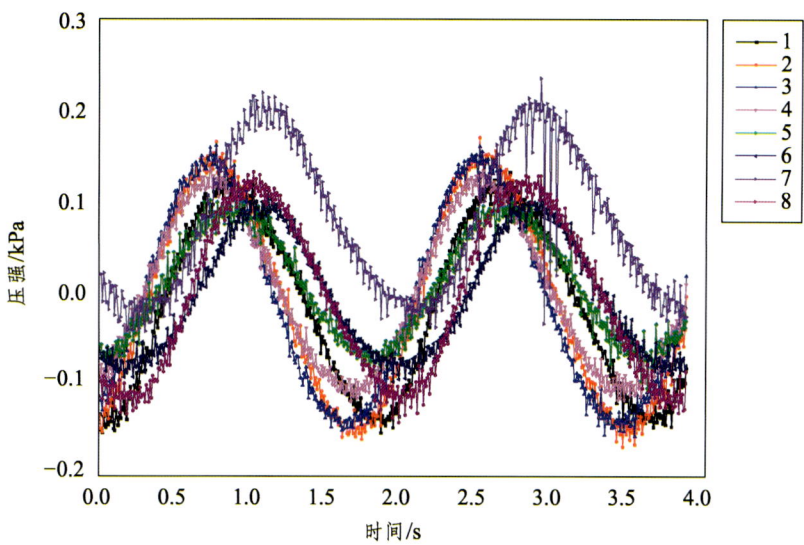

图4-9 圆形断面周边测点压强

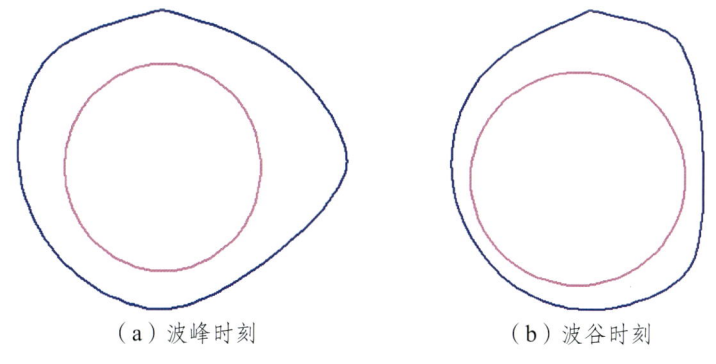

（a）波峰时刻　　　　　　　　（b）波谷时刻

图4-10 圆形断面周向压强分布包络图

同理，也绘制了椭圆形断面和八边形断面的周边压强分布包络图，分别如图4-11、图4-12所示。

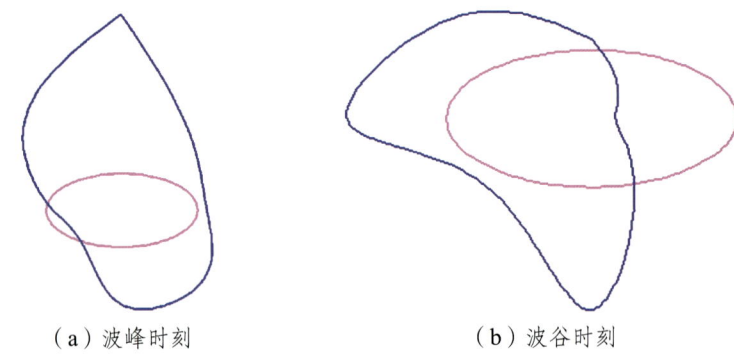

(a)波峰时刻　　　　　　　　(b)波谷时刻

图 4-11　椭圆形断面周向压强分布包络图

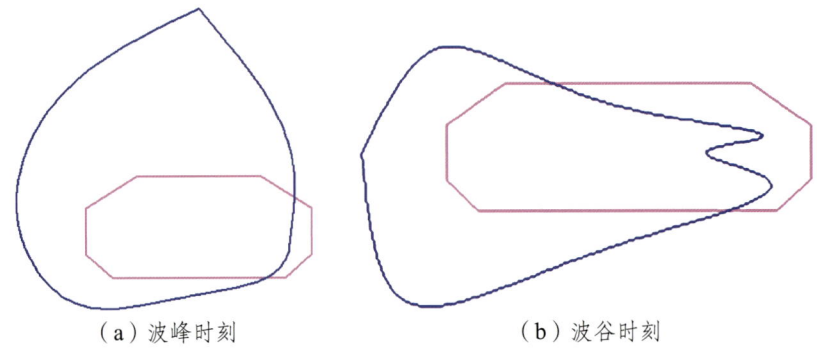

(a)波峰时刻　　　　　　　　(b)波谷时刻

图 4-12　八边形断面周向压强分布包络图

图 4-10～图 4-12 表明，圆形断面在不同时刻的各方向压强分布均较均匀，椭圆形与八边形断面在不同的方向上压强差异较大。因此，从压强分布的均匀性角度看，圆形断面优于椭圆形和八边形断面。

4.2.2　断面压强幅值

1. 迎浪面压强幅值

图 4-13 是一个波浪周期内三种 SFT 的迎浪面压强在不同波高下的时程变化曲线。三种 SFT 断面均为双向六车道，即交通量保持一致。由于断

面积不同，它们的波浪力时程曲线呈现出差异性。其中，具有最大断面积的圆形断面，时程曲线中的压强峰值也最大。从图 4-14 可以看出：在同样的波浪周期下，随着波高增加，三种断面的迎浪面压强幅值均有所增加；从压强极值来看，圆形＞椭圆形＞八边形。若以椭圆形断面的背浪面压强幅值为标准"1"，则其他形状断面的相对比较情况见表 4-4 所示。

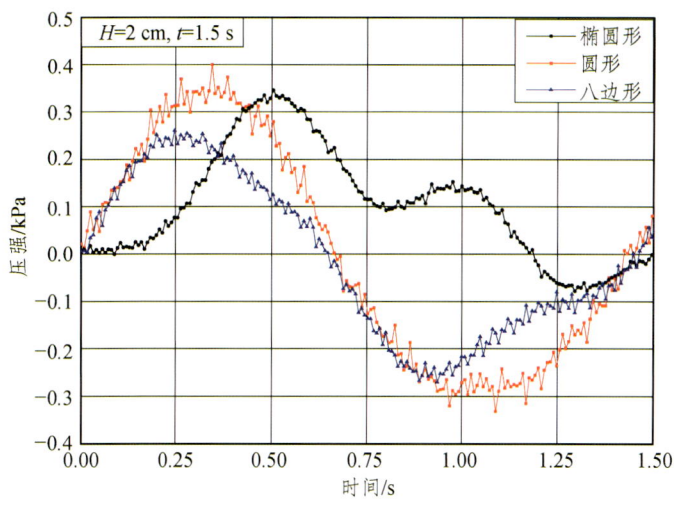

（a）波高 2 cm/ 周期 1.5 s

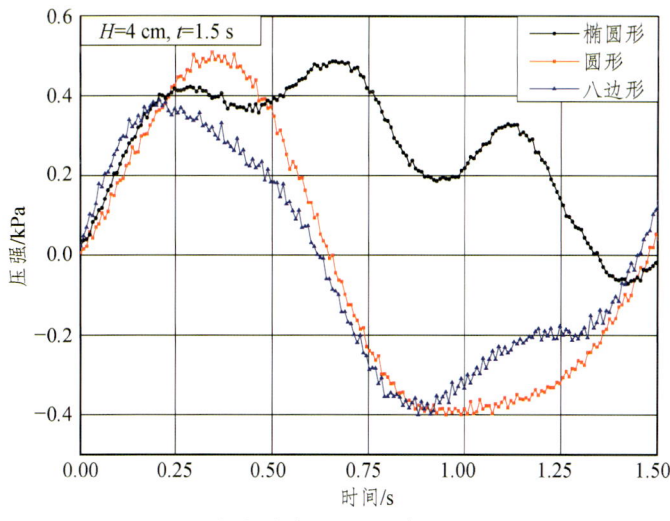

（b）波高 4 cm/ 周期 1.5 s

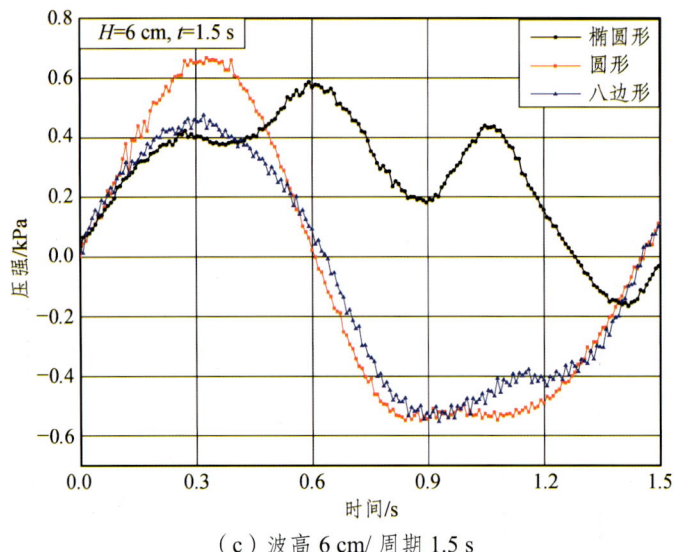

(c)波高 6 cm/周期 1.5 s

图 4-13 不同波高下的断面迎浪面压强

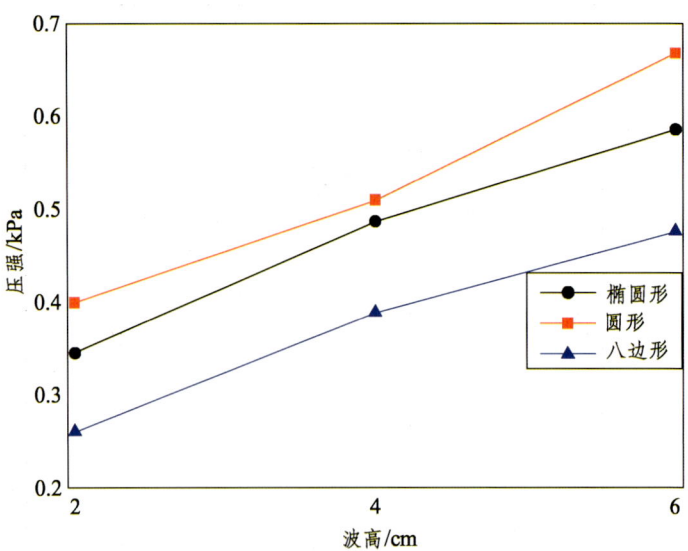

图 4-14 不同波高下三种断面迎浪面压强极值比较

4.2 实验数据分析

表 4-4 三种断面迎浪面压强极值随波高的相对比较

波高 /cm	椭圆形	圆 形	八边形
2.0	1	115.9%	75.5%
4.0	1	104.8%	79.9%
6.0	1	114.1%	81.3%

椭圆形断面在一个周期内有多个局部峰值出现，局部峰值的个数随着波高的增加而增加。这是由于高宽比较小的椭圆形断面旋转力矩发生了作用，这在结构设计时应重点关注。

图 4-15 是三种 SFT 断面的迎浪面压强在不同周期下的时程变化曲线。从图 4-16 可知，在同样的波高下，随着波浪周期增加，三种断面的迎浪面压强极值均有所减小，大小为椭圆形＞圆形＞八边形。若以椭圆形断面的迎浪面压强幅值为标准"1"，则其他形状断面的相对比较情况见表 4-5 所示。

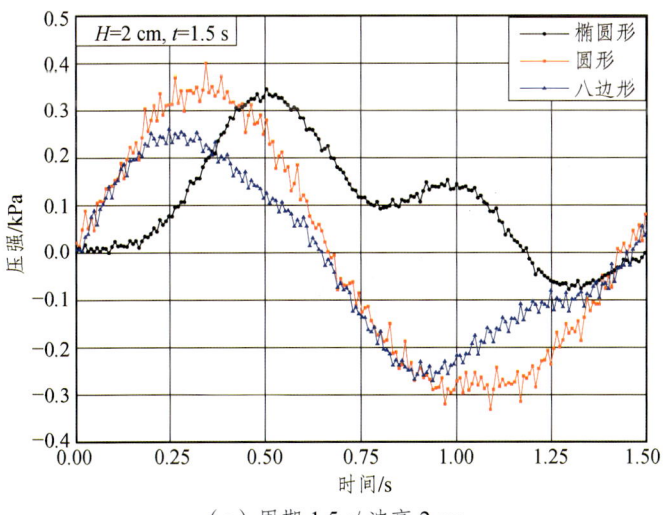

（a）周期 1.5 s/ 波高 2 cm

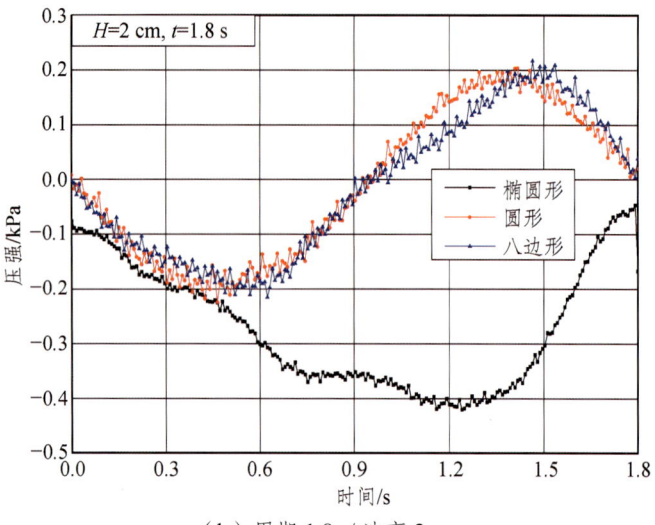

(b)周期 1.8 s/ 波高 2 cm

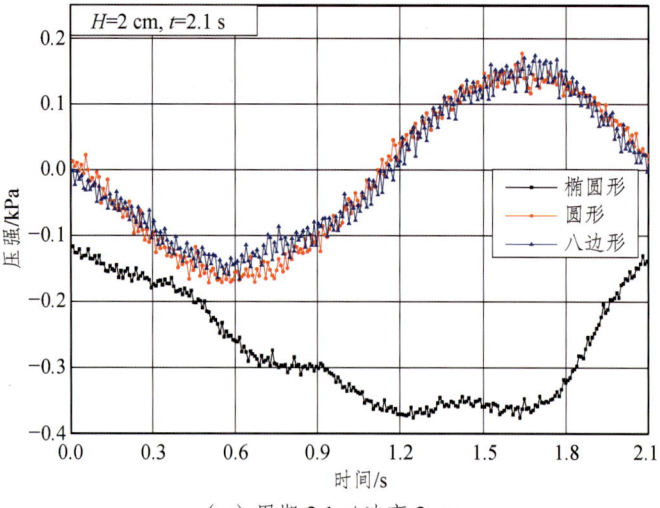

(c)周期 2.1 s/ 波高 2 cm

图 4-15　不同周期下的迎浪面压强

4.2 实验数据分析

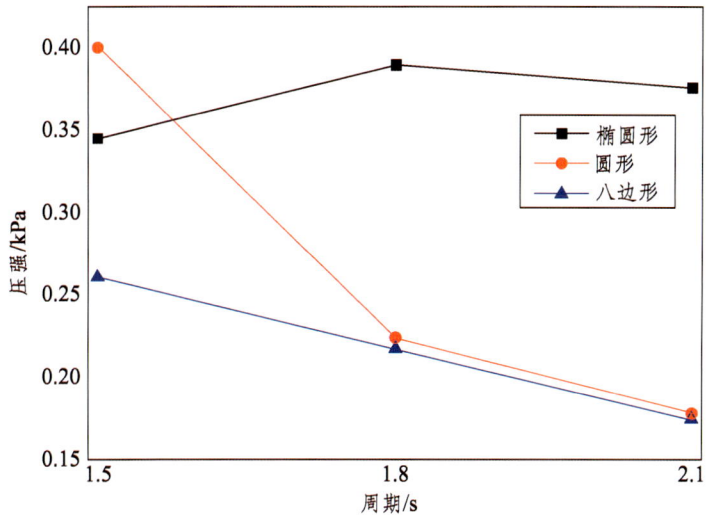

图 4-16 不同周期下三种断面迎浪面压强极值比较

表 4-5 三种断面迎浪面压强极值随周期的相对比较

周期 /s	椭圆形	圆 形	八边形
1.5	1	115.9%	75.5%
1.8	1	57.4%	55.7%
2.1	1	47.3%	46.4%

2. 背浪面压强幅值

图 4-17 是一个波浪周期内三种 SFT 背浪面压强在不同波高下的时程变化曲线。从图 4-18 可以看出，保持波浪周期不变，三种断面的背浪面压强极值随波高增加而增加，压强极值大小为圆形＞椭圆形＞八边形。椭圆形在周期内出现多个局部峰值。若以椭圆形断面的背浪面压强极值为标准"1"，则其他形状断面的相对比较情况见表 4-6 所示。

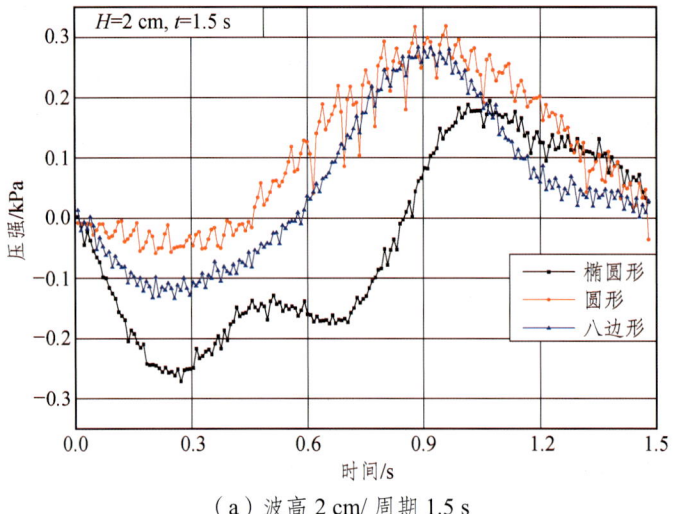

（a）波高 2 cm/ 周期 1.5 s

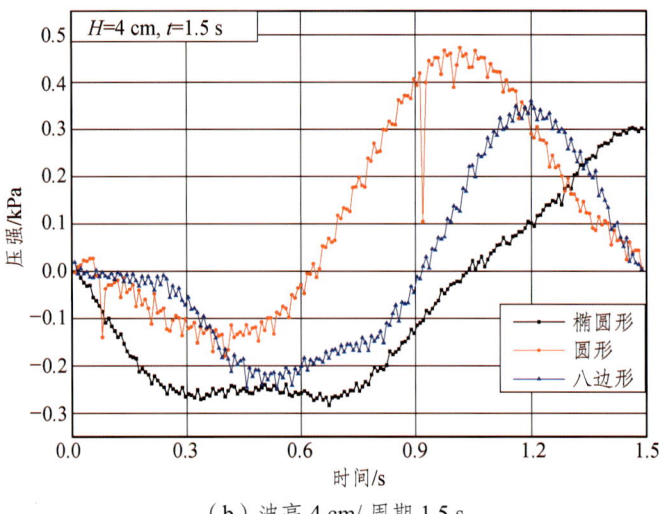

（b）波高 4 cm/ 周期 1.5 s

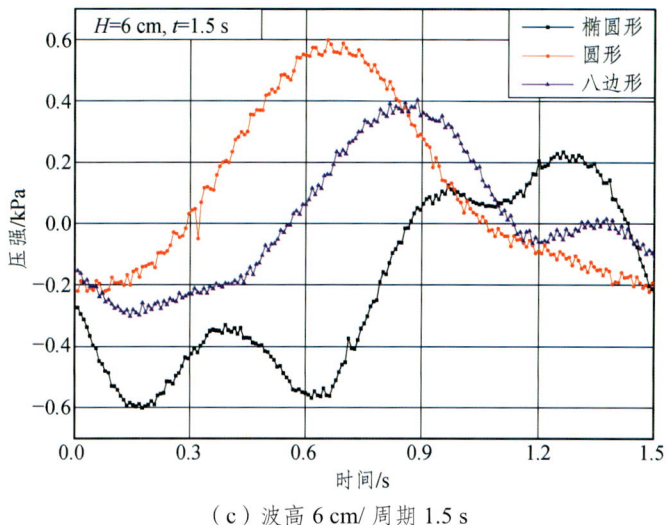

（c）波高 6 cm/周期 1.5 s

图 4-17　不同波高下的断面背浪面压强

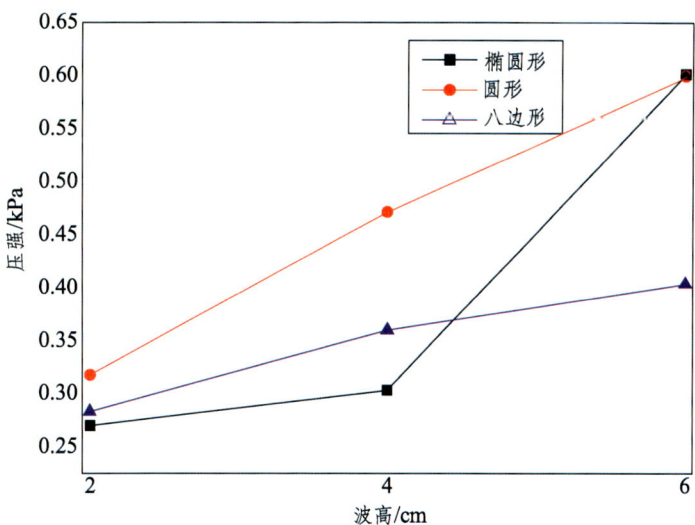

图 4-18　不同波高下三种断面背浪面压强极值比较

表 4-6 三种断面背浪面压强极值随波高的相对比较

波高 /cm	椭圆形	圆　形	八边形
2.0	1	117.7%	104.9%
4.0	1	155.3%	118.6%
6.0	1	99.7%	67.2%

图 4-19 是三种 SFT 背浪面压强在不同周期下的时程变化曲线。从图 4-20 可知，在同样的波高下，随着波浪周期增加，三种断面的背浪面压强极值均有所减小，压强极值大小为椭圆形＞圆形＞八边形。若以椭圆形断面的背浪面压强极值为标准"1"，则其他形状断面的相对比较情况见表 4-7 所示。

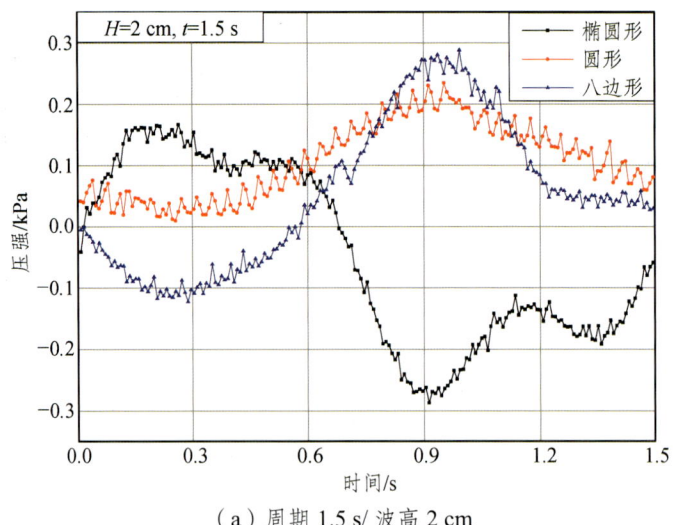

(a) 周期 1.5 s/ 波高 2 cm

4.2 实验数据分析

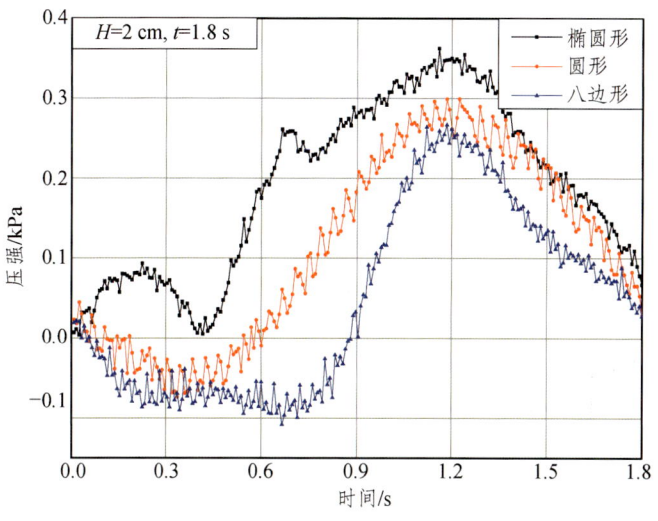

（b）周期 1.8 s/ 波高 2 cm

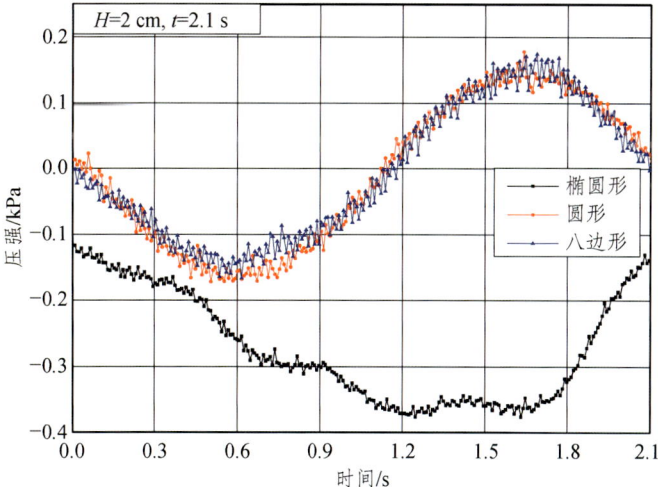

（c）周期 2.1 s/ 波高 2 cm

图 4-19　不同周期下的断面背浪面压强

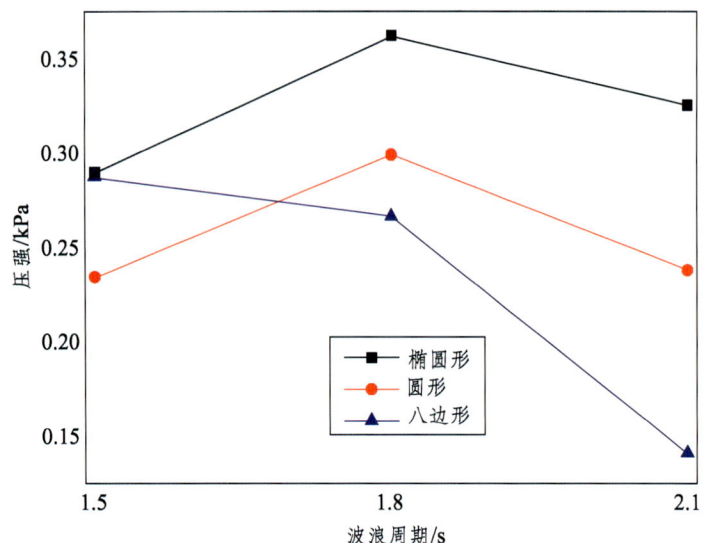

图 4-20 不同周期下三种断面背浪面压强极值比较

表 4-7 三种断面背浪面压强极值随周期的相对比较

周期 /s	椭圆形	圆形	八边形
1.5	1	80.9%	99.2%
1.8	1	82.6%	73.6%
2.1	1	73.2%	43.4%

对于不同断面形式下的隧道背浪面压强，在同样波浪周期下，随着波高增加，三种断面的背浪面压强幅值均有所增加；圆形和八边形表现出较为一致的变化特性，椭圆形在周期内出现多个局部峰值；从迎浪面压强绝对值来看，圆形最大，八边形次之，椭圆形最小。

3. 断面迎背浪表面压强差

由图 4-21 可知，从迎背浪表面压强差极值来看，椭圆形大于八边形和圆形。若以周期 1.5 s、波高 2 cm 时的椭圆形断面迎背浪表面压强差为标准

"1",则圆形压强差极值为椭圆形的 21.0%,八边形压强差极值为椭圆形的 17.3%,波高为 4 cm 及 6 cm 的情况见表 4-8。

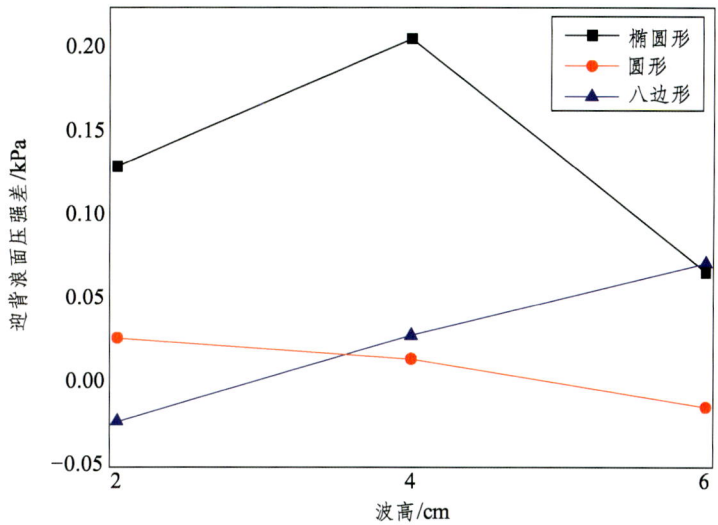

图 4-21　三种断面迎背浪面压强差极值随波高的相对比较

表 4-8　三种断面迎背浪面压强差极值随波高的相对比较

波高 /cm	椭圆形	圆　形	八边形
2	1	21.0%	17.3%
4	1	7.2%	14.0%
6	1	21.1%	107.9%

由图 4-22 可知,在同样波高下,随着波浪周期增加,三种断面的迎背浪面压强差幅值均有所减小。从迎背浪表面压强差绝对值来看,椭圆形和八边形均大于圆形。若以周期 1.5 s、波高 2 cm 时的椭圆形断面迎背浪表面压强差为标准"1",则圆形压强差极值为椭圆形的 299.7%,八边形压强差极值为椭圆形的 16.3%,周期为 1.8 s 及 2.1 s 的情况见表 4-9。

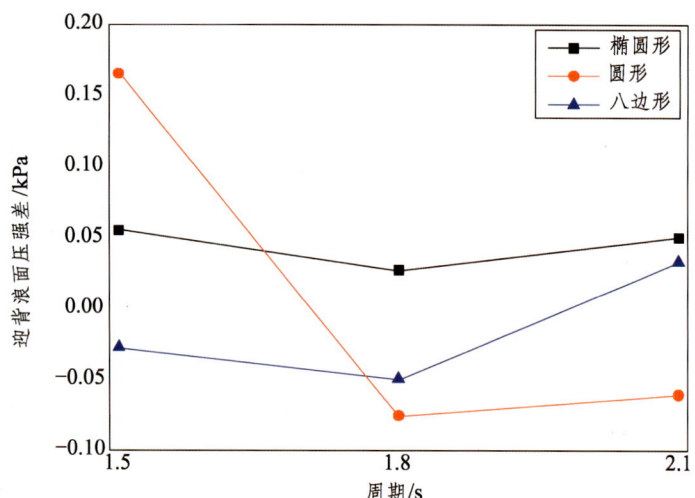

图 4-22 不同周期下三种断面迎背浪压强差极值比较

表 4-9 三种断面迎背浪面压强差极值随周期的相对比较

周期/s	椭圆形	圆 形	八边形
1.5	1	299.7%	16.3%
1.8	1	273.7%	65.8%
2.1	1	120.2%	54.6%

从压强分布的均匀性来看，圆形最好；从压强幅值的绝对大小来看，椭圆形最小；从压强差来看，椭圆形最大。因此：在水深较大时，可选择压强分布较为均匀的圆形断面；中等水深时可选择水力性能较好的椭圆形断面，当水深在中等附近时，也可以在控制锚索的预张力后选择椭圆形断面；而在水深较小时，可考虑选择具有最优断面布置空间的八边形断面。

4.2.3 SFT 管段波浪力的估算

1. 断面周向压强分布

从断面压强幅值的分析可以看出，通过改变波浪的实验周期 T，虽然压强数值会发生变化，但压强随波高变化的规律仍然一致。因此，我们以周期 $T = 1.5$ s 为例进行说明。在 $T = 1.5$ s 下，我们得到了三种 SFT 断面

8个测点压强峰值的测量结果，如图4-23所示。由图可知，三种SFT断面的压强峰值与波高的增加呈正相关。由于SFT断面上每个传感器的位置不同，压强的大小有显著差异。对圆形断面而言，最大压强出现在迎浪方P2位置（顺时针315°），最小压强出现在P5位置（180°）。椭圆形和多边形断面的最大压强也出现在P2位置，最小压强出现在P5位置。

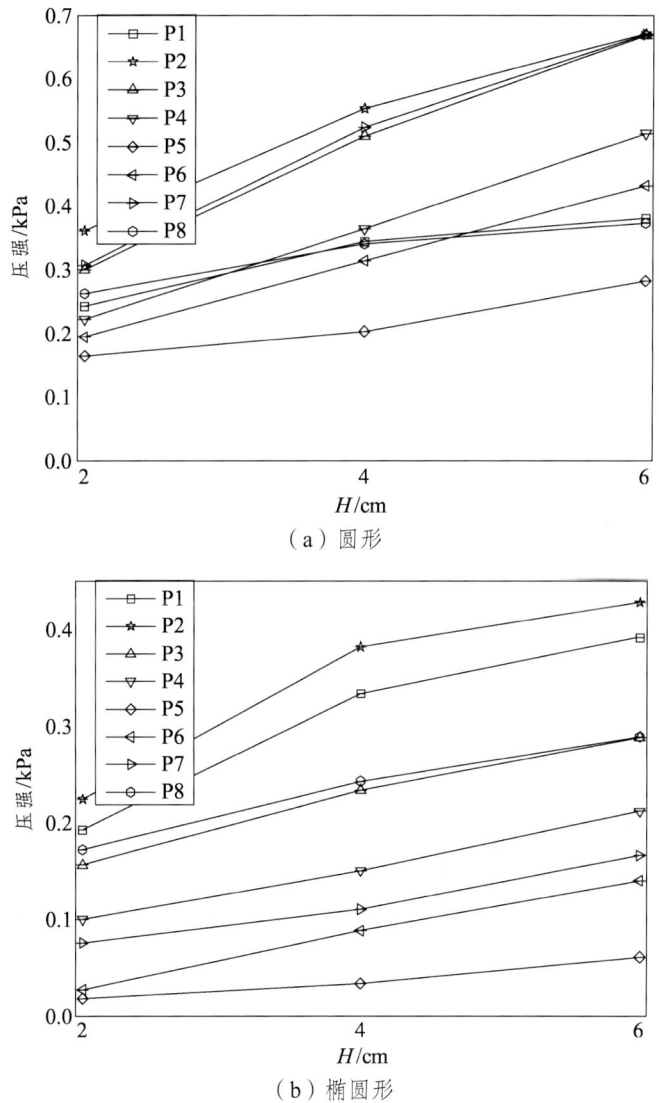

(a) 圆形

(b) 椭圆形

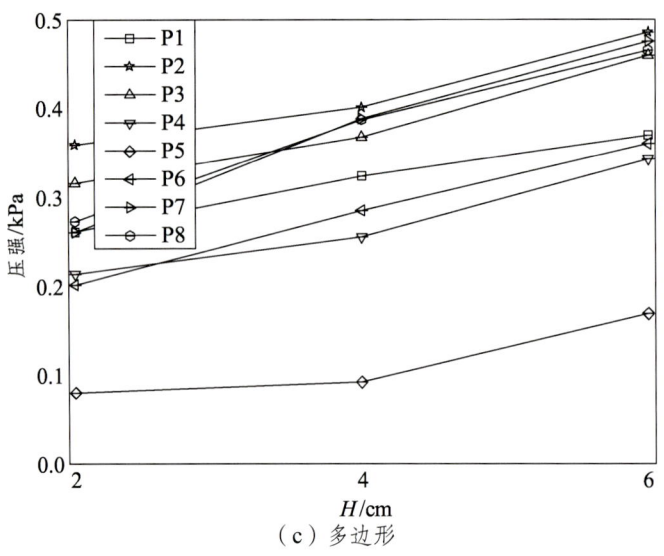

(c)多边形

图 4-23 三种断面的周向压强

2. 波浪力的估算

SFT 管段在波浪的作用下,将受到水平力和上升力。水平方向的波浪力包含惯性力和拖曳力,惯性力由水质点的水平加速度引起,拖曳力则由流体黏滞性产生。上升力是由于管段上下的流速差产生的压强差对管道有一上升的作用力。已有的研究表明水平波浪力与拖曳力系数 C_D、惯性力系数 C_M 均存在正相关关系,上升力与上升力系数 C_L 存在正相关关系,拖曳力系数 C_D 和惯性力系数 C_M 与雷诺数 Re 及 KC 数有密切关系,升力系数 C_L 主要受 KC 数和间隙比 e/D(e 为 SFT 管段至港池底部的距离,D 为 SFT 管段的直径)的影响。

本章采用简化方法估算 SFT 管段受力,实验中管段中间断面均匀布置 8 个点压力传感器,传感器将管段一周均匀分成了 8 个单元,如图 4-24 所示。每个离散单元的合力可以表示为单个点压力传感器测得的压力值 P 与该段圆弧长 L(即 1/8 圆周长)的乘积,即

$$F = P \cdot L$$

4.2 实验数据分析

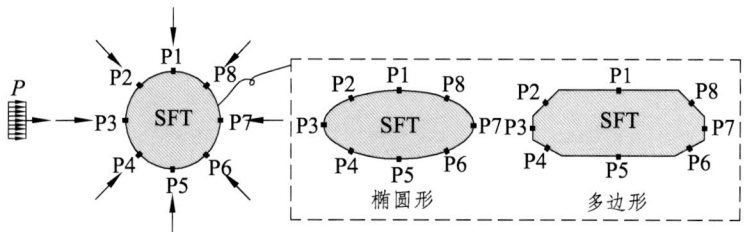

图 4-24 SFT 管段结构总力合成示意

如图 4-25 建立直角坐标系，并将点压力沿 xz 方向分解，由此 x 方向的水平波浪总力和 z 方向的上升力分别为：

$$F_x = F_3 - F_7 + (F_2 + F_4 - F_6 - F_8)\cos\theta$$
$$= [P_3 - P_7 + (P_2 + P_4 - P_6 - P_8)\cos\theta]L \quad (4\text{-}1)$$

$$F_z = F_5 - F_1 + (F_4 + F_6 - F_2 - F_8)\cos\theta$$
$$= [P_5 - P_1 + (P_4 + P_6 - P_2 - P_8)\cos\theta]L \quad (4\text{-}2)$$

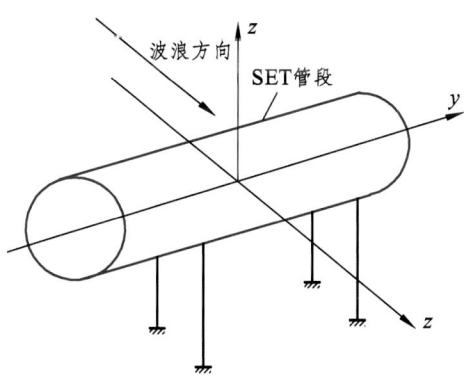

图 4-25 SFT 管段波浪力方向示意

通过以上方法，可以利用获得的 SFT 断面周向压强估算 SFT 的水平和垂向波浪力。以波浪周期 $T = 1.5$ s 为例，图 4-26 给出了三种 SFT 断面垂向和水平向的波浪力。由图可知三种 SFT 断面的垂向和水平向波浪力与波高的增加呈正相关。圆形断面的垂向波浪力比水平波浪力大 2%~12%。椭圆形断面垂向波浪力比水平波浪力大 52%~55%。八边形的垂向波浪力比水平波浪力大 67%~69%。三种 SFT 断面垂向波浪力均大于水平向波浪力。相比而言，垂向波浪力相对水平波浪力的增幅，多边形大于椭圆形，圆形最小，说明椭圆形和多边形受波高变化的敏感性比圆形更为显著，同时波高是影响波浪力大小的重要因素之一。

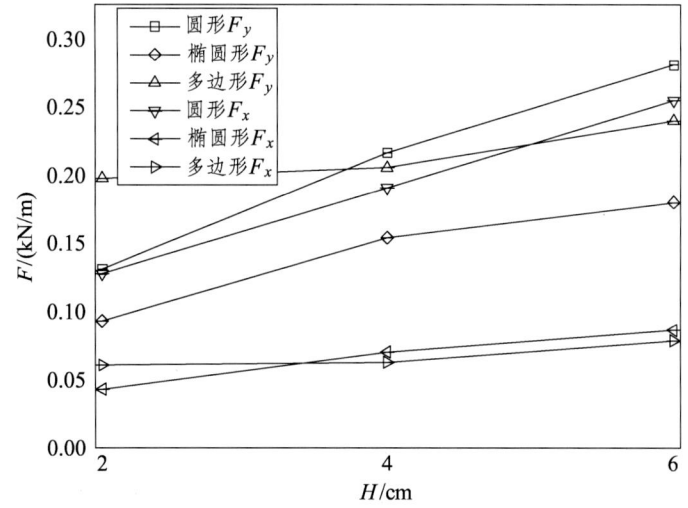

图 4-26　三种 SFT 断面的波浪力随波高的变化

3. 无量纲波浪力分析

Hiroshi Kunisu 在分析波浪力时提出了将波浪力无量纲化的方法，即用波浪力比上水的质量和波高的一半。图 4-27 分别给出了三种 SFT 断面垂向和竖向波浪力无量纲化的结果，横轴为波高。一方面，随着波高的增大，无量纲波浪力为非线性增加；另一方面，在等值增加波高时，无量纲波浪力的增幅在逐渐减小，且垂向无量纲波浪力和水平无量纲波浪力减小的速率几乎一致。

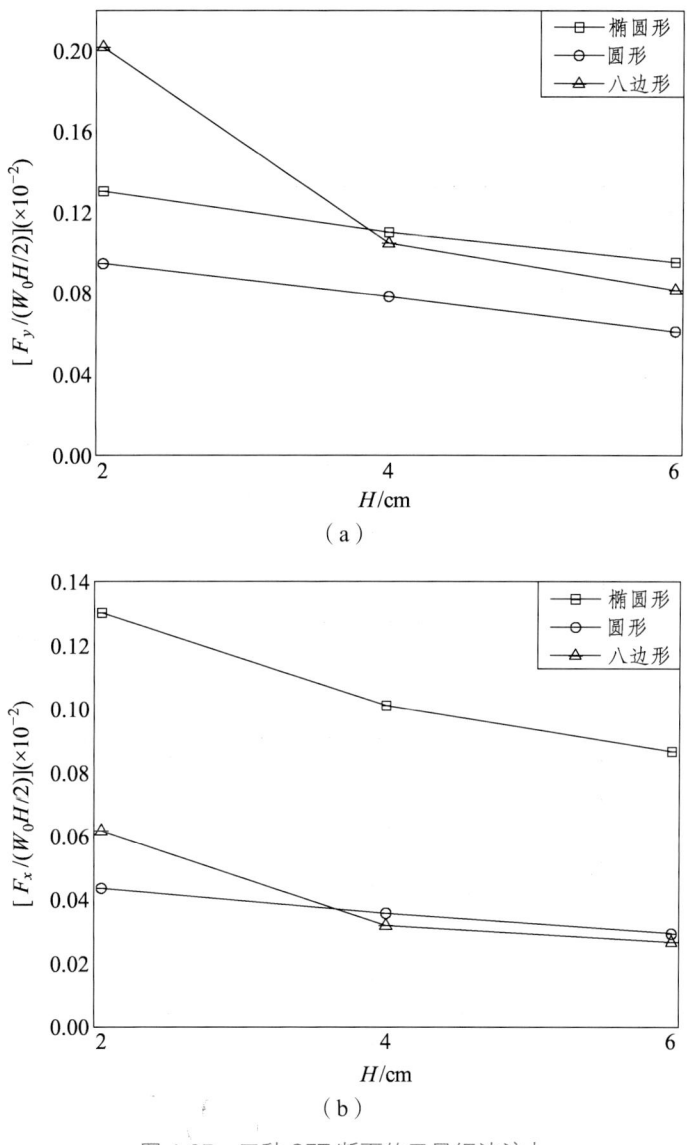

图 4-27　三种 SFT 断面的无量纲波浪力

4.2.4　SFT 锚索张力分析

保持波高为 2.0 cm, 波浪周期为 1.5 s, 图 4-28 ~ 图 4-30 给出了典型波浪周期下圆形、八边形和椭圆形断面的锚索张力时程变化曲线。从图4-28～图4-30可以看出，锚索张力的时程曲线是谐函数。由于受SFT管段转动的影响，管段内侧3号锚索的张力要小于外侧1号锚索。同时，由于波浪传播的时间存在前后顺序，锚索张力时程曲线中1号和3号锚索张力峰值存在时间差。

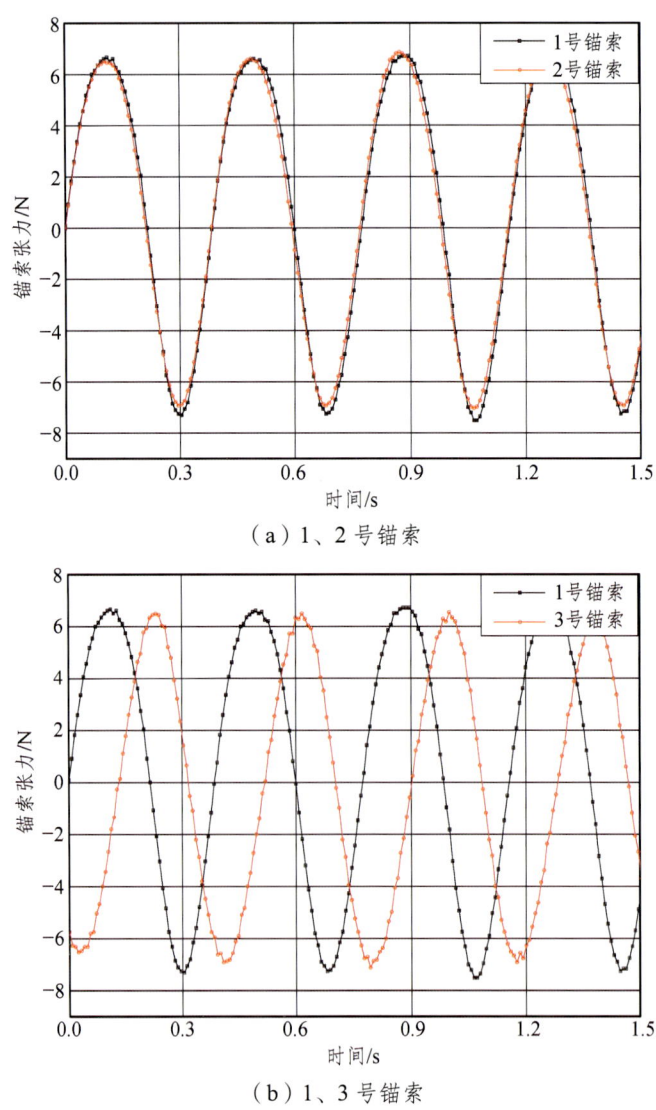

图4-28　圆形截面SFT锚索张力时间历程曲线

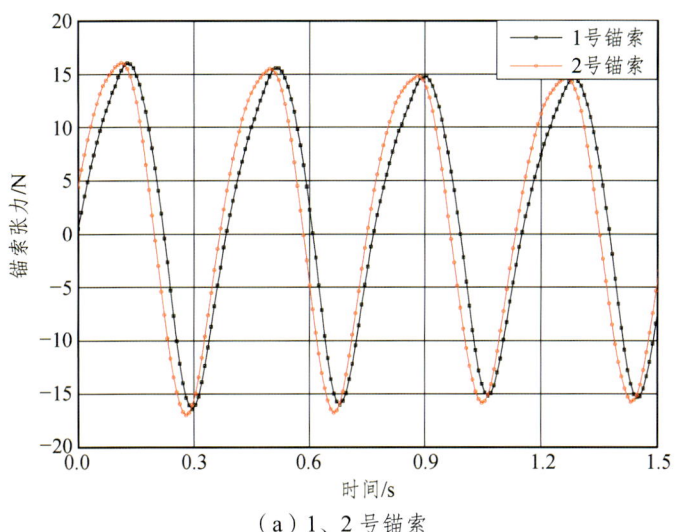

（a）1、2号锚索

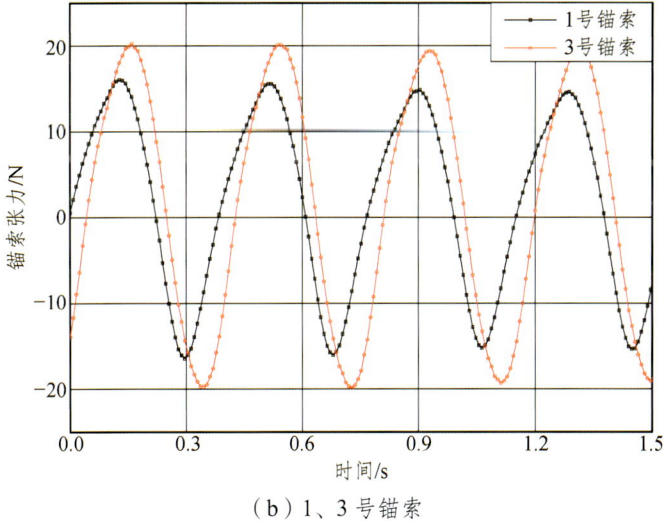

（b）1、3号锚索

图4-29 八边形截面SFT锚索张力时间历程曲线

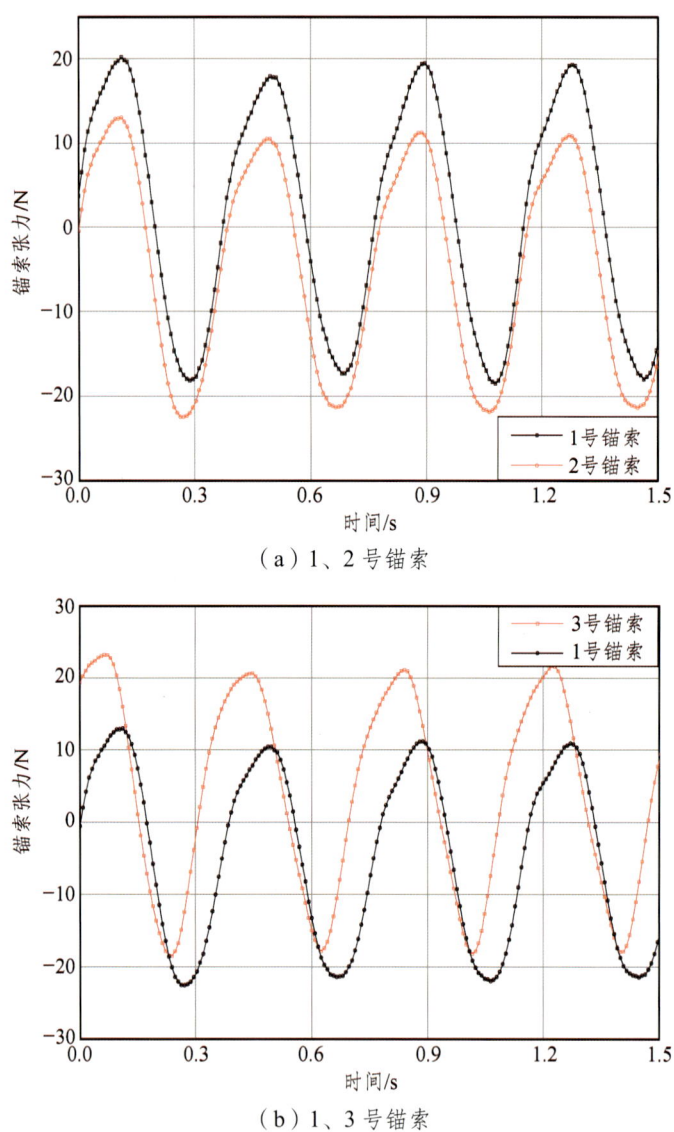

(a) 1、2号锚索

(b) 1、3号锚索

图 4-30　椭圆形截面 SFT 锚索张力时间历程曲线

第 5 章

PART

波-流耦合作用下悬浮
隧道模型实验

第 5 章 波-流耦合作用下悬浮隧道模型实验

5.1 SFT 波-流耦合模型实验方法

本节首先阐述如何设计 SFT 模型实验场地和基本造波、造流设备参数，然后再讨论 SFT 管段在港池实验中的实验方法。

5.1.1 模型实验方法

本实验为波-流耦合作用下的 SFT 的结构响应实验，实验场地位于招商局重庆交通科研设计院有限公司的水下隧道实验室，SFT 实验室长 24 m、高 3 m、宽 24 m。为方便实验管节布置及数据采集，实验时在水池中间设计了实验测桥，如图 5-1 所示。借鉴国内外沉管隧道单节管段长度，我们假定本实验 SFT 的单节管段长度为 120 m，因此实验管段的长度为 3 m。为防止水进入管节内部，实验时管节始终处于密封状态，实验断面选定椭圆形。

图 5-1　水下隧道实验室及采集平台

本实验的浮重比设计大于 1，因此本模型管段的浮力大于配重后的管段重力，所以采用锚索加管段的组合形式平衡剩余浮力，采用锚索连接管段后用膨胀螺丝固定于池底。主要测试的指标为锚索张力、管段表面压强和管段六自由度运动位移。

为了实现对锚索张力的测试,克服实验人员在水下操作的困难,同时避免拉力传感器长期水下工作,我们将锚索通过池底的固定支座连接至万向滑轮,将锚索引导至上部测桥位置。在测桥位置由另一定向滑轮引导后与拉力传感器连接,拉力传感器后连接多级弹簧钢片组合装置模拟锚索弹性变形,最后在末端由固定端连接。整个锚索、万向滑轮、定向滑轮、拉力传感器和多级弹簧钢片组合装置构成了拉力测量系统。为了测试管段的周向压强,我们在管段上均匀布置了 12 个压强传感器,并对传感器进行了防水处理。传感器采用有线连接,通过管段内部连接后,由管段的端头集中引导至水面,并对端头进行了防水处理。水下 SFT 的运动位移的精确测量是比较困难的,为了测试 SFT 的六自由度运动位移,我们考虑设计一种大刚度轻质铝合金钢架置于管段上部,并露出于水面之上,然后在铝合金钢架上布置感光靶标,通过测量高清摄像机捕捉靶标的运动位移,最后由该靶标的运动位移换算得到 SFT 管段上关键位置的位移运动情况。靶标的高度为 1.55 m,共布置三部高清摄像机,呈直角三角形布置。整个测试系统的布置如图 5-2 所示,管段压强及锚索张力布置如图 5-3 所示,现场安装完毕后如图 5-4 所示。

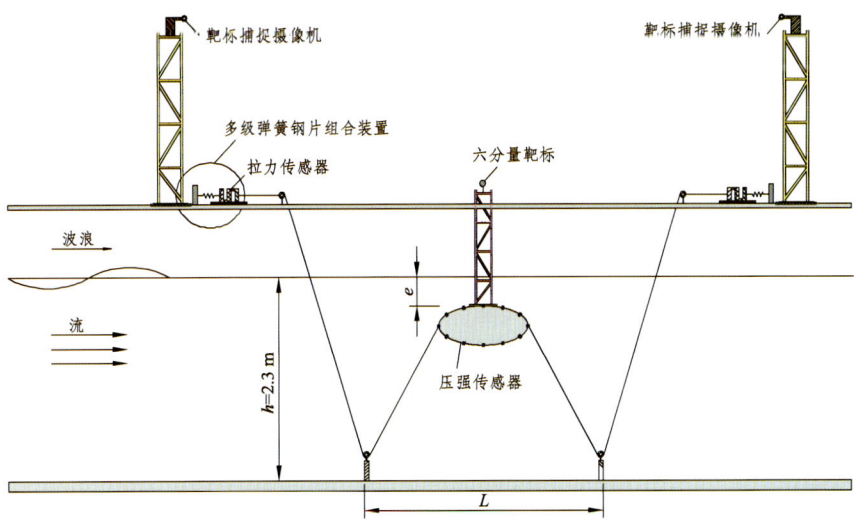

图 5-2 实验系统设计

第 5 章 波-流耦合作用下悬浮隧道模型实验

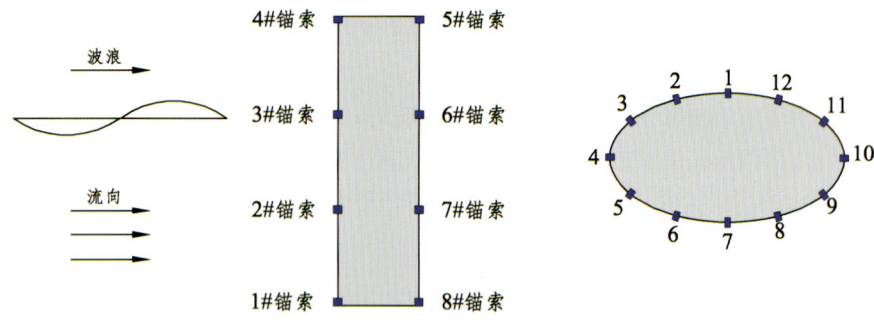

图 5-3 锚索及管段压强布置示意

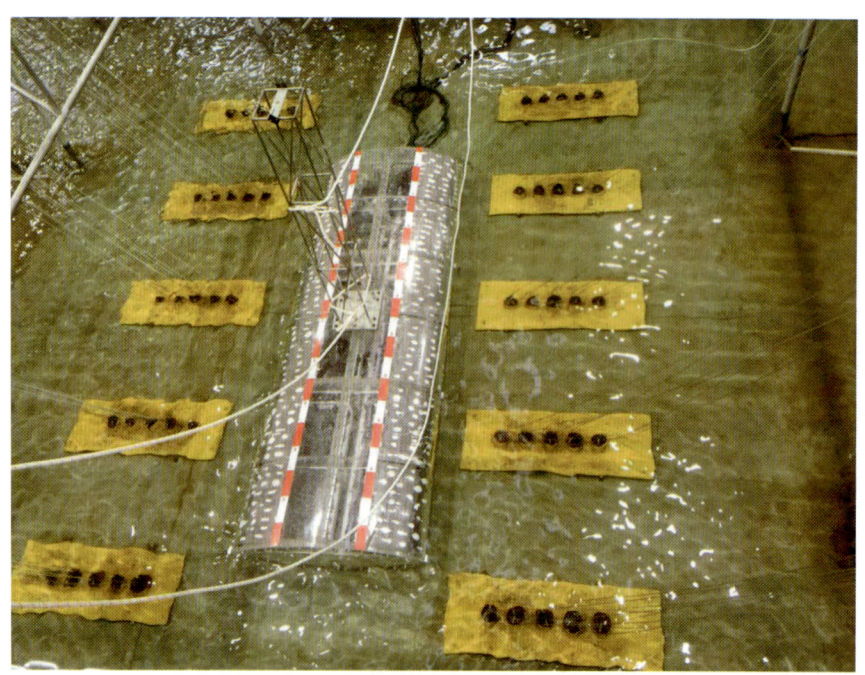

图 5-4 模型现场实验

椭圆形模型的几何尺寸分别按照长短轴 112.5 cm× 47.5 cm 进行控制；为保证在水下实验时模型外壁不发生变形，壁厚取 1.2 cm。根据船舶流体力学实验和传统水动力学实践经验，同时为了便于观察实验过程，实验材料采用有机玻璃。模型的制作顺序如图 5-5 所示。

5.1 SFT 波-流耦合模型实验方法

(a) 制作定型木模

(b) 高温烤制定型

(c) 清理

(d) 成型

5.1 SFT 波 - 流耦合模型实验方法

(e) 底板高度 5.0 cm

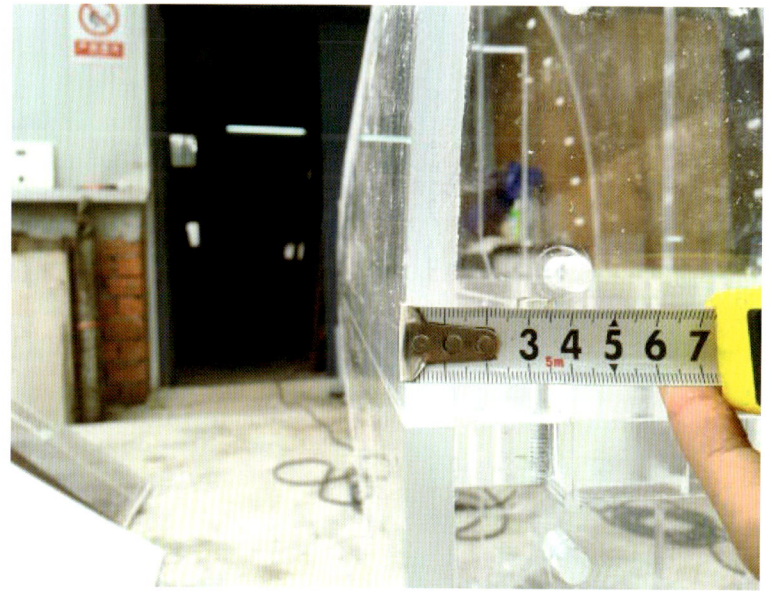

(f) 厚度 1.2 cm

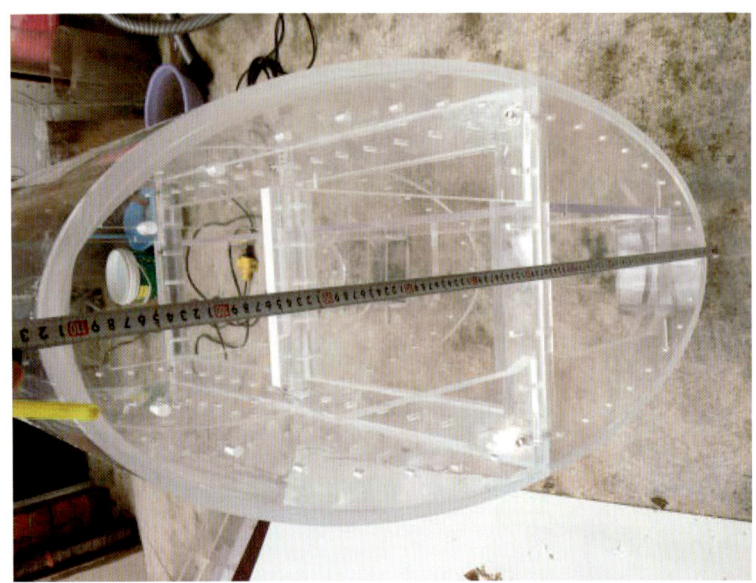

(g)高度 112.5 cm

(h)宽度 47.5 cm

图 5-5　实验模型制作顺序

5.1 SFT 波-流耦合模型实验方法

质量相似主要是保证模型与原型质量相似和重心位置一致。根据本书第 4 章的结论，当锚索间距、锚索倾角与浮重比是协同变形受力时，称为协同锚固参数。当锚索间距为 40 m、锚索倾角为 60° 时，可按照 1.3 的浮重比对结构进行配重，保持管节的质量相似。椭圆形实验管节的浮力 F 可按式（5-1）进行计算。

$$F = \rho \times g \times V = 10^3 \text{ kg/m}^3 \times 9.8 \text{ m/s}^2 \times 1.26 \text{ m}^3 = 12\,348 \text{ N} = Mg$$
$$M = 1\,259.5 \text{ kg} \tag{5-1}$$

因此，当浮重比为 1.3 时，需配重 968.8 kg，剩余浮力质量为 290.7 kg。按照原型 120 m 管节设计，则实验管段长度为 3 m。实验管节由三段 1 m 长的管节组装而成，每段管节长 1 m，因此每段管节的质量为 323.0 kg。

为保证实验管节的重心处于结构的中点下 1/3 位置，采用 3 mm 厚铅板进行配重，如图 5-6 所示。各段管节的质量称重如图 5-7 所示，质量精确到 1 kg。三段管节的质量配重如表 5-1 所示。配重完毕进行管节的组装和水环境密闭性测试，如图 5-8 所示。

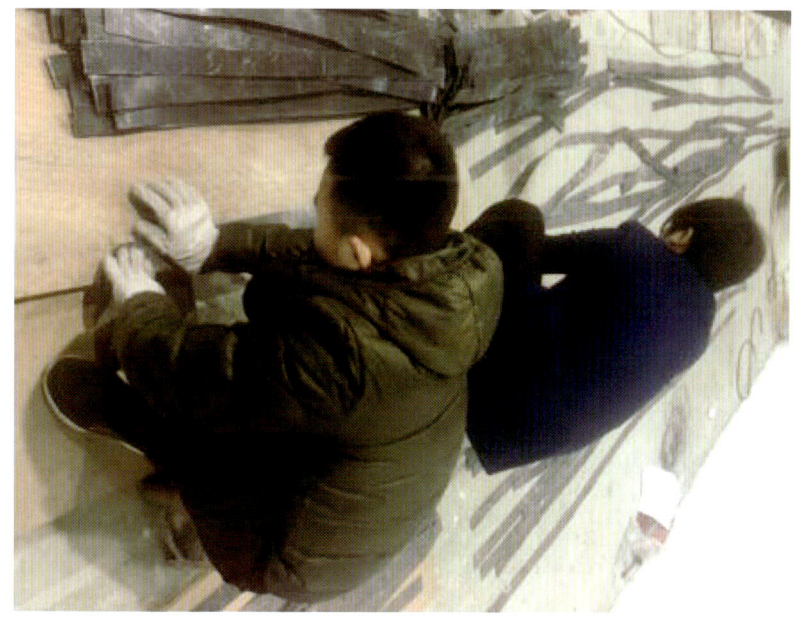

（a）铅板加工

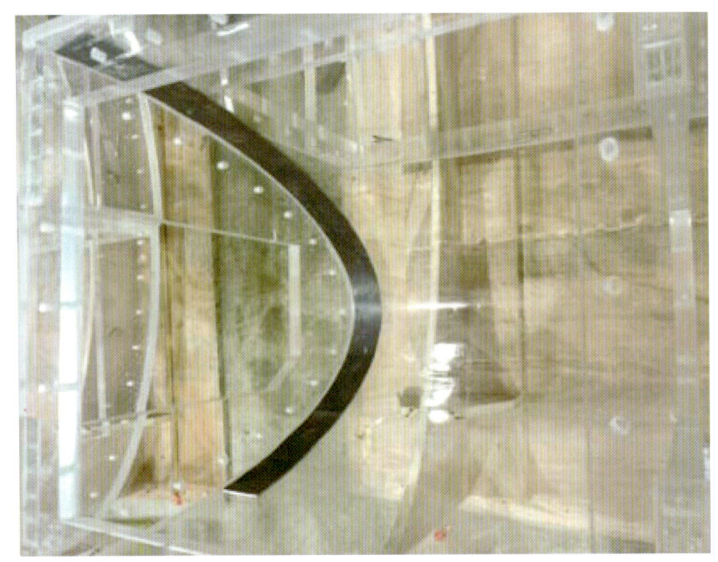

(b)铅板贴合

图 5-6 管段配重图

(a)1号管节左半幅　　　　　　　　(b)1号管节右半幅

5.1 SFT 波 - 流耦合模型实验方法

（c）2 号管节左半幅

（d）2 号管节右半幅

（e）3 号管节左半幅

（f）3 号管节右半幅

图 5-7　各段管节的质量称重

表 5-1　三段管节质量配重表

管节	左半幅质量 /kg	右半幅质量 /kg	路面板及结构配重 /kg	总计 /kg
1	154	150	19	323
2	148	150	25	323
3	152	154	17	323

（a）配重完成、组装成型

（b）水环境调试

图 5-8　配重及试测

5.1 SFT 波-流耦合模型实验方法

5.1.2 实验参数与工况

实验采用纯流、规则波、不规则波和波-流耦合，通过改变水流的流速、波浪的波高、周期以及 SFT 管段的悬浮水深开展组合工况实验。实验时保持实验水池水深 2.3 m 不变，入射波高在 2～18 cm 范围内变化，入射波周期在 1.0～2.1 s 内变化。波浪传播方向与 SFT 管段垂直。实验设置了 $H=$ 25 cm、50 cm、75 cm、100 cm、125 cm 这 5 种 SFT 悬浮水深。主要实验条件概况如表 5-2 所示，实验组合及参数见表 5-3，具体实验工况如表 5-4 所示。

表 5-2 实验条件概况

类别	参　数	参数值
模型	埋置深度	0.25～1.25 m（水面至模型顶面）
	管节长度	3.0 m
	支撑形式	柔性锚索
	浮重比	1.3
锚索	锚索类型	钢丝绳
	钢丝绳直径	3.0 mm
	锚索倾角	60°
波浪	波浪周期	1.0～2.1 s
	波　高	2～18 cm
	波浪类型	规则波/不规则波
水流	流　速	5.50～17.50 cm/s
港池	水　深	2.3 m

表 5-3 实验组合及参数

实验场次	SFT 悬浮水深 /cm	水深 /m	波高 /cm（规则波/不规则波）	设计实验周期 /s	设计实验流速 /(cm/s)
Test1	25	2.3	2～18	1.0～2.1	5.5
Test2	50	2.3	2～18	1.0～2.1	8.5
Test3	75	2.3	2～18	1.0～2.1	11.5
Test4	100	2.3	2～18	1.0～2.1	14.5
Test5	125	2.3	2～18	1.0～2.1	17.5

表 5-4　实验工况

序号	水深 /cm	流速 /(cm/s)	波高 /cm	周期 /s	备注
1	25 ~ 125	5.5	—	—	规则波
2	25 ~ 125	8.5	—	—	规则波
3	25 ~ 125	11.5	—	—	规则波
4	25 ~ 125	14.5	—	—	规则波
5	25 ~ 125	17.5	—	—	规则波
6	25 ~ 125	—	2	1.5	规则波
7	25 ~ 125	—	6	1.5	规则波
8	25 ~ 125	—	10	1.5	规则波
9	25 ~ 125	—	14	1.5	规则波
10	25 ~ 125	—	18	1.5	规则波
11	25 ~ 125	—	6	1.0	规则波
12	25 ~ 125	—	6	1.2	规则波
13	25 ~ 125	—	6	1.5	规则波
14	25 ~ 125	—	6	1.8	规则波
15	25 ~ 125	—	6	2.1	规则波
16	25 ~ 125	—	2	1.5	不规则波
17	25 ~ 125	—	6	1.5	不规则波
18	25 ~ 125	—	10	1.5	不规则波
19	25 ~ 125	—	14	1.5	不规则波
20	25 ~ 125	—	18	1.5	不规则波
21	25 ~ 125	—	6	1.0	不规则波

续表

序号	水深/cm	流速/(cm/s)	波高/cm	周期/s	备注
22	25～125	—	6	1.2	不规则波
23	25～125	—	6	1.5	不规则波
24	25～125	—	6	1.8	不规则波
25	25～125	—	6	2.1	不规则波
26	25～125	5.5	6	1.5	规则波
27	25～125	8.5	6	1.5	规则波
28	25～125	11.5	6	1.5	规则波
29	25～125	14.5	6	1.5	规则波
30	25～125	17.5	6	1.5	规则波
31	25～125	8.5	2	1.5	规则波
32	25～125	8.5	6	1.5	规则波
33	25～125	8.5	10	1.5	规则波
34	25～125	8.5	14	1.5	规则波
35	25～125	8.5	18	1.5	规则波

5.1.3　模型实验设备及采集系统

1.模型安装

（1）实验测桥。

为便于采集实验数据和布置实验管节，在水池中央设计了一矩形测桥，如图 5-9 所示。从图 5-9（a）可以看出，实验测桥分为左部的长方形区域和右部的矩形区域，SFT 实验区位于测桥右部的矩形区域。左部区域主要用于标定波流场时布设波高仪和流速仪。图 5-9（b）是测桥的正视图。实验测桥安装完成后如图 5-10 所示。

第 5 章　波-流耦合作用下悬浮隧道模型实验

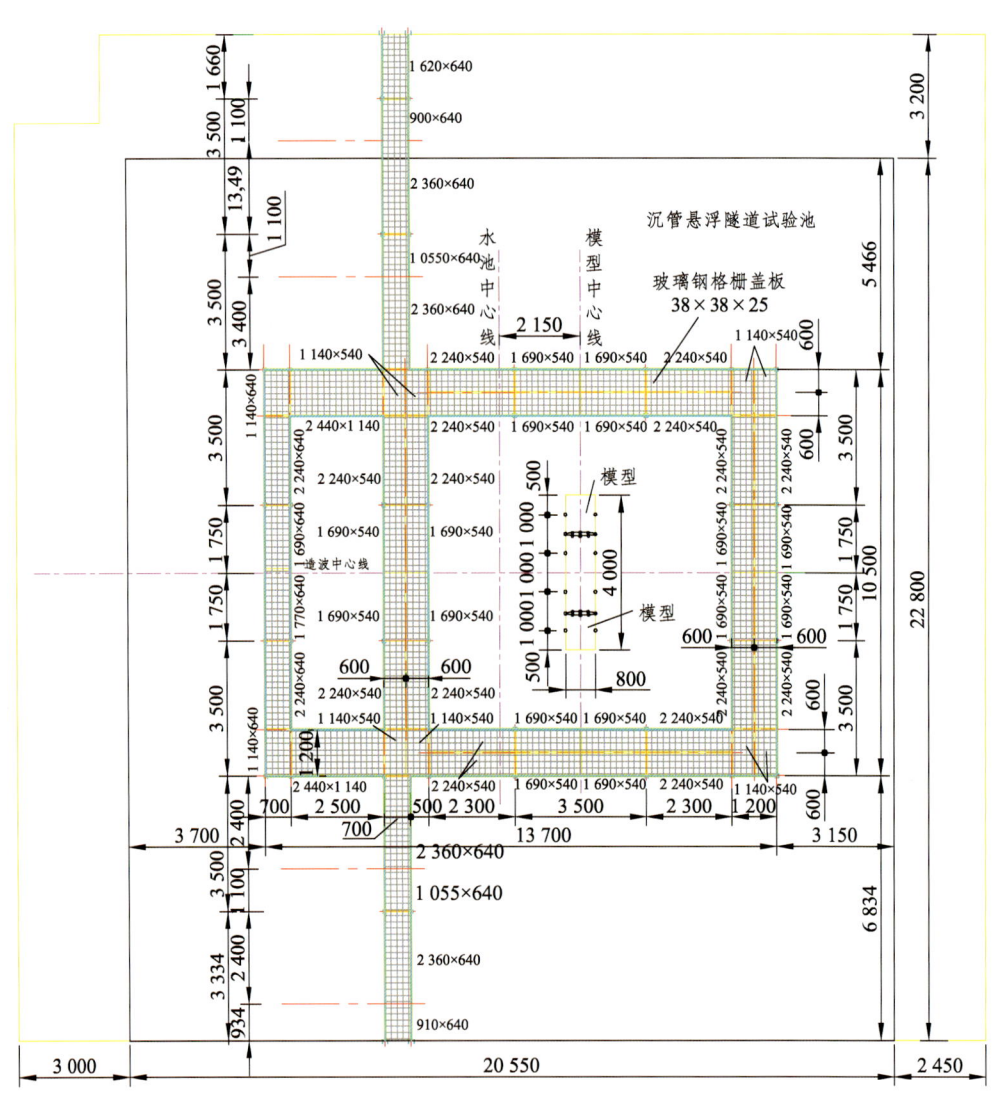

格栅盖板和栏杆平面图 1∶100

（a）测桥俯视图

5.1 SFT 波-流耦合模型实验方法

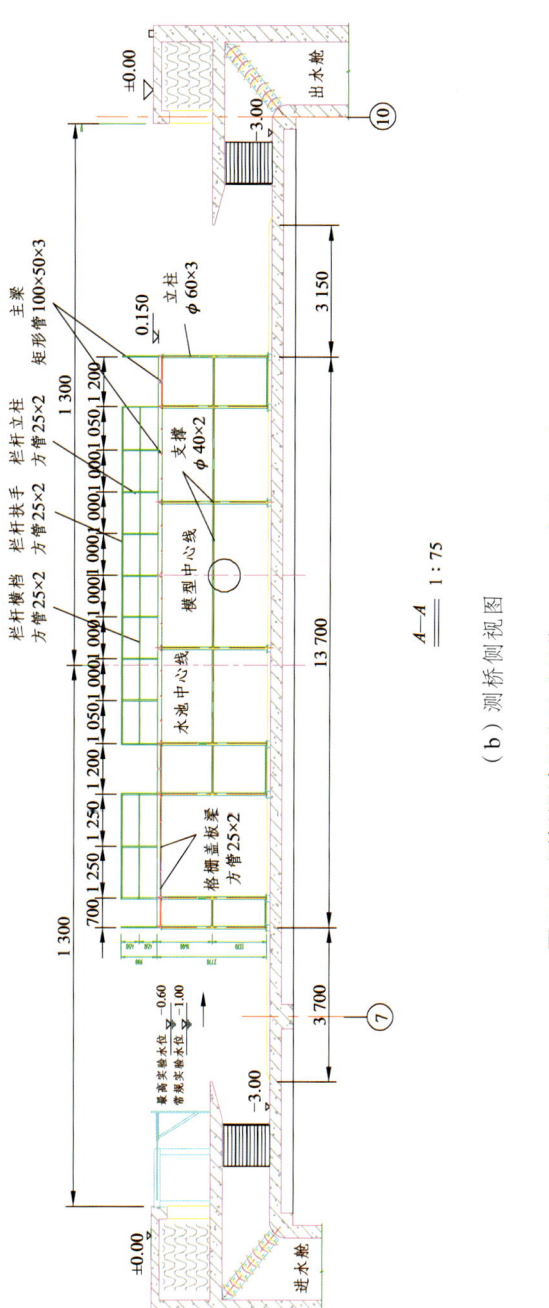

(b) 测桥设计图(尺寸单位: mm; 标高: m)

图 5-9 测桥设计图

图 5-10 水下隧道实验室测桥

（2）底部滑轮安装。

为便于在岸上更换不同水深的锚索，因此设计了对应于 5 个悬浮水深的 5 个不同位置的滑轮，如图 5-11 所示。根据设计的 60° 锚索倾角和管段的悬浮水深即可反算得到底部滑轮的水下安装位置，它们距管段中心的长度与水深的关系见表 5-5。

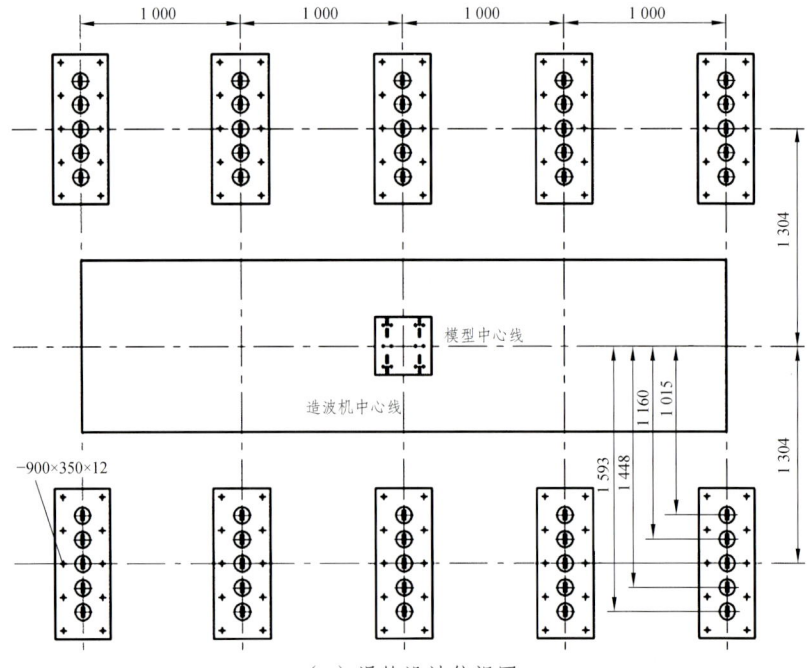

(a) 滑轮设计俯视图

5.1 SFT 波-流耦合模型实验方法

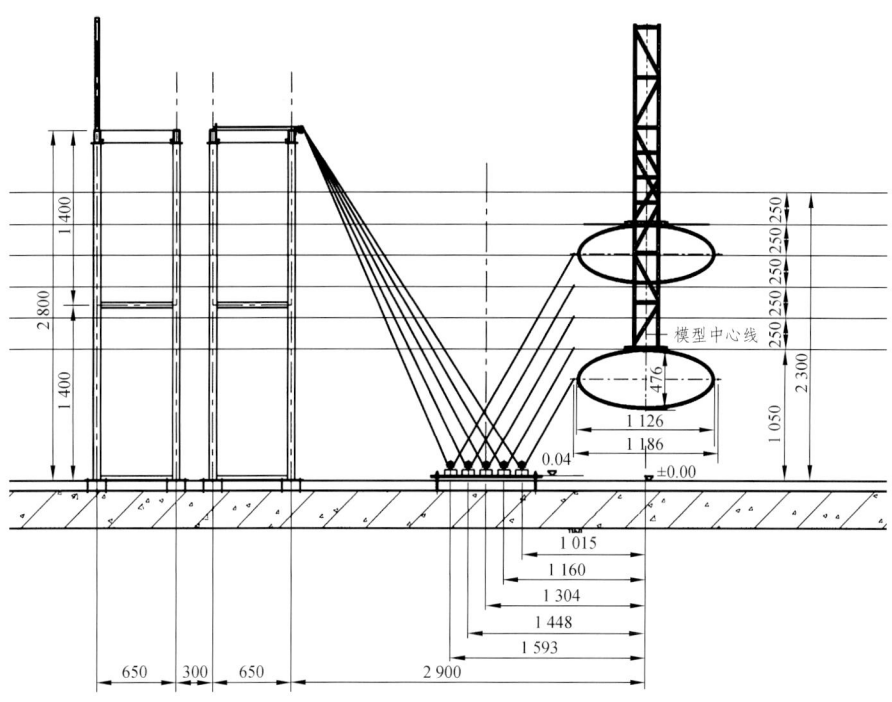

（b）滑轮设计正视图

图 5-11　滑轮设计示意图

表 5-5　滑轮距管段中心的长度与水深关系

管段悬浮水深 /cm	滑轮距管段中心水平距离 /cm
25	159.3
50	144.8
75	130.4
100	116.0
125	101.5

为了不约束锚索的转动变形，首先将滑轮机械加工成万向滑轮，使其可自由在平面内 360°旋转。安装时在滑轮下部固定一块钢板，通过膨胀螺丝将

钢板固定并找平。为了精确定位滑轮位置，安装时用水准仪精确放线，经反复坐标校核后再将滑轮安装于测量定位的坐标上，安装过程如图 5-12 所示。

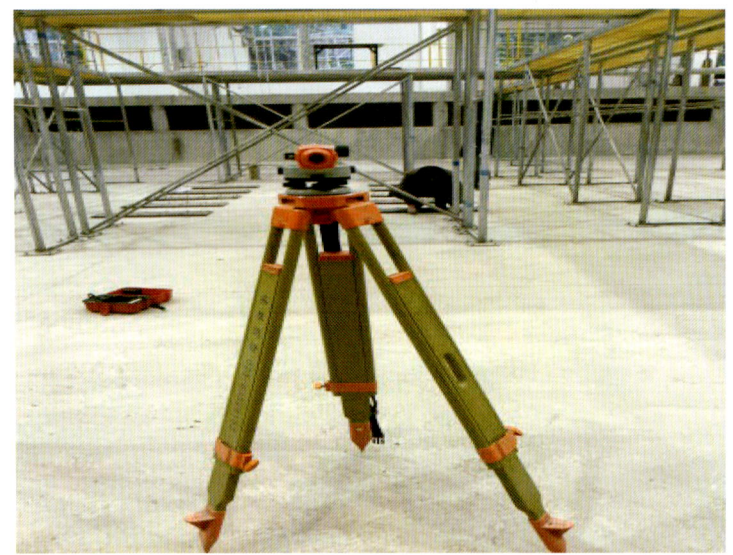

（a）测量定位

（b）坐标复核

（c）滑轮安装

（d）安装就位

图 5-12　滑轮安装过程

（3）管铝合金钢架及靶标安装。

为了避免在测试水下模型管段的六自由度位移时信号被水屏蔽，本实验采用摄像位移捕捉系统采集位移数据。实验时设计了轻质铝合金支架，用于安装感光靶标，支架设置于管段中心位置，支架平面长 35 cm、宽 35 cm、高 155 cm，如图 5-13 所示。支架安装就位后，在其顶部安装感光靶标，使其易于被摄像机捕捉，安装就位后如图 5-14 所示。

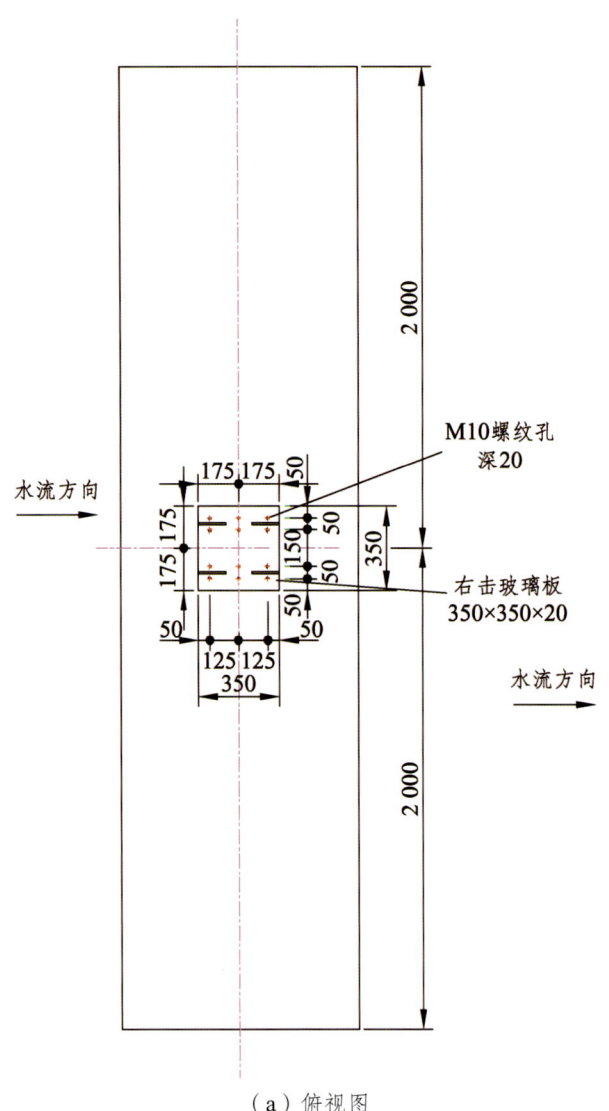

（a）俯视图

5.1 SFT 波-流耦合模型实验方法

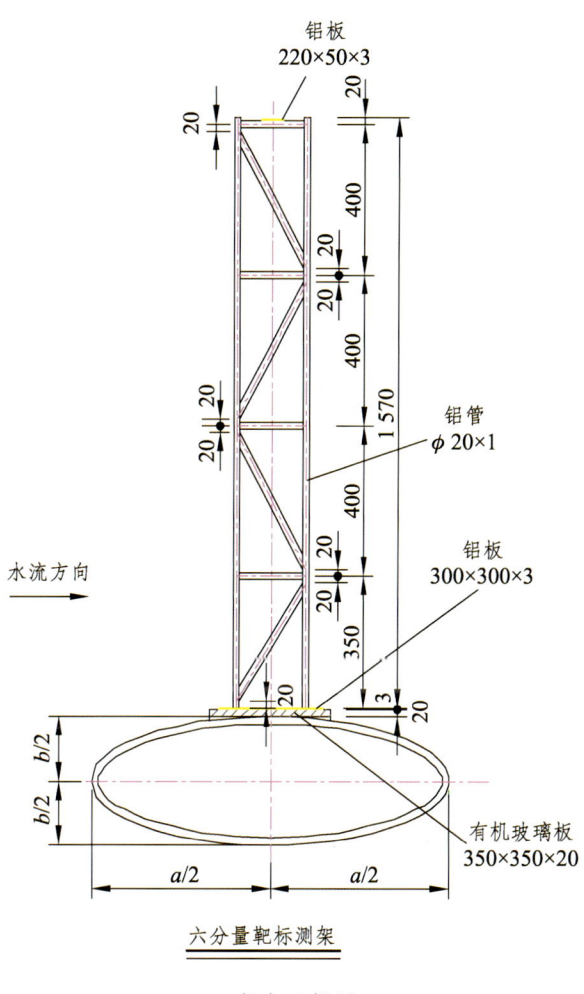

(b) 正视图

图 5-13 实验靶标装置示意(单位:mm)

图 5-14 实验靶标装置

安装三台靶标捕捉摄像机时,将它们呈等边直角三角形布置。通过三台摄像机的坐标捕捉、经计算后就得到靶标的坐标变化,如图 5-15 所示。

(a)摄像机

5.1　SFT 波-流耦合模型实验方法

（b）靶标台架

图 5-15　靶标捕捉摄像机安装

（4）弹簧钢片弹性测试及安装。

锚索模型采用基本无弹性（本次实验测力范围内）的钢丝绳与多级弹簧钢片的组合体模拟。通过调整弹簧钢片的长度来模拟不同的锚索拉力-伸长曲线关系。实验前首先对弹簧钢片进行弹性标定，根据图 5-9 计算的缆绳弹性模拟关系，对不同厚度、不同长度的弹簧钢片进行受力曲线范围内的多点试拉，试测过程如图 5-16 所示。经多次测试，最终确定了本次实验多级弹簧钢片与钢丝绳的组合，它与拉力传感器相连，如图 5-17 所示。

（a）多级弹簧装置

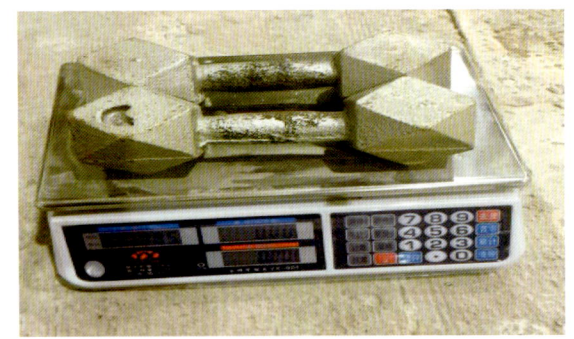

(b)第 1 次称重

(c)第 1 次试测

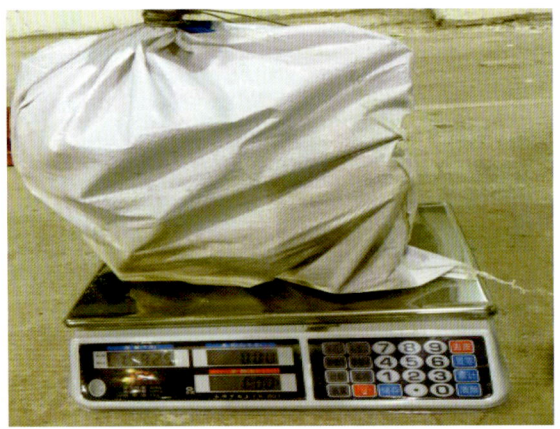

(d)第 2 次称重

5.1 SFT 波-流耦合模型实验方法

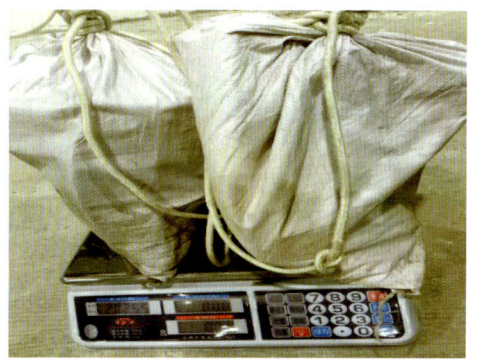

(e) 第 3 次称重

(f) 第 2 次测试

图 5-16　锚索的拉力弹性测试

图 5-17　弹簧钢片伸缩变形装置

(5)压强传感器安装。

为了尽量减小传感器布线对 SFT 管段运动的影响,压强传感器的引线由实验管段内部引出,在引出时通过螺丝扣方式进行水密性加工,如图 5-18 所示。

图 5-18　压强传感器端头连接

(6)锚索安装。

实验前将第一组水深(25 cm)锚索连接于管段结构上,根据设计的水深和锚索倾角标记好不同水深下的锚索长度位置。另外 4 组水深下的锚索也将锚索预先穿好,在进行下一组水深时,在岸上通过对锚索的穿引进行换锁,将锚索换至对应水深的滑轮上,同时将锚索长度设置于预先计算后标记的位置,如图 5-19 所示。锚索连接好后进行放水,开始模型管段的水密性测试,如图 5-20 所示。

5.1 SFT 波-流耦合模型实验方法

图 5-19　锚索安装情况

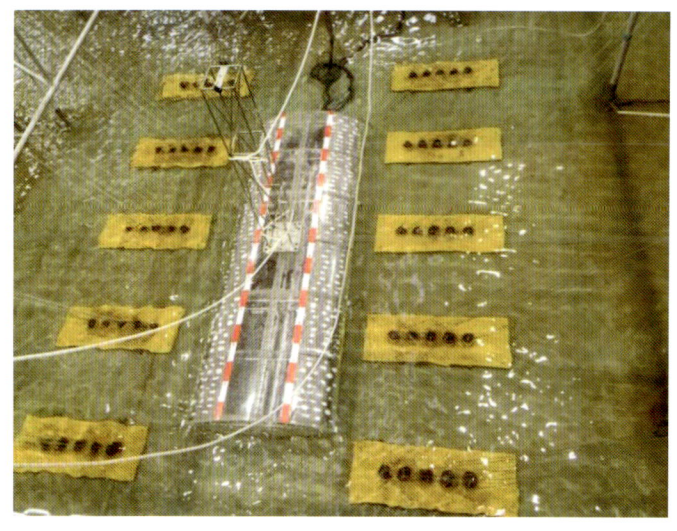

图 5-20　管段模型水密性测试

2. 实验设备

（1）流速仪。

本实验采用旋桨式流速仪来定点测量水流流速，利用粒子图像测速法

(PIV)来测量全池水面情况,如图5-21所示。本实验需要旋桨式流速仪(图5-22)10套、表面流场测量仪4套。其主要技术指标如表5-6所示。

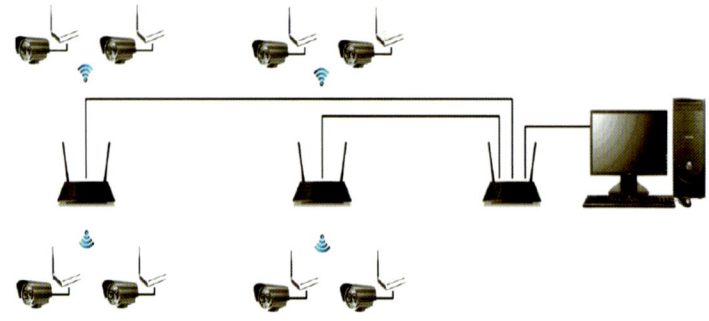

图 5-21　表面流场测量仪

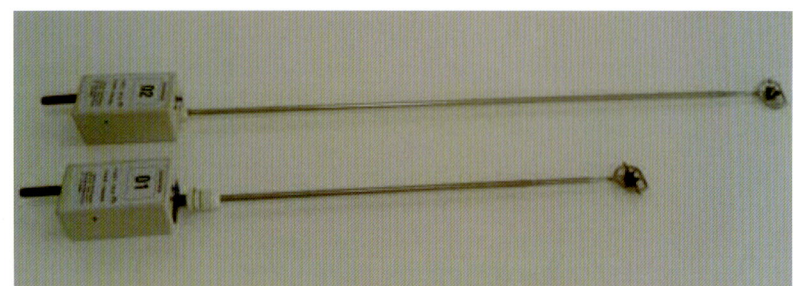

图 5-22　旋桨传感器

表 5-6　流场测量仪及测速仪技术指标

测试仪器	参　　数	技术指标	测量精度
PIV 表面流场测量仪	测量范围	3 ~ 100 cm/s	5%
	流向最大跟踪速度	10 ~ 20°/s	±4°
智能无线测速仪（HG-ZWLS）	测量范围	1 ~ 300 cm/s	1%
	流向		±1°

（2）浪高测量仪。

本实验采用 CBY-Ⅱ型波高测量控制系统,可测量 1 cm 以内的浪高,其测量精度为 1.0 mm,如图 5-23 所示。

5.1 SFT 波-流耦合模型实验方法

图 5-23　波高测量仪

（3）压强和拉力测量系统。

实验选用南京水利科学研究院的压强测量系统和总力测量系统。压力测试系统和总力测试系统的主要测试参数见表 5-7。实验时为便于采集和保存数据，对拉力和压强测量系统进行了集成，如图 5-24 所示。

表 5-7　测量系统主要参数

传感器系统	量程	分辨精度	采样频率
压力测量系统	10～20 kPa	1%	125 Hz
总力测量系统	2～30 kg	1%	33 Hz

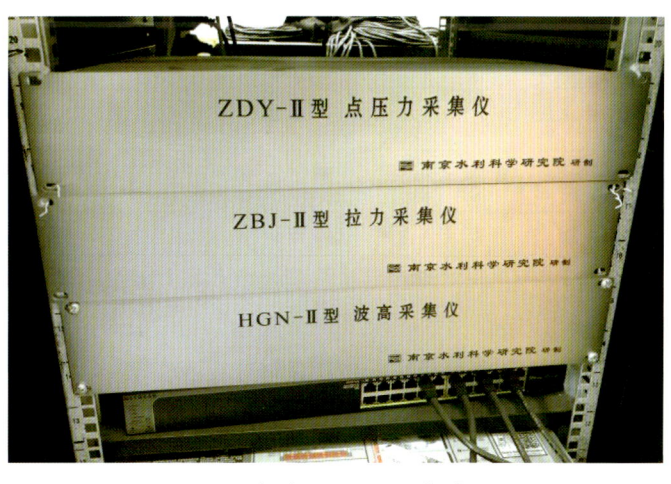

图 5-24　拉力和压强测量集成系统

（4）六自由度位移测量系统。

本实验首先将建立图 5-25 所示的坐标系统。由此可得坐标系统下的位移量，沿 xyz 轴方向位移量称为纵移、横移和升沉，绕 xyz 轴的晃动角度量称为纵摇 $x°$、横摇 $y°$、回转 $z°$。表 5-8 是空间直角坐标系内浮体运动六自由度的名称。

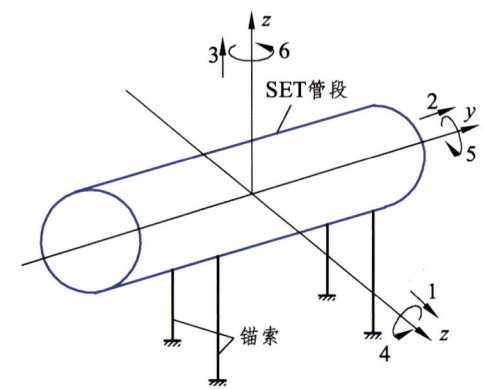

1—横移；2—纵移；3—升沉；4—纵摇；5—横摇；6—回转。

图 5-25　六分量仪坐标参数定义

表 5-8　空间直角坐标系内浮体运动六自由度名称对照

名称（别称）	x 轴	y 轴	z 轴
三轴移动分量	纵移	横移	升沉
三轴转动分量	横摇	纵摇	回转

六自由度位移测量系统包含了高速摄像位移捕捉系统和运动位移后处理系统。高速摄像位移捕捉系统如图 5-26 所示，运动位移后处理系统如图 5-27 所示。六自由度位移测量系统的主要技术指标如表 5-9 所示。本实验系统自动默认换算点位为模型形心位置，即管段中心，通过换算即可得到 SFT 管段任意位置的位移运动变化情况。

5.1　SFT 波 - 流耦合模型实验方法

图 5-26　高精度高速摄像系统

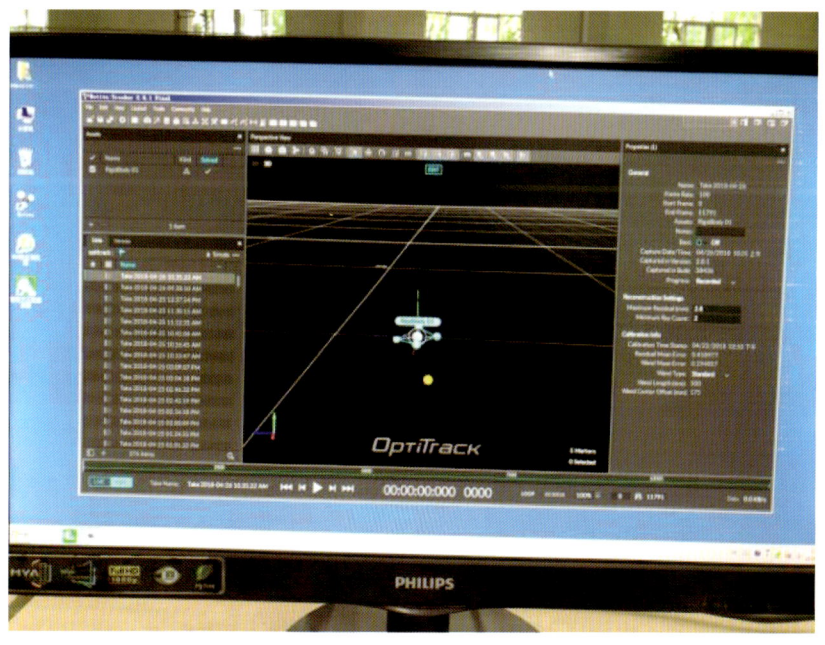

图 5-27　六分量运动分析系统

表 5-9　六分量运动分析系统主要技术指标

项　目	参　数	参数值
系指标	位移量量程范围	0.2 ~ 1.0 m
	转角量量程范围	0° ~ 360°
精度	位移量 x、y、z	均 ≤ 0.2 mm
	转角量 $x°$、$y°$、$z°$	均 ≤ 0.3°
分辨率	位移量 x、y、z	均 ≤ 0.02 mm
	转角量 $x°$、$y°$、$z°$	均 ≤ 0.04°

5.1.4　实验流程

1. 实验波浪及水流的率定

实验前需对需要的波浪要素和水流流速进行率定，主要是规则波和不规则波在流场及无流场条件下的波高、周期及流速条件满足表 5-3 设定的实验工况参数。

（1）波浪的率定。

实验波浪是通过计算机模拟得到的，它在不同的港池、不同的边界条件下差异很大，即便是同样的一个实验港池，在开展不同的模型实验时均需要对波浪要素进行重新率定。因此，本实验首先对所需要的不同波浪工况下的波浪参数进行率定。率定前首先通过计算检查 64 个推板状态良好，如图 5-28 所示。然后设定需要的实验波浪周期及波高数据，通过造波机计算得到相应的初始波浪参数，接着在港池的预定实验区域实测波浪周期及波高，测得的波浪数据如图 5-29 所示。接着检查波浪的能量谱曲线，如图 5-30 所示。实测获得的波浪数据一般都与设计的波浪工况数据有出入，需将误差控制在 5% 以内，方可认为该波浪数据可用。因此，对不满足预期波浪工况的数据进行一次迭代后，再重复实验，获得新的波浪数据，迭代后的波浪曲线如图 5-31 所示。经率定后实验区域内采集的规则波及不规则波波高及周期均达到预定实验工况要求。图 5-32 所示是实验现场。

5.1 SFT 波 - 流耦合模型实验方法

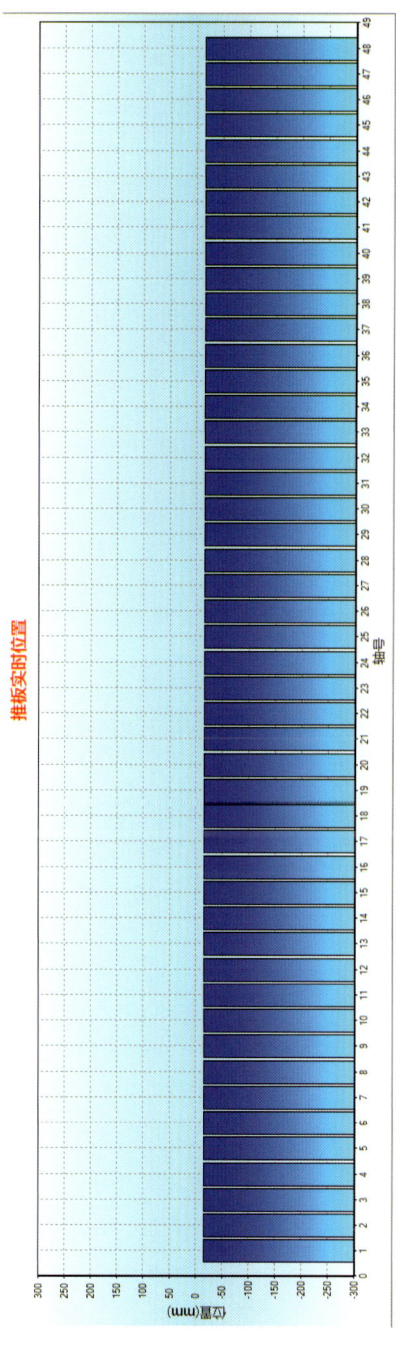

图 5-28 推波板

第 5 章 波-流耦合作用下悬浮隧道模型实验

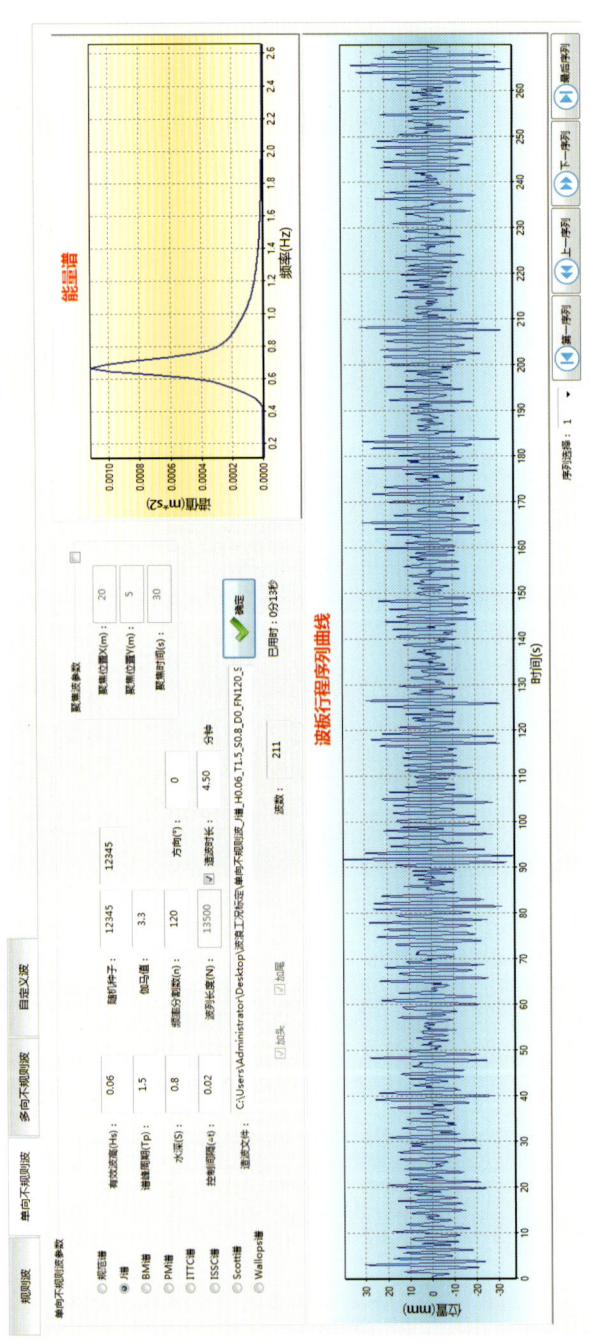

图 5-29 实测波浪数据

5.1 SFT 波-流耦合模型实验方法

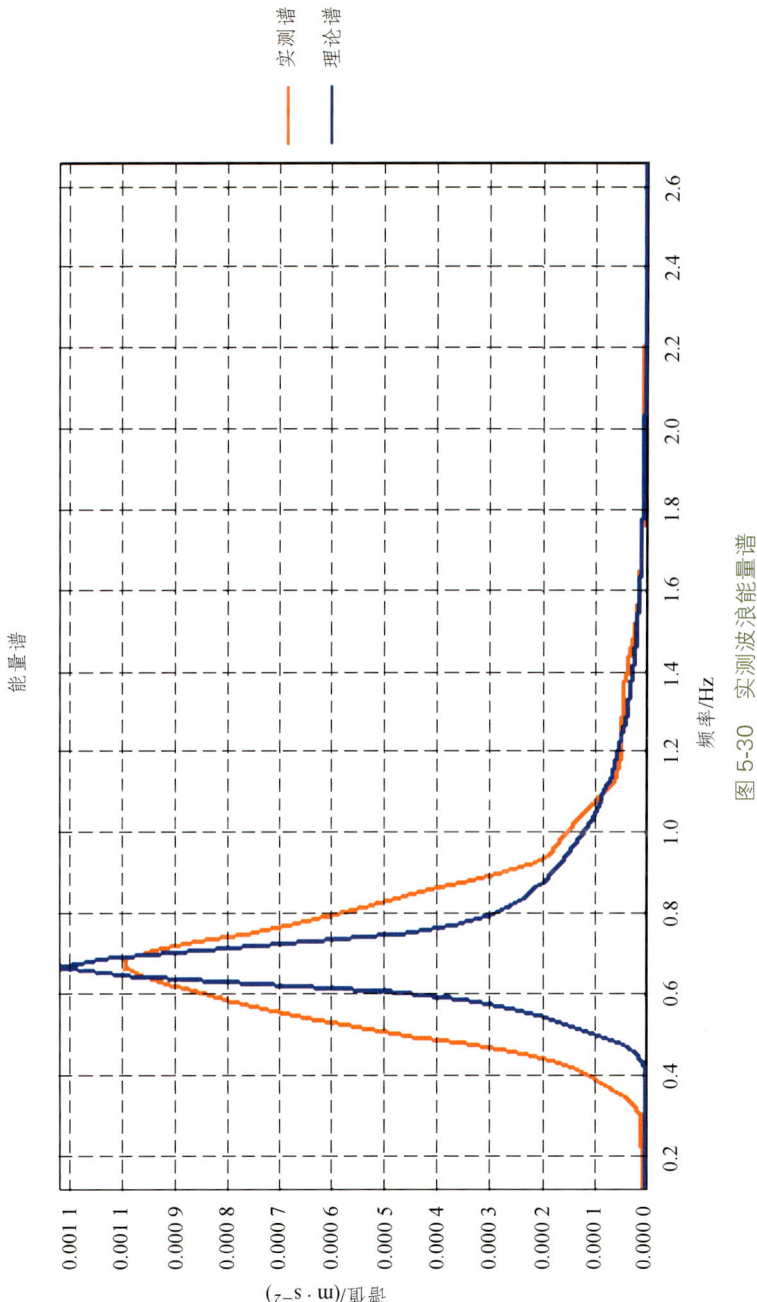

图 5-30 实测波浪能量谱

第 5 章 波-流耦合作用下悬浮隧道模型实验

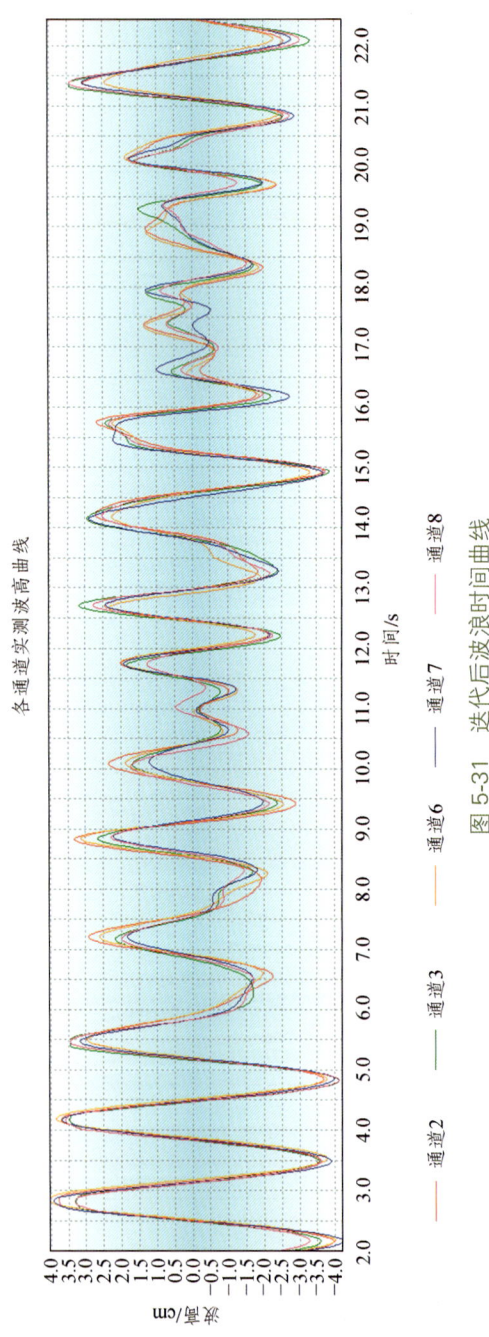

图 5-31 迭代后波浪时间曲线

5.1 SFT 波-流耦合模型实验方法

图 5-32 实验现场

(2) 流速的率定。

本实验港池设计有 5 台 180 kW 造流水泵,实验时可选择开启不同的水泵台数,通过改变水泵的开泵功率而调整实验水池的进出口流量,从而获得不同的实验流速。水流始终在港池和水泵之间循环,图 5-33 为流速实时观测系统。通过反复试测和调试,我们得到了接近实验设计流速的流场实测流速,如表 5-10 所示,实测流速与设计流速的偏差满足实验要求。表 5-10 同时给出了响应测试流速对应的 5 台水泵开启频率要求,这有利于实验控制。

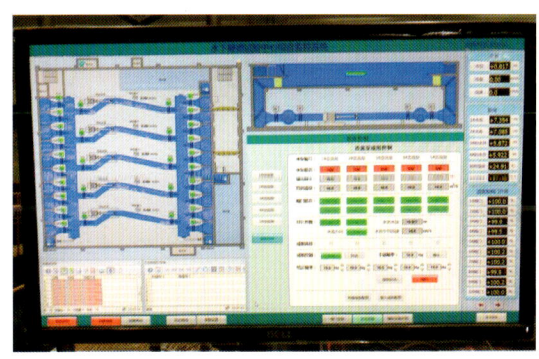

图 5-33 流速实时观测系统

表 5-10 实测实验流速

开泵台数	设计流速/(cm/s)	实测流速/(cm/s)	开泵功率/Hz	偏差
5	5.5	5.58	12.5	1.45%
5	8.5	8.14	17.5	4.24%
5	11.5	10.64	22.5	7.48%
5	14.5	13.96	30.0	3.72%
5	17.5	17.72	37.5	1.26%

波 - 流耦合实验流场是通过率定后的波浪和流速的叠加得到的，因此，进行波-流耦合实验时将流速始终保持不变，然后叠加施作不同的波浪工况，得到了相应的波 - 流耦合工况。

2. 基本实验流程

大型 SFT 管段的模型实验较为复杂，其初次实验基本流程如图 5-34 所示。

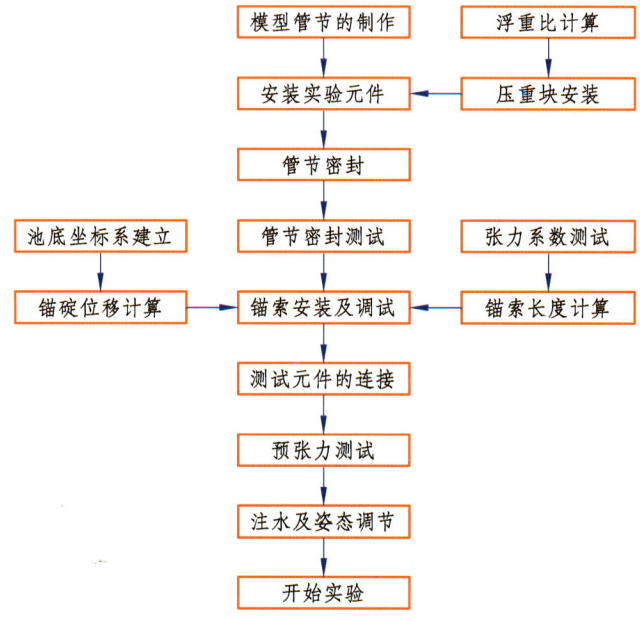

图 5-34　初次实验基本流程

不同水深实验，采用率定好的波浪要素调用程序开展实验，主要测试顺序为：

（1）波浪及洋流的实验参数率定。

（2）实验模型的安装及密闭性测试，注水至预定水深。

（3）开始实验，测试 SFT 管段的管段周向压强、锚索张力及六自由度运动量。

（4）放水至 1.5 m 水深，使 SFT 管段锚索张力放松，更换锚索，换下一悬浮水深，调节至计算预定长度，放水至预定水深 2.3 m，如此循环实验。

5.1.5 试测结果

图 5-35 是试测锚索张力，测试发现锚索张力具有正弦特性（由惯性力控制），各锚索张力分担力较平均，说明结构布置较合理。其与理论公式符合较好，说明实验数据可信度高。

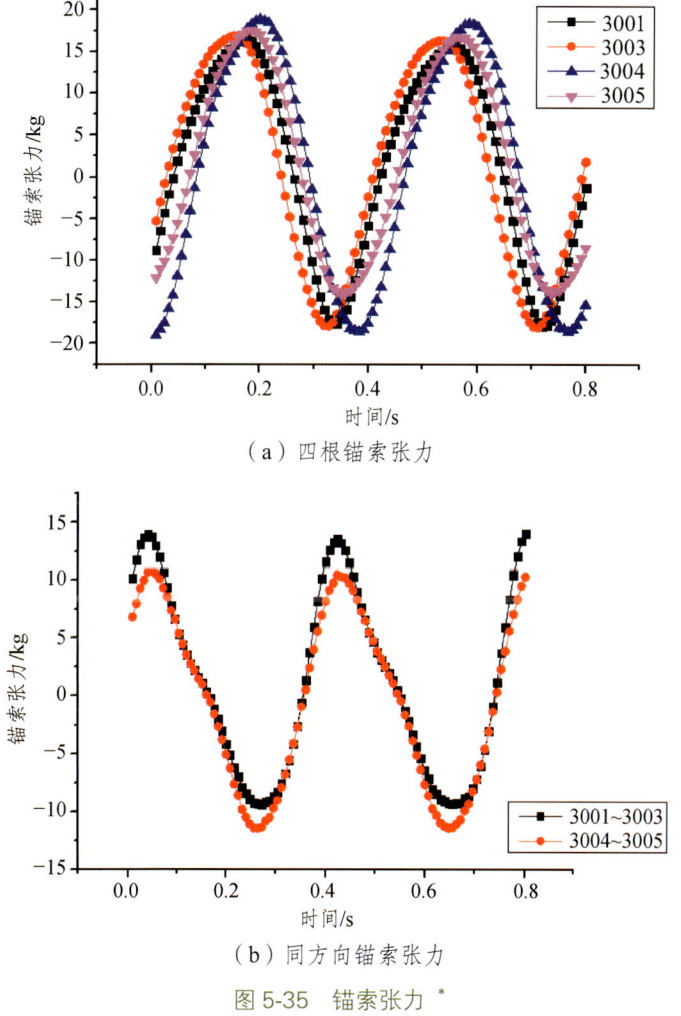

（a）四根锚索张力

（b）同方向锚索张力

图 5-35 锚索张力 *

---

* 编者按：锚索张力单位应为牛（N），但此处系软件设计，为保持数据原貌，不作换算。

5.2 纯流作用下的 SFT 结构响应

5.2.1 管段压强

1. 管段压强随流速的变化

以 50 cm 悬浮水深工况为例,以典型压强参数迎浪面压强(3#)分析 SFT 管段在纯流作用下的结构响应,如图 5-36 所示。在纯流工况下,SFT 管段的迎浪面压强幅值随流速的增大而逐渐增大。

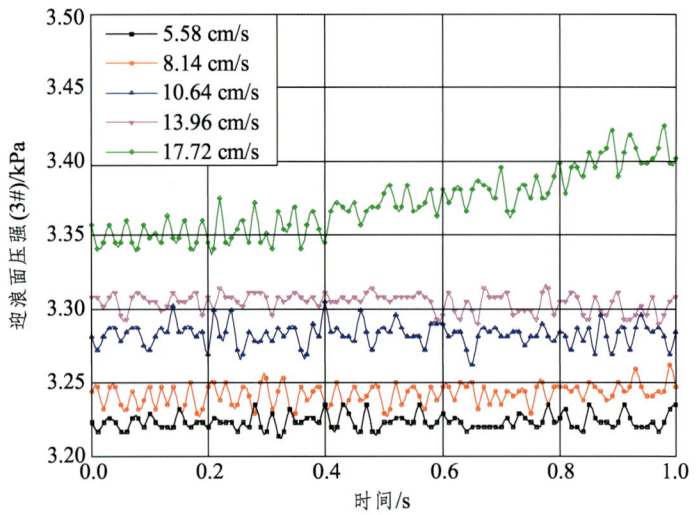

图 5-36 纯流时不同流速作用下的迎浪面压强

2. 管段压强随悬浮水深的变化

在洋流作用下,为研究 SFT 管段迎浪面压强在不同水深下随流速变化的规律,保持流速为 5.58 cm/s、8.14 cm/s、10.64 cm/s、13.96 cm/s 和 17.72 cm/s 五个流速不变,而使管段顶部悬浮水深分别在 25 ~ 125 cm 内变化,得到一系列管段迎浪面压强随悬浮水深变化的曲线,如图 5-37 所示。由于管段结构静水压强随绝对水深增大而增大,所以 SFT 管段的迎浪面压强绝对值随悬浮水深的增大而增大。

5.2 纯流作用下的 SFT 结构响应

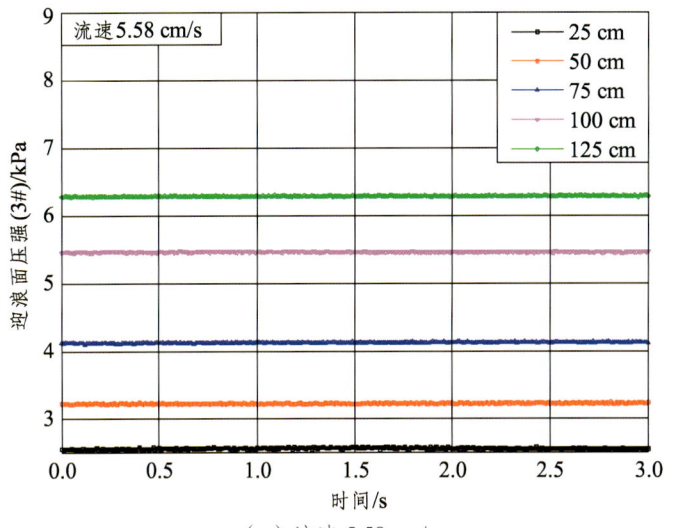

（a）流速 5.58 cm/s

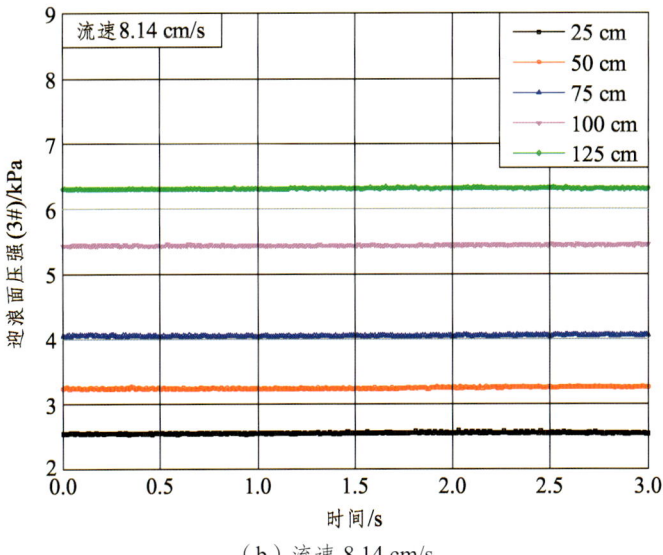

（b）流速 8.14 cm/s

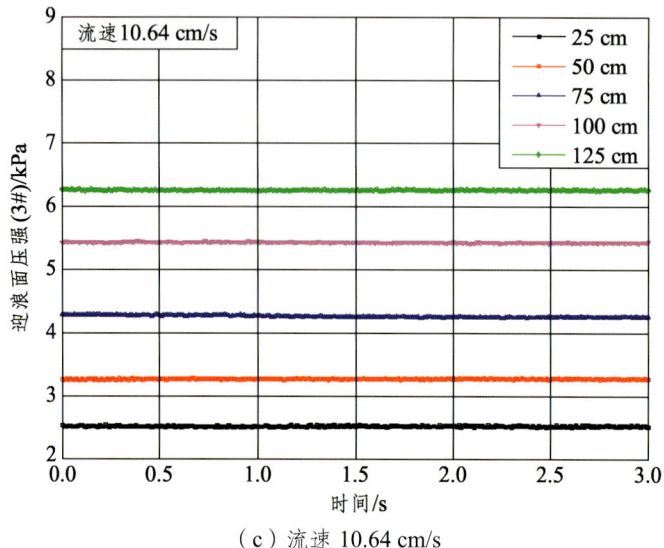

（c）流速 10.64 cm/s

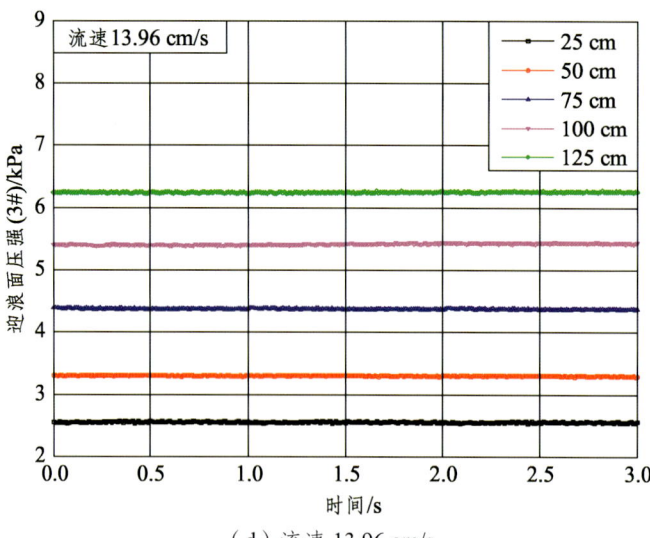

（d）流速 13.96 cm/s

5.2 纯流作用下的 SFT 结构响应

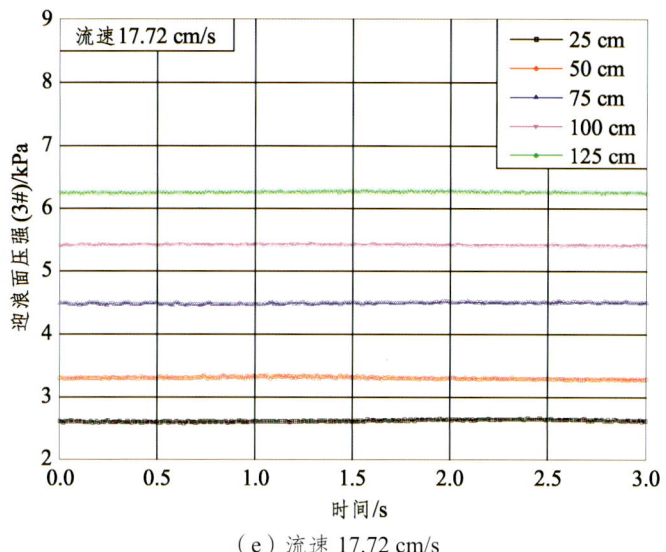

（e）流速 17.72 cm/s

图 5-37 不同水深相同流速作用下的迎浪面压强

3. 断面压强分布

图 5-38 所示是 SFT 管段在不同流速下的各测点断面压强时程变化曲线。SFT 管段各测点压强在不同流速下的变化很小。但由于 SFT 断面上每个传感器的位置不同，压强的大小有显著差异。最大压强为 4.67 kPa，出

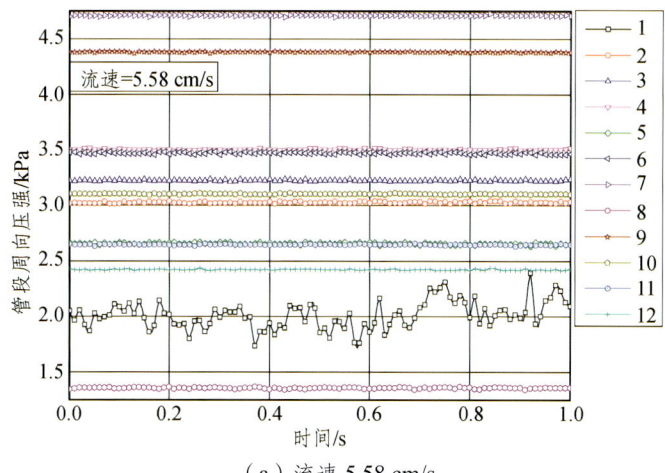

（a）流速 5.58 cm/s

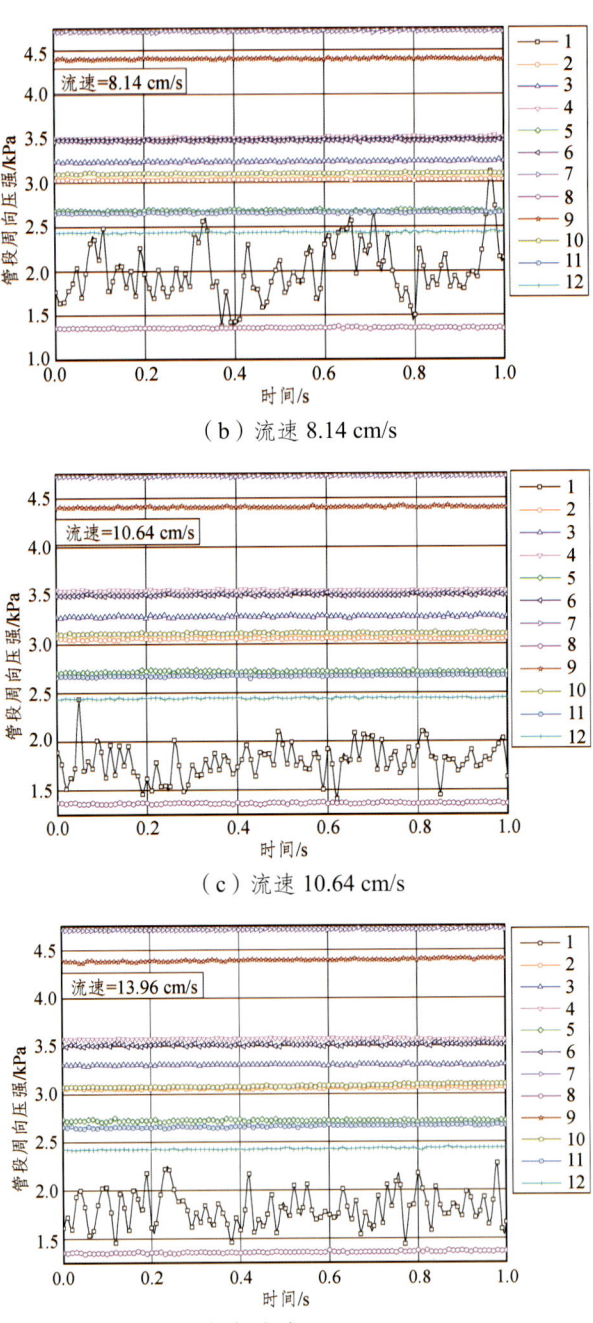

(b) 流速 8.14 cm/s

(c) 流速 10.64 cm/s

(d) 流速 13.96 cm/s

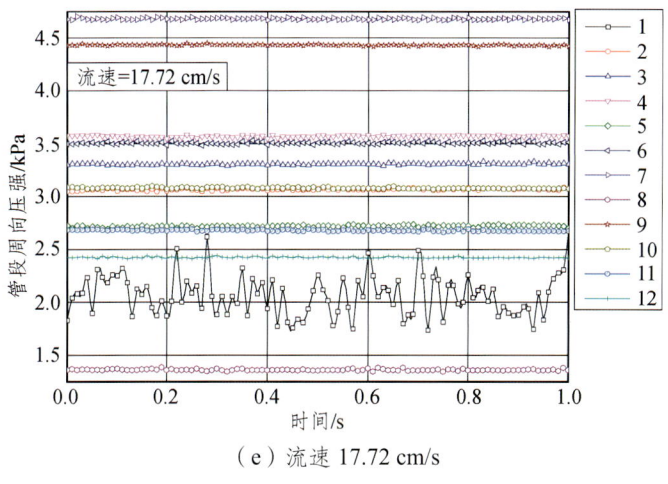

(e）流速 17.72 cm/s

图 5-38　断面的压强分布

现在 7 号位置，次大的压强出现在 9 号位置，最小压强出现在 8 号位置。7 号和 9 号位置出现较大压强的原因是其位置居于管段的底部，因此其绝对压强较大，而非受水流作用致使压强增大。而 8 号位置虽然处于管段底部，但压强幅值最小的原因是漩涡泄放效应的作用。

我们将由水流引起的最大压强换算到原型上即为 186.8 kPa ＜ 40 MPa，远小于 C40 混凝土的抗压强度，因此 SFT 的断面材料主要是受其静水压强控制。

5.2.2　锚索张力

1. 锚索张力随流速的变化

以 50 cm 悬浮水深工况为例，以典型张力参数锚索张力（4#）分析 SFT 管段在纯流作用下的结构响应。在纯流作用下，管段锚索张力受流速的影响较小，在流速从 5.58 cm/s 变化至 17.72 cm/s 的过程中，锚索张力几乎变化很小，如图 5-39 所示。

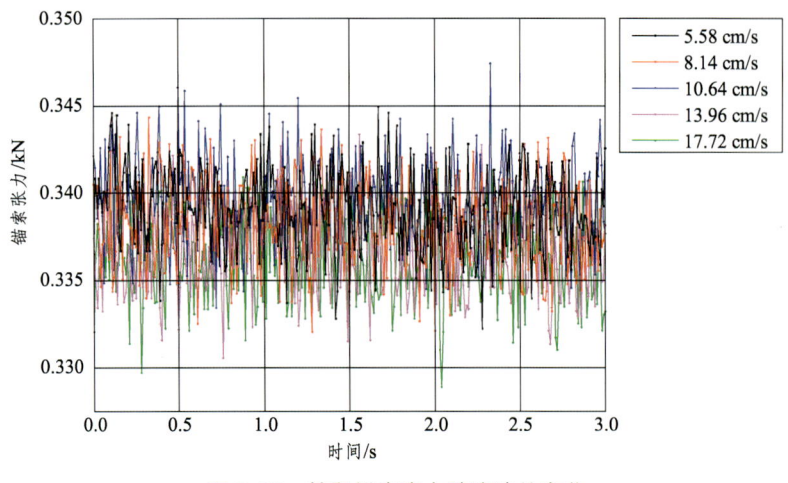

图 5-39 管段锚索张力随流速的变化

2. 锚索张力随悬浮水深的变化

在洋流作用下，为研究 SFT 管段锚索张力在不同水深下随流速变化的规律，保持流速为 5.58 cm/s、8.14 cm/s、10.64 cm/s、13.96 cm/s 和 17.72 cm/s 五个流速不变，而使管段顶部悬浮水深分别在 25 ~ 125 cm 内变化，得到一系列管段锚索张力随悬浮水深变化的曲线，如图 5-40 所示。随着管段悬浮水深的增大，管段受水流的影响逐渐减小，因此 SFT 管段的锚索张力随悬浮水深的增大而减小。

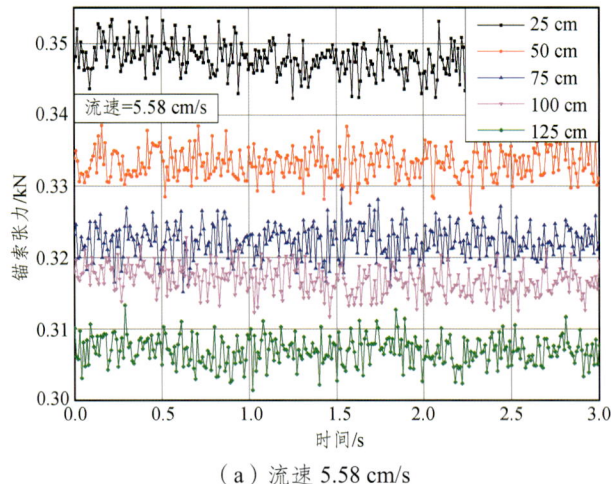

（a）流速 5.58 cm/s

5.2 纯流作用下的 SFT 结构响应

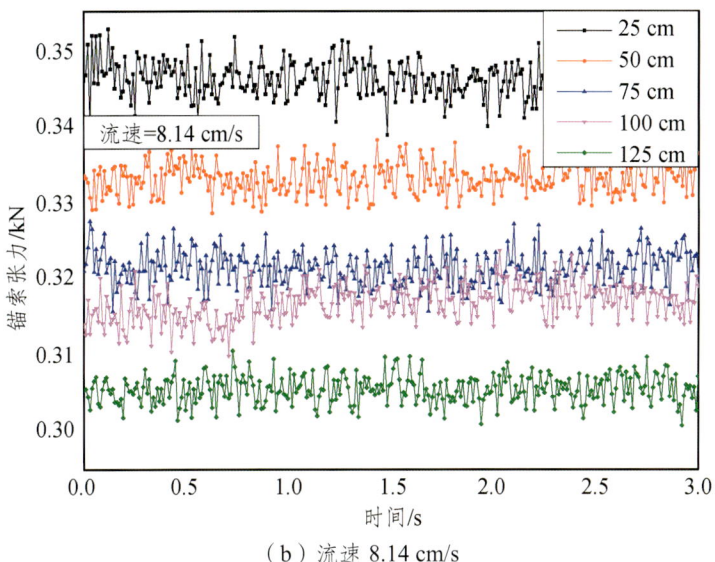

（b）流速 8.14 cm/s

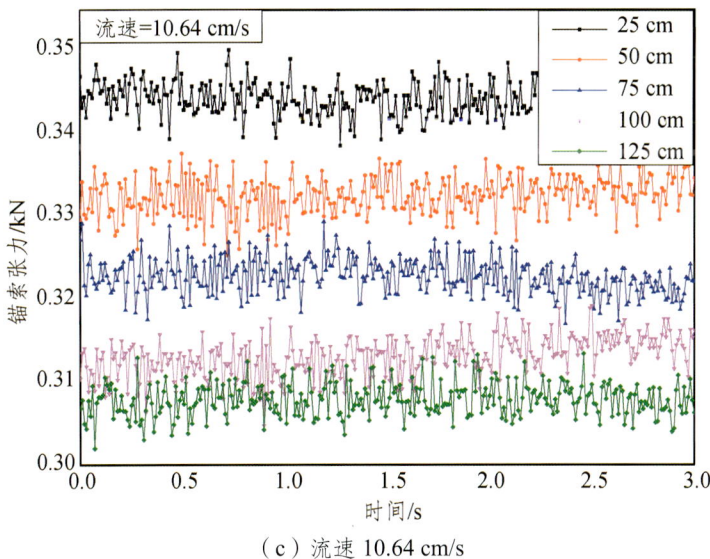

（c）流速 10.64 cm/s

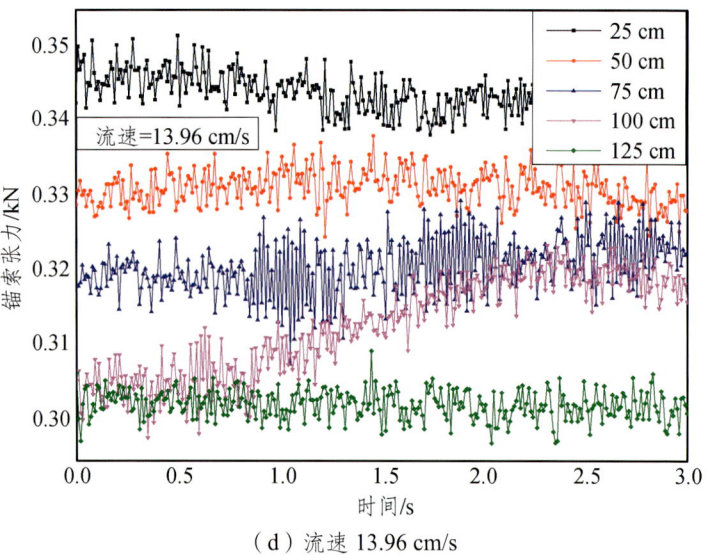

(d)流速 13.96 cm/s

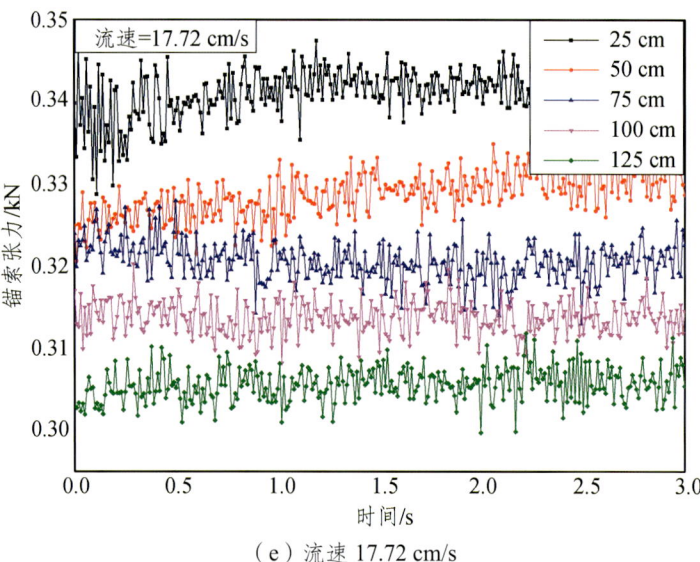

(e)流速 17.72 cm/s

图 5-40　不同水深下的锚索张力变化

5.3 波浪作用下的 SFT 结构响应

5.3.1 管段压强

1. 规则波

（1）管段压强随波高和波浪周期的变化。

为分析 SFT 管段在规则波作用下的压强变化情况，保持波浪的周期 1.5 s 不变，使波高在 2～18 cm 内变化，得到一系列管段迎浪面压强随波高变化的曲线。以 50 cm 悬浮水深工况的典型压强参数迎浪面压强（3#）为例进行分析，如图 5-41 所示。SFT 的管段压强随波高的增大而增大，在小波高的阶段管段迎浪面压强增长缓慢；在大波高变化时，管段的迎浪面压强增长显著。同样，在规则波作用时，保持 SFT 管段的波高为 6 cm，使波浪的周期在 1.0～2.1 s 内变化，得到一系列管段迎浪面压强随周期变化的曲线，如图 5-42 所示，管段的迎浪面压强峰值随波浪周期的增大而增大。

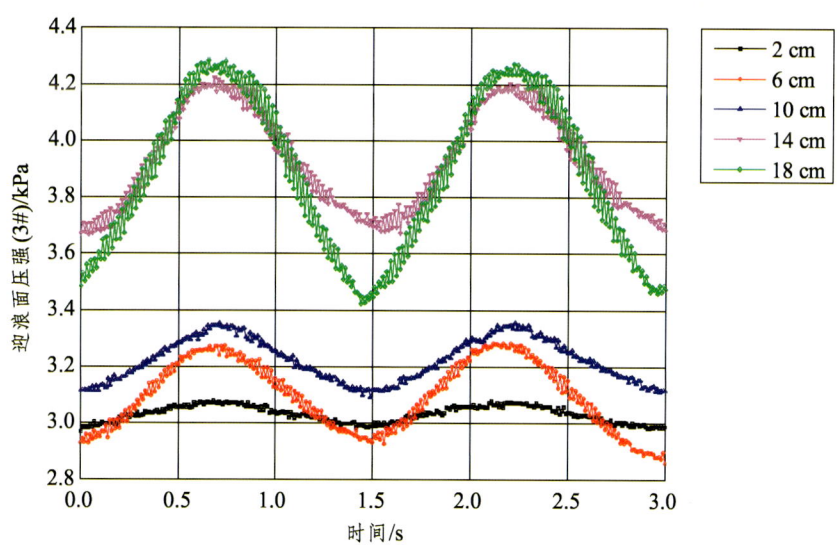

图 5-41　不同波高下的迎浪面压强变化

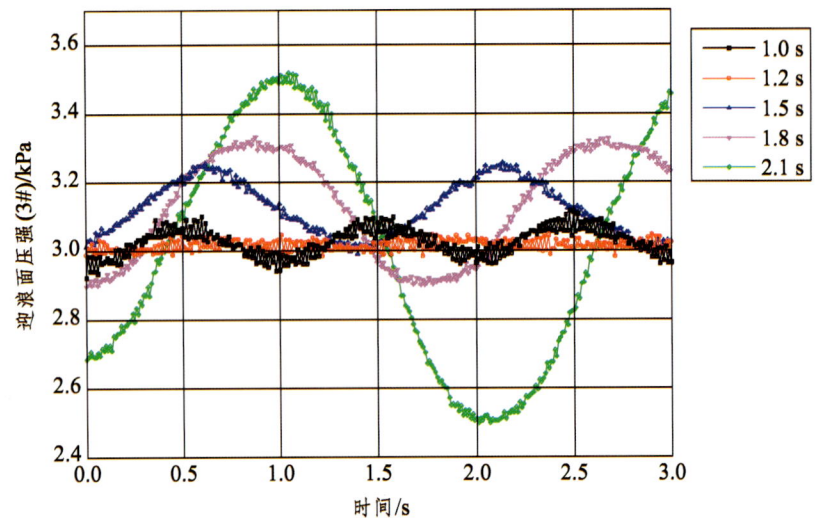

图 5-42　不同周期下的迎浪面压强变化

（2）管段压强随悬浮水深的变化。

在规则波作用时，为研究 SFT 管段压强随悬浮水深变化的规律，保持波浪周期为 1.5 s 不变，而使管段的悬浮水深在 25～125 cm 内变化，得到一系列波高下管段压强随悬浮水深而变化的曲线。以典型管段压强参数（3#）为例进行分析，如图 5-43 所示。随着 SFT 的悬浮水深增大，管段所受水压强增大，因此在不同的波高作用下管段的压强绝对值均随悬浮水深的增大而增大。图 5-44 给出了不同悬浮水深下压强极值差随波高的变化曲线。SFT 管段压强极值差随波高的增大而增大，同时管段压强极值差随着悬浮水深的增大而逐渐减小。

（3）断面压强分布。

图 5-45 和图 5-46 是 SFT 管段在不同波高和周期下的各测点断面压强。由图可以看出 SFT 的断面最大压强为 5.14 kPa，出现在 7 号位置，次大的压强出现在 9 号位置，最小压强出现在 8 号位置。

我们将由水流引起的最大压强换算到原型上即为 205.6 kPa＜40 MPa，远小于 C40 混凝土的抗压强度，因此 SFT 的断面材料主要是受其静水压强控制。

5.3 波浪作用下的 SFT 结构响应

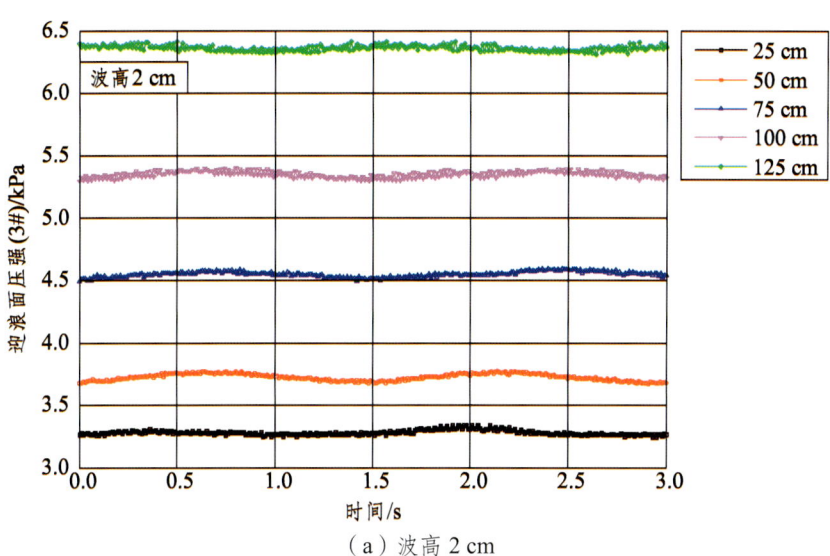

（a）波高 2 cm

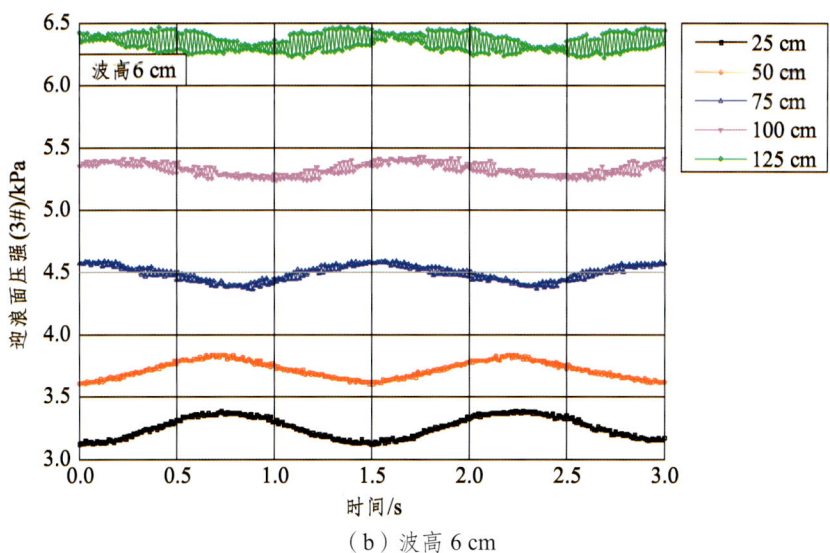

（b）波高 6 cm

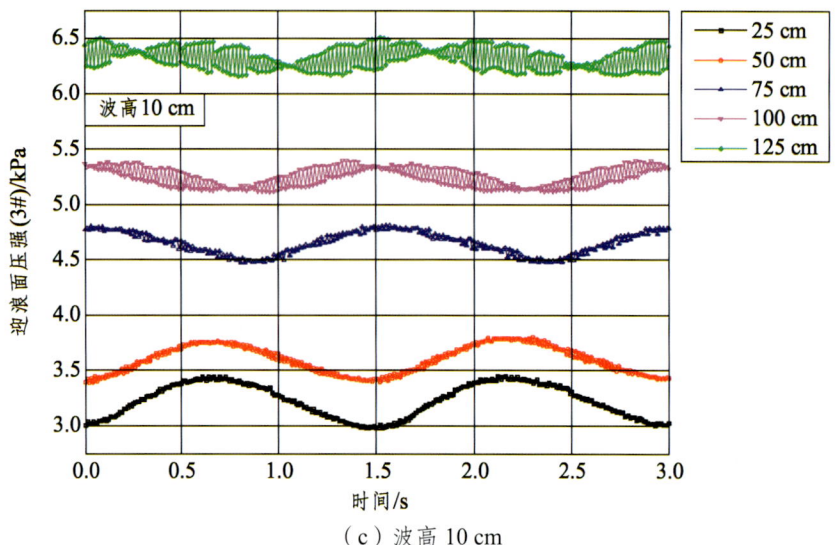

（c）波高 10 cm

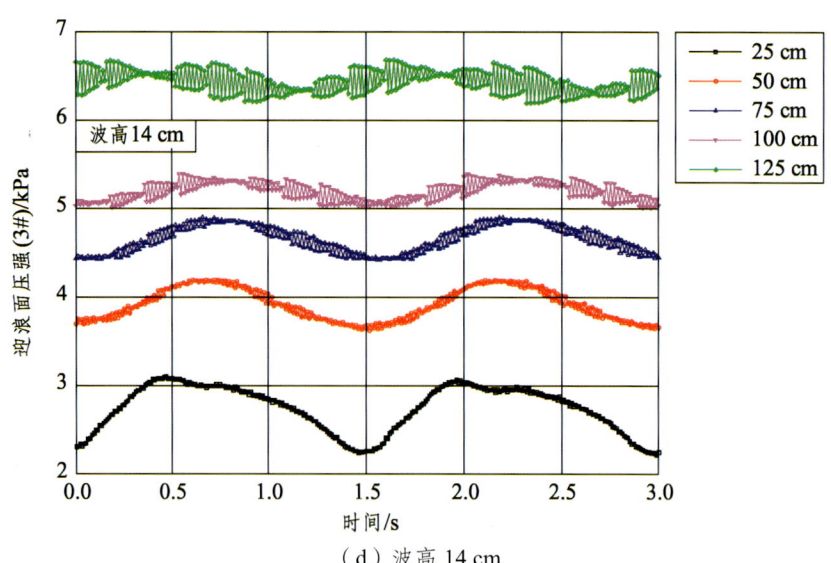

（d）波高 14 cm

5.3 波浪作用下的 SFT 结构响应

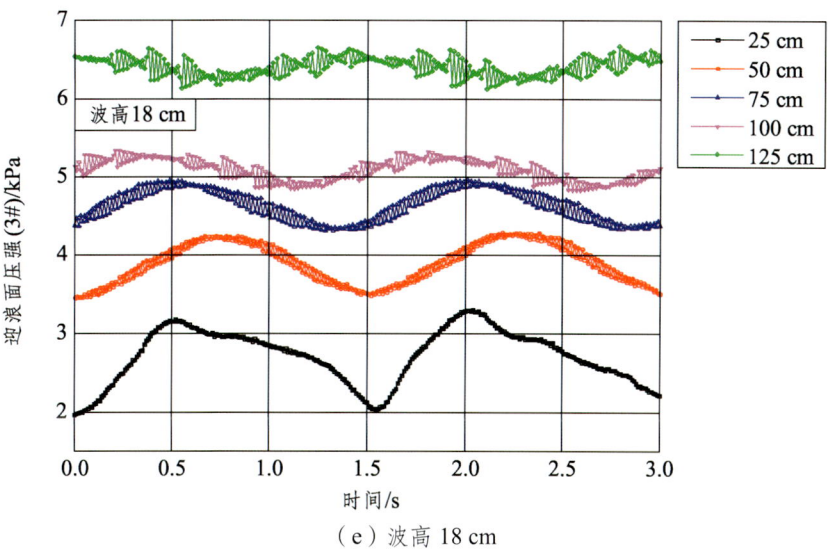

（e）波高 18 cm

图 5-43　不同悬浮水深相同波高下的结构管段压强

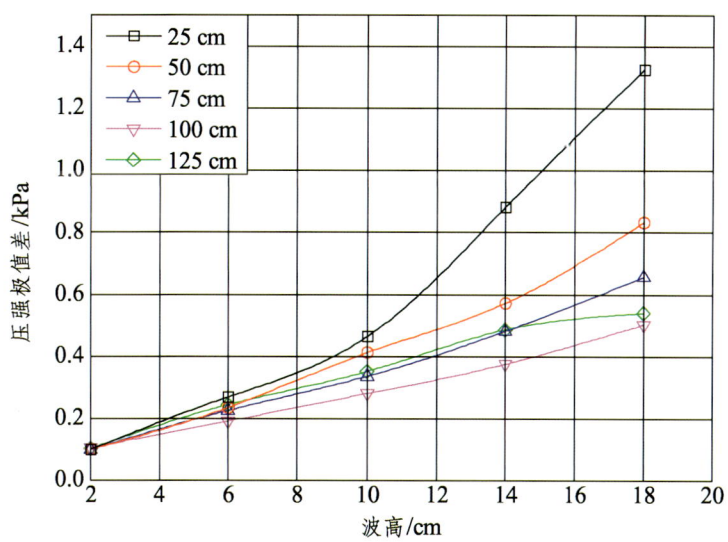

图 5-44　不同悬浮水深压强极值差随波高的变化

第 5 章 波-流耦合作用下悬浮隧道模型实验

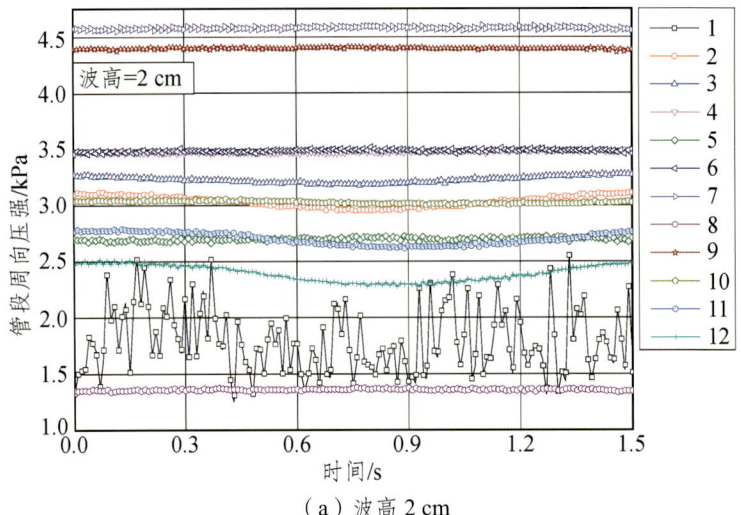

（a）波高 2 cm

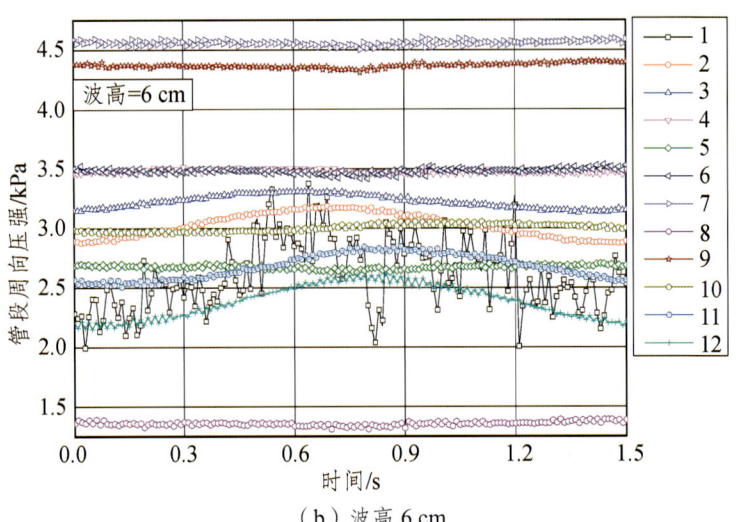

（b）波高 6 cm

5.3 波浪作用下的 SFT 结构响应

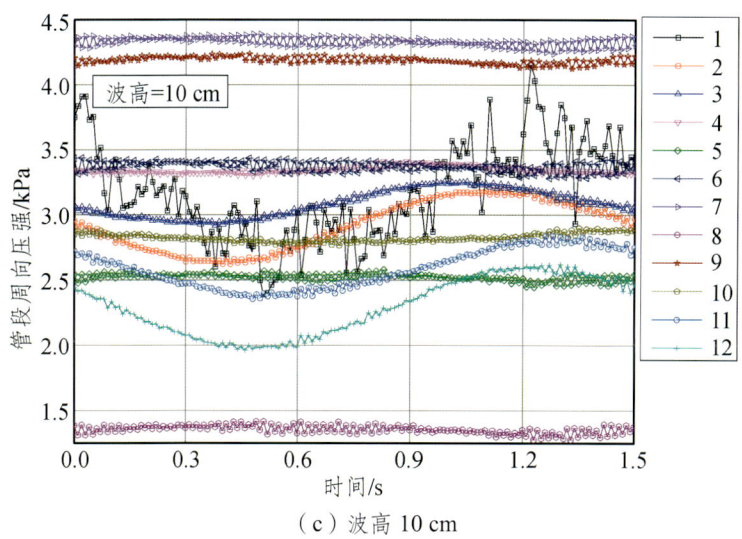

（c）波高 10 cm

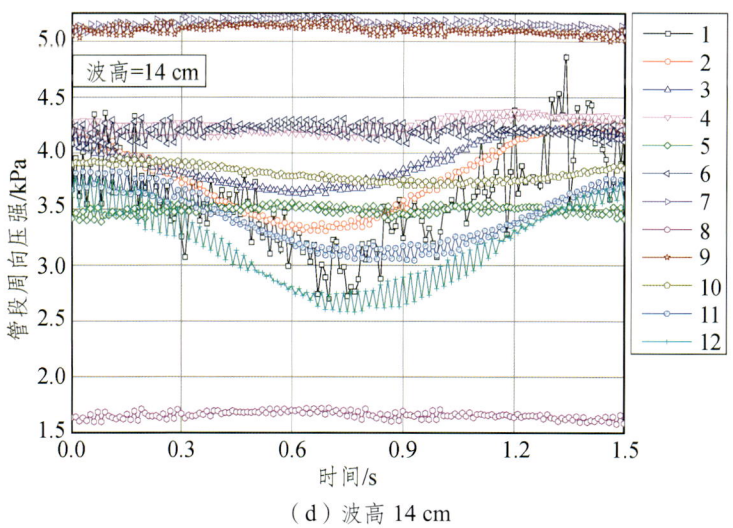

（d）波高 14 cm

第 5 章 波-流耦合作用下悬浮隧道模型实验

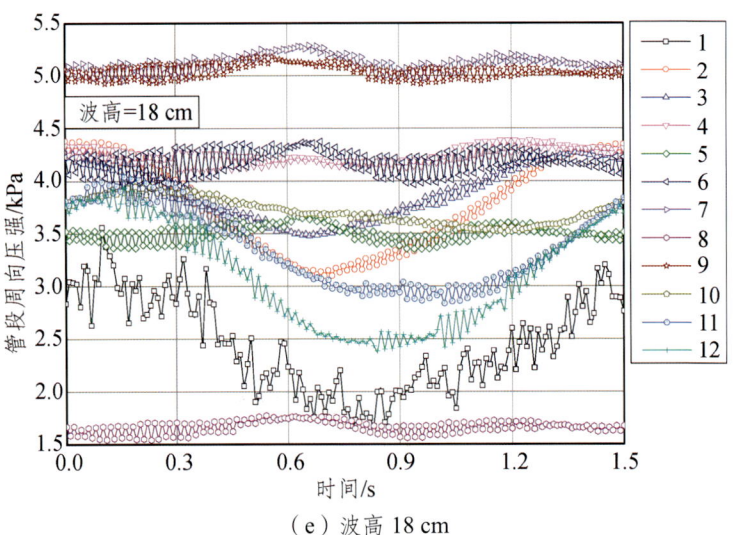

（e）波高 18 cm

图 5-45 断面测点压强随波高的变化

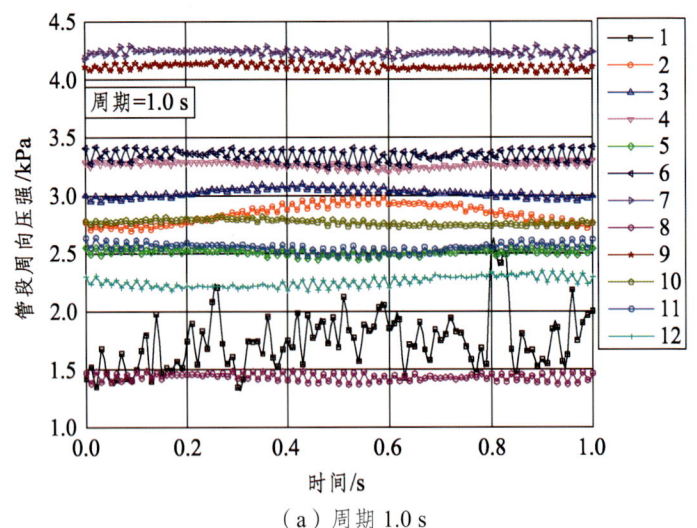

（a）周期 1.0 s

5.3 波浪作用下的 SFT 结构响应

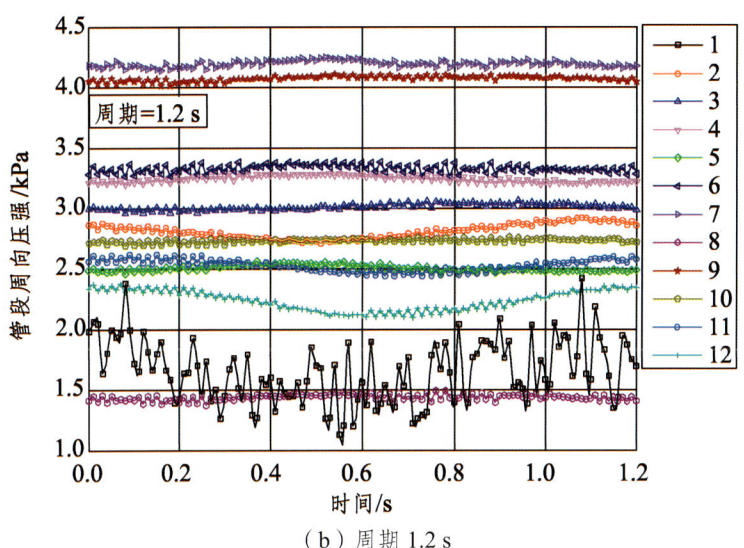

（b）周期 1.2 s

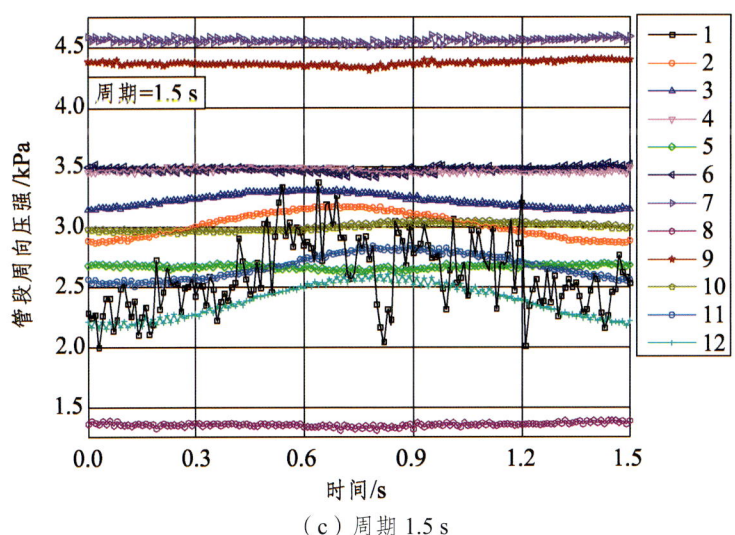

（c）周期 1.5 s

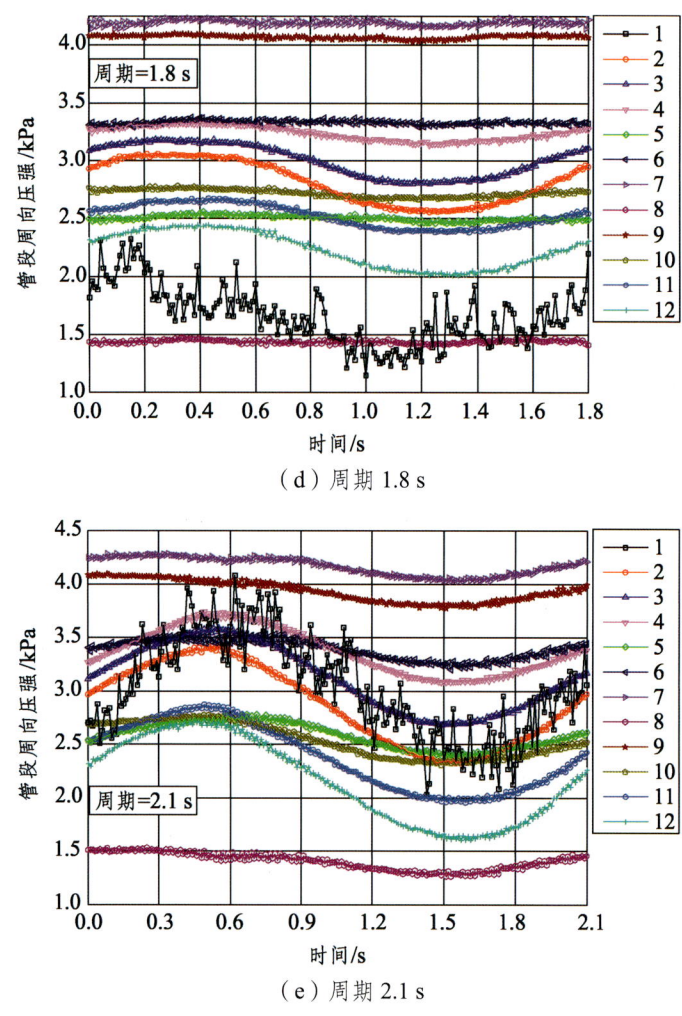

（d）周期1.8 s

（e）周期2.1 s

图 5-46 断面测点压强随周期的变化

进一步看，为了分析波浪作用下 SFT 管段断面压强分布的特性，需考虑 SFT 管段压强相对幅值的变化大小。图 5-47 和图 5-48 所示为断面压强峰值差随波高和周期的变化趋势。从图中可以看出，压强峰值变化最大的位置是 1 号，其次是 12 号、2 号、11 号和 3 号，其余位置的压强峰值差变化均较小。1 号、12 号、2 号和 11 号均位于管段的上表面，受漩涡泄放效应的影响，以上位置的表面流速 $v+v_1$ 大于原有流速 v，形成了柱体垂向表面上的压力差，因此其压强峰值变化较大。而3号处于波浪作用的正面，即迎流面方向，因此其压强峰值差变化也较大。以上压强峰值差变化较大的位置均为结构受波浪荷载的相对不利部位。

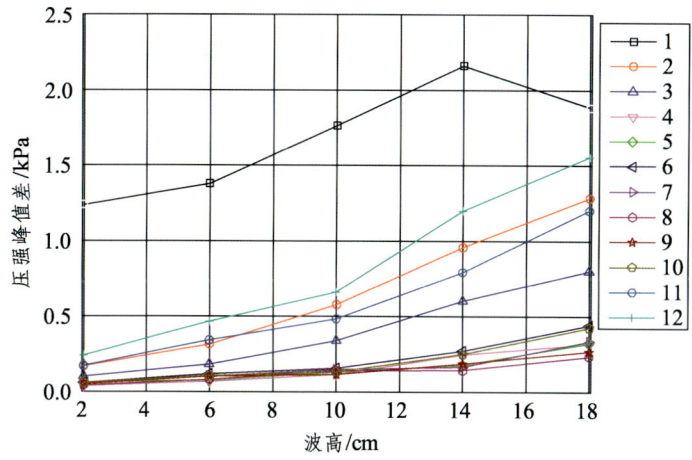

图 5-47　断面压强峰值差随波高的变化

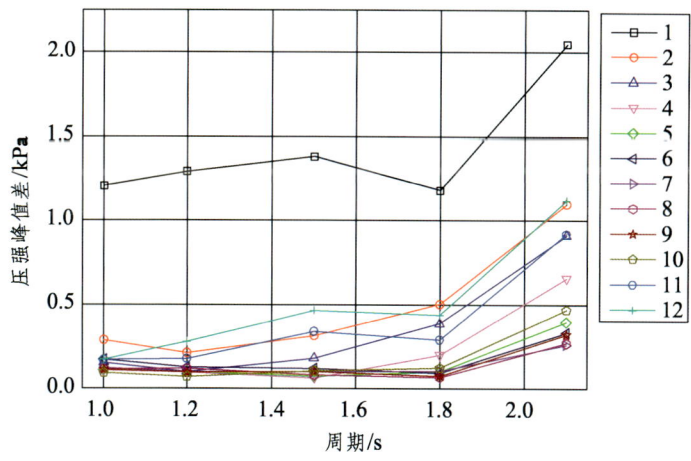

图 5-48　断面压强峰值差随周期的变化

2. 不规则波

（1）管段压强随波高和波浪周期的变化。

为分析 SFT 管段在不规则波作用下的压强特性，保持波浪的周期为 1.5 s

不变，使管段结构的波高在 2 ~ 18 cm 内变化，得到一系列管段迎浪面压强随波高变化的曲线，以 50 cm 悬浮水深工况的典型压强参数迎浪面压强（3#）为例进行分析，如图 5-49 所示。SFT 的管段压强随波高的增大而增大。在小波高时，管段迎浪面压强幅值波动较小，在大波高时，管段的迎浪面压强幅值波动较大。

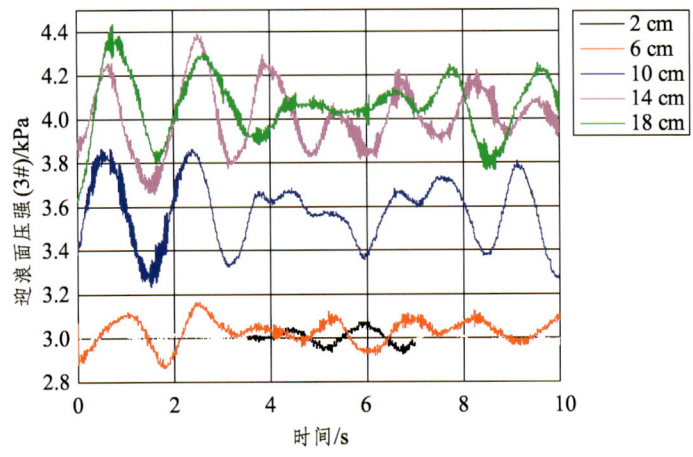

图 5-49　迎浪面压强随波高的变化

在不规则波作用时，保持 SFT 管段的波高为 6 cm，使波浪的周期在 1.0 ~ 2.1 s 内变化，得到管段迎浪面压强随周期而变化的曲线，如图 5-50 所示。由图可知，管段的迎浪面压强峰值随波浪周期的增大而增大。

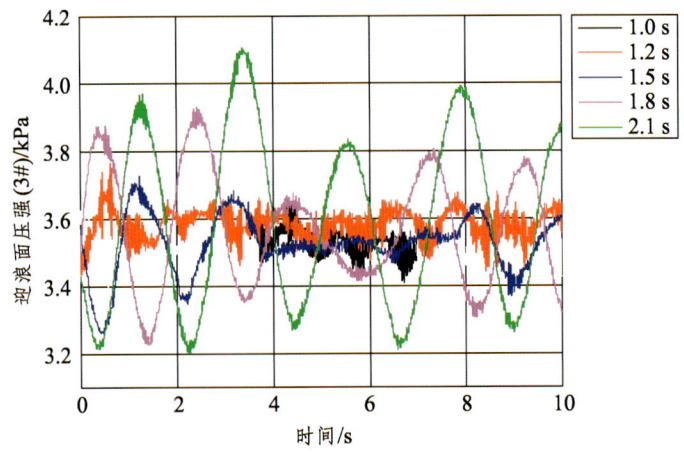

图 5-50　迎浪面压强随周期的变化

5.3 波浪作用下的 SFT 结构响应

（2）管段压强随悬浮水深的变化。

为研究 SFT 管段随悬浮水深的变化规律，保持波浪周期为 1.5 s 不变，而使管段悬浮水深在 25～125 cm 内变化，得到一系列波高下管段迎浪面压强随悬浮水深变化的曲线。以典型管段压强参数（3#）分析 SFT 管段在不规则波作用下随悬浮水深变化的特性，如图 5-51 所示。随着 SFT 的悬浮水深增大，管段所受水压强增大，因此在不同的波高作用下管段的压强绝对值均随悬浮水深的增大而增大。但 SFT 管段压强变化的相对幅值却随水深的增大而减小，主要是随着悬浮水深的增大，波浪对管段的影响反而减小。图 5-52 给出了压强极值差随波高的变化趋势图，SFT 管段压强极值差随波高的增大而增大。同时，管段压强极值差随悬浮水深的增大而逐渐减小。

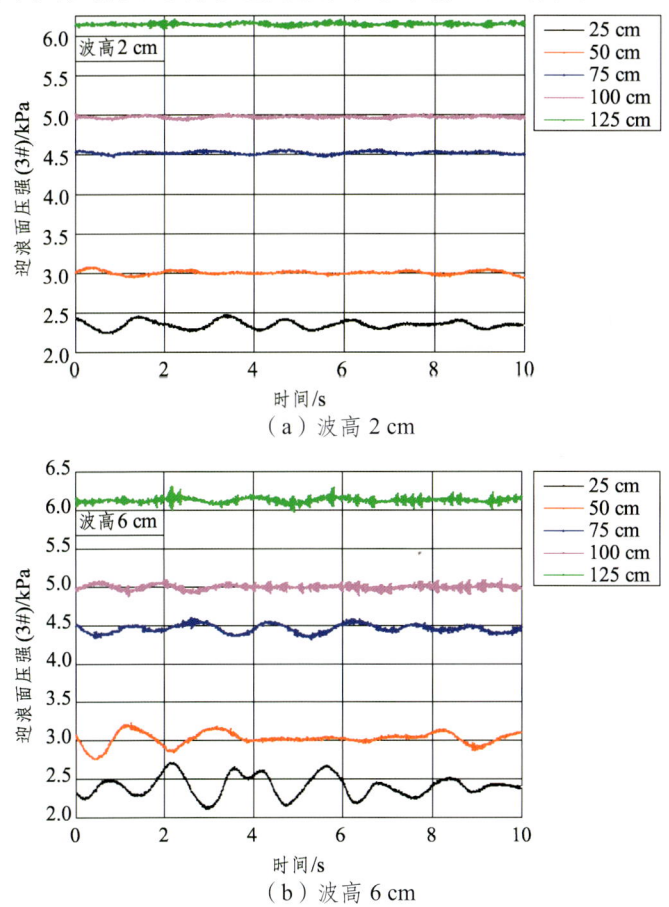

（a）波高 2 cm

（b）波高 6 cm

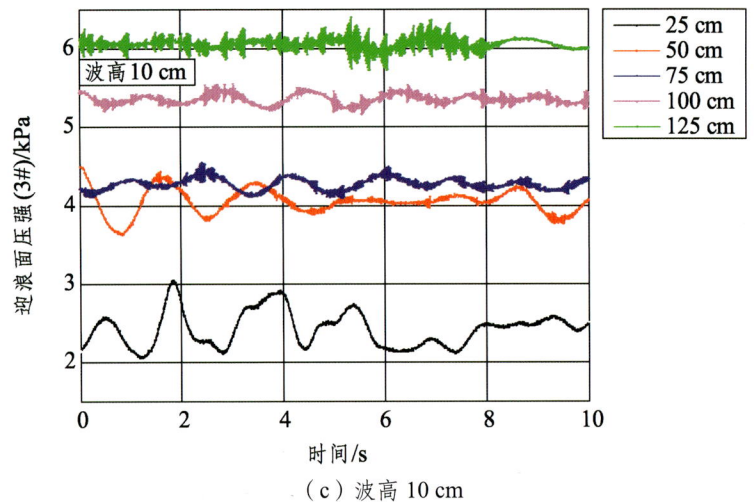

（c）波高 10 cm

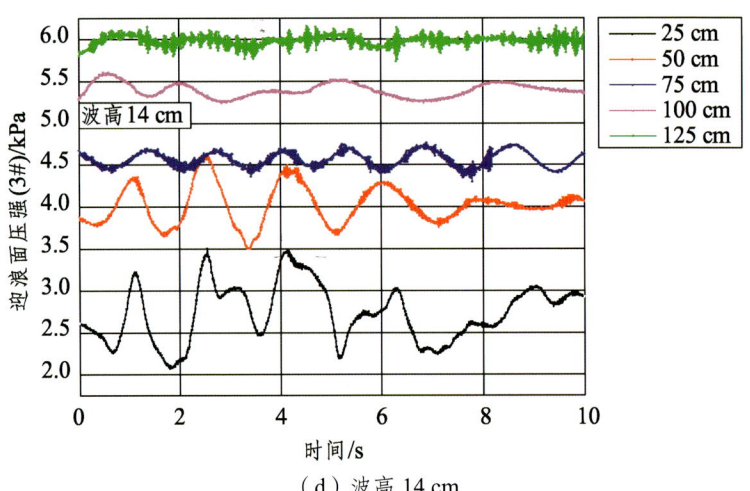

（d）波高 14 cm

5.3 波浪作用下的 SFT 结构响应

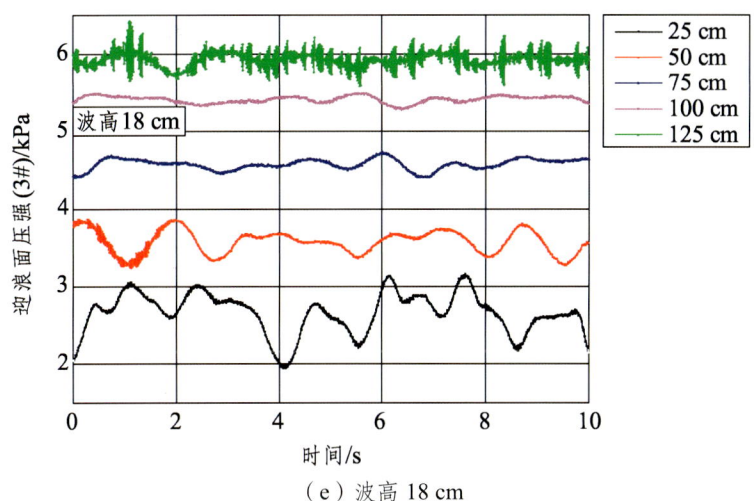

（e）波高 18 cm

图 5-51　不同水深相同不规则波高下的管段压强

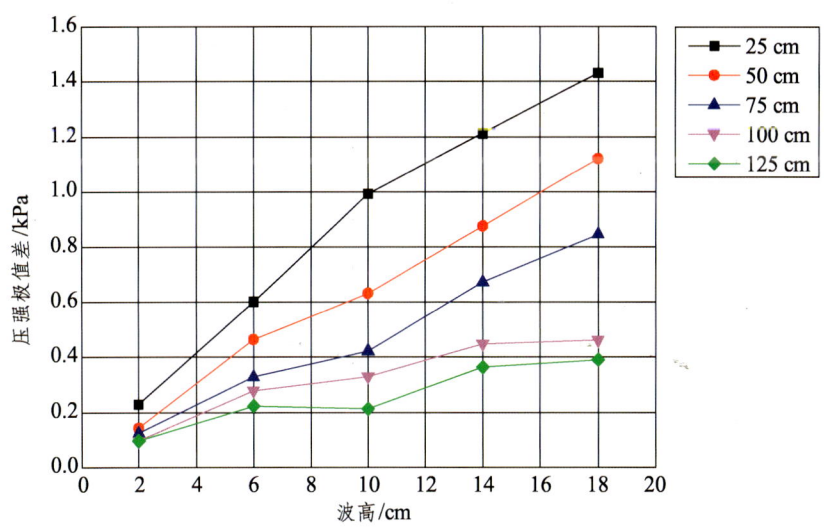

图 5-52　不同悬浮水深压强极值差随波高的变化

5.3.2 锚索张力

1. 规则波

（1）锚索张力随波高和波浪周期的变化。

为分析 SFT 管段在规则波作用下的结构响应，保持波浪的周期为 1.5 s 不变，在周期内改变结构的波高，得到一系列管段锚索张力随波高变化的曲线，以 50 cm 悬浮水深工况的典型参数锚索张力（4#）为例进行分析，如图 5-53 所示。SFT 的管段锚索张力随波高的增大而增大。当波高为 2 cm 时，管段锚索张力幅值变化很小，当波高大于 6 cm 时，管段的锚索张力幅值变化较为显著。同样，在规则波作用时，保持 SFT 管段的波高为 6 cm，使波浪的周期在 1.0～2.1 s 内变化，得到 SFT 管段锚索张力随周期变化的曲线，如图 5-54 所示。SFT 管段的锚索张力峰值随波浪周期的增大而增大。

（2）锚索张力随悬浮水深的变化。

为研究 SFT 管段锚索张力在不同水深下随波高变化的敏感性，保持波浪周期为 1.5 s 不变，而使管段顶部悬浮水深分别在 25～125 cm 内变化，可以得到一系列波高下管段锚索张力随悬浮水深而变化的曲线。在规则波

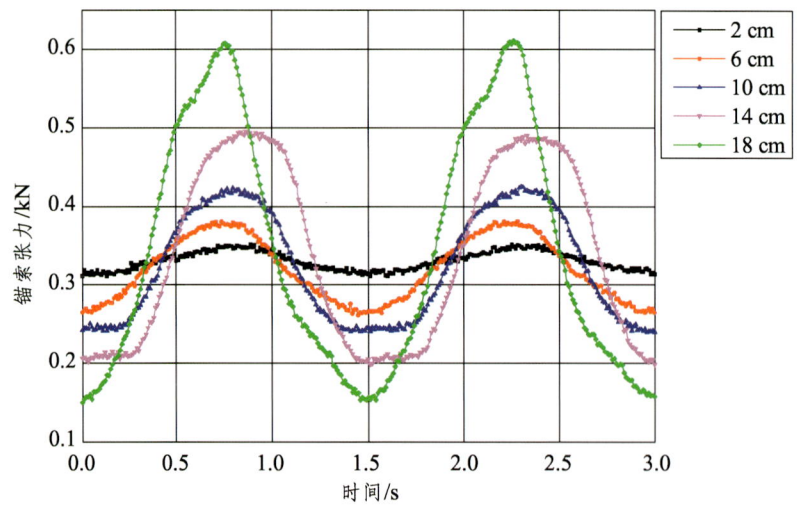

图 5-53　规则波作用时不同波高下的锚索张力变化

5.3 波浪作用下的 SFT 结构响应

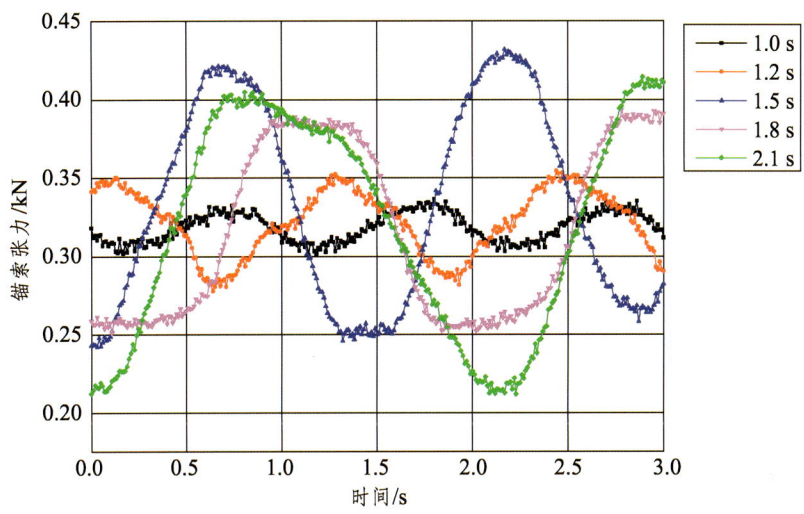

图 5-54　规则波作用时不同周期下的锚索张力变化

作用下，以典型参数锚索张力（4#）分析 SFT 管段随悬浮水深的变化特性，如图 5-55 所示。SFT 管段的锚索张力的变化幅值随水深的增大而减小。图 5-56 是在规则波作用下，不同波高下 SFT 管段的锚索张力极值差变化。SFT 结构锚索张力极值差随管段悬浮水深的增大而减小，在管段悬浮水深为 125 cm 时，SFT 管段锚索张力变化极小。

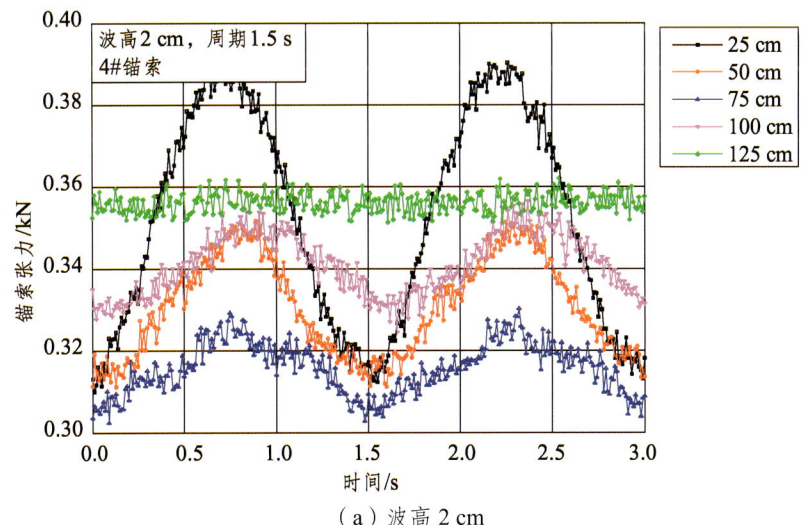

（a）波高 2 cm

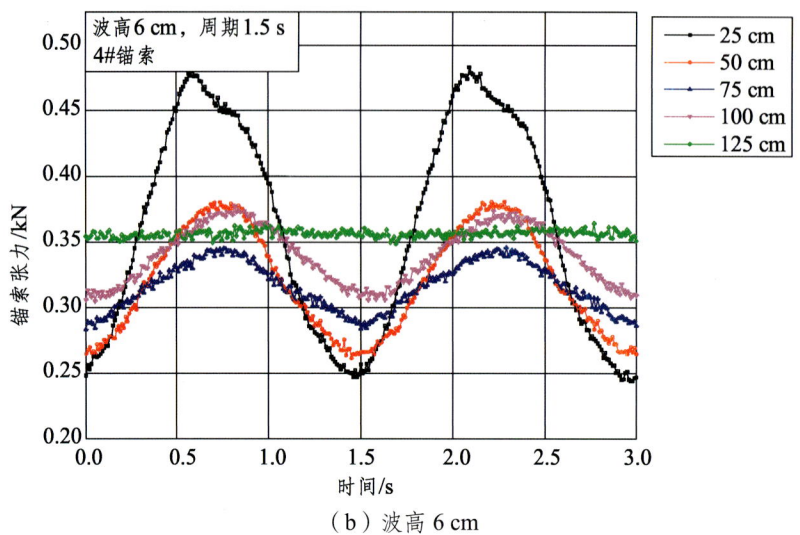

（b）波高 6 cm

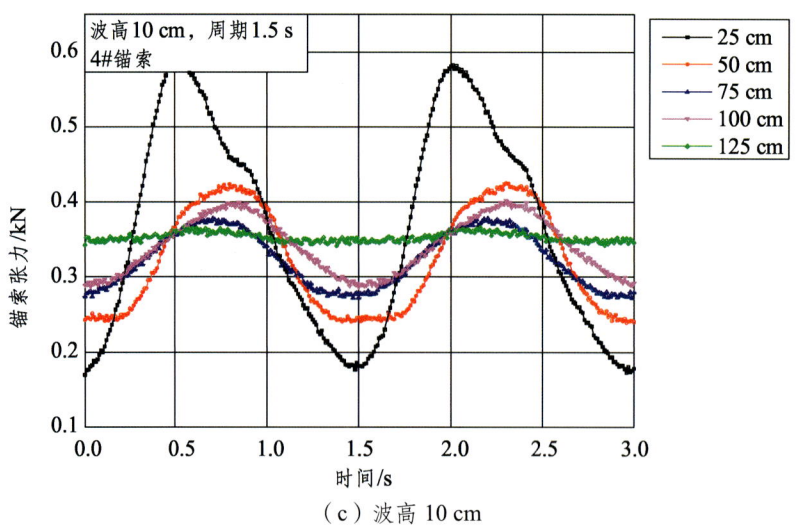

（c）波高 10 cm

5.3 波浪作用下的 SFT 结构响应

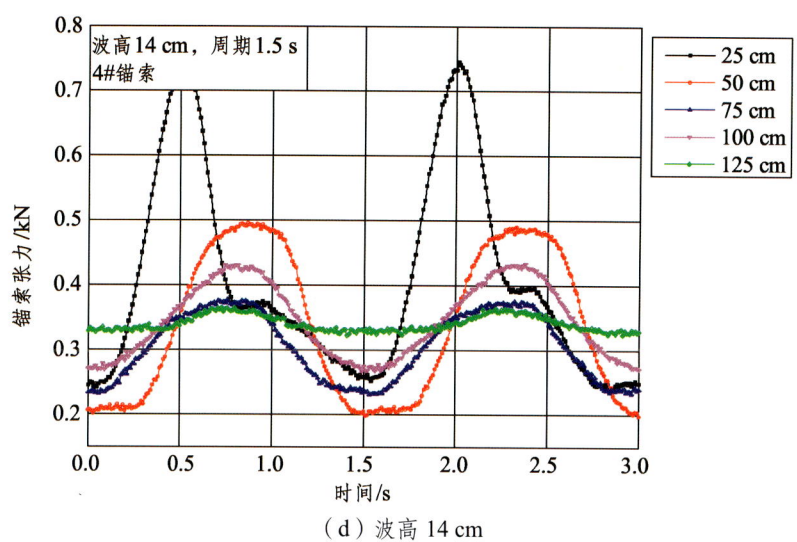

（d）波高 14 cm

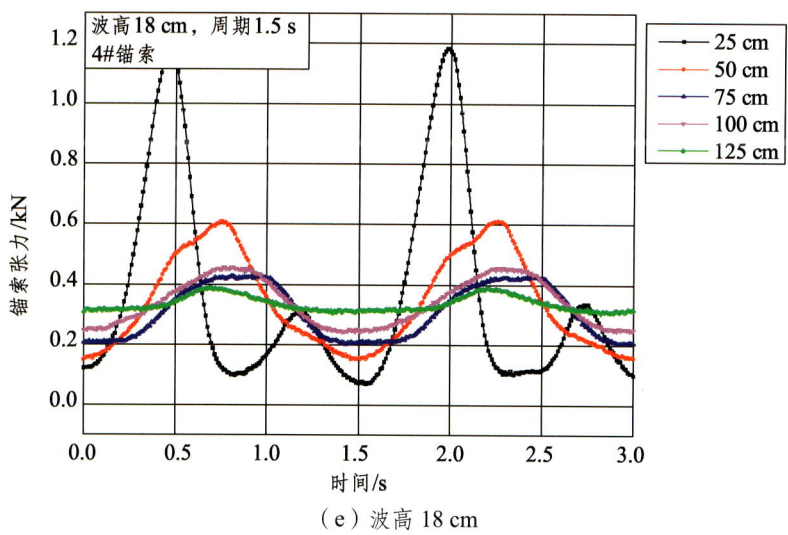

（e）波高 18 cm

图 5-55 锚索张力随波高的变化

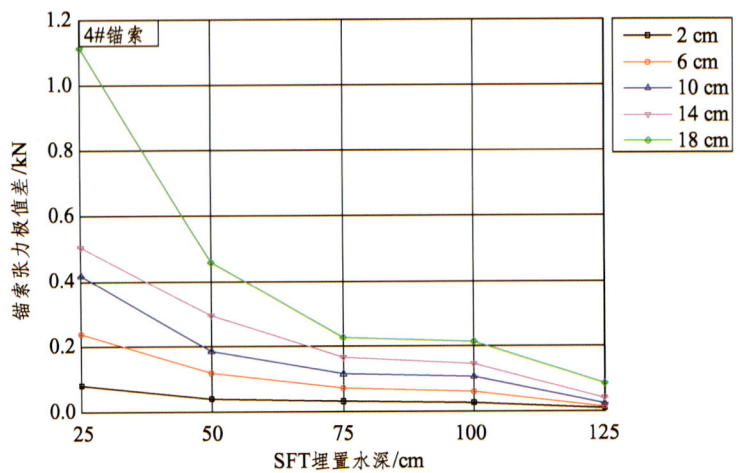

图 5-56　不同波高下的 SFT 管段锚索张力极值差变化

2. 不规则波

（1）锚索张力随波高和波浪周期的变化。

为分析 SFT 管段在不规则波作用下的结构响应，保持波浪的周期为 1.5 s 不变，在周期内改变结构的波高，得到一系列管段锚索张力随波高变化的曲线，以 50 cm 悬浮水深工况的典型参数锚索张力（4#）为例进行分析，如图 5-57 所示。SFT 的管段锚索张力随波高的增大而增大。当波高为 2 cm

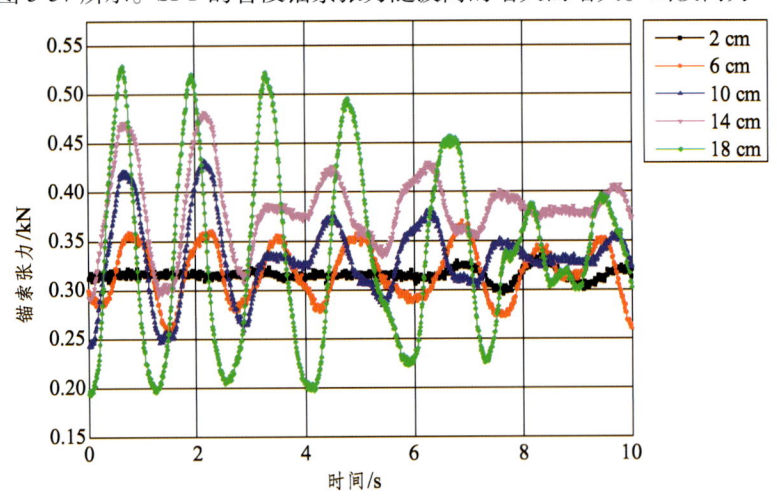

图 5-57　锚索张力随波高的变化

5.3 波浪作用下的 SFT 结构响应

时，锚索张力变化很小，当波高大于 6 cm 时，管段的锚索张力幅值变化较为显著。同样，在规则波作用时，保持 SFT 管段的波高为 6 cm，使波浪的周期在 1.0～2.1 s 内变化，得到锚索张力随周期的变化曲线，如图 5-58 所示。SFT 管段的锚索张力峰值随波浪周期的增大而增大。

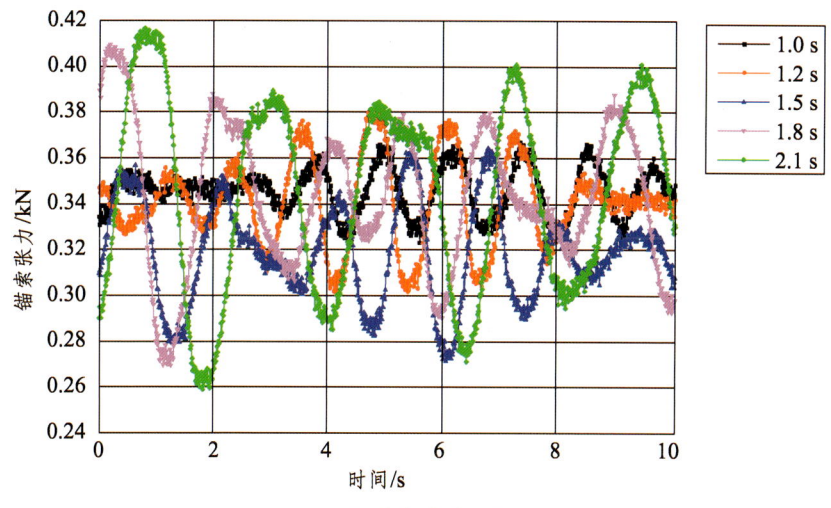

图 5-58　锚索张力随周期的变化

（2）锚索张力随悬浮水深的变化。

在不规则波作用时，为研究 SFT 管段在不同水深下随波高变化的敏感性，保持波浪周期为 1.5 s 不变，而使管段顶部悬浮水深分别在 25～125 cm 内变化，可以得到一系列波高下管段锚索张力随悬浮水深而变化的曲线，以典型参数锚索张力（4#）分析 SFT 管段在不规则波作用下随悬浮水深变化的特性，如图 5-59 所示。SFT 管段的锚索张力的变化幅值随水深的增大而减小。在管段悬浮水深超过 100 cm 时，SFT 管段锚索张力变化幅值明显减小。图 5-60 给出了不规则波作用时，不同波高下 SFT 管段的锚索张力极值差变化。由图可知，SFT 的锚索张力极值差随悬浮水深的增大而逐渐减小，不同悬浮水深的锚索张力极值差均随波高的增大而增大。

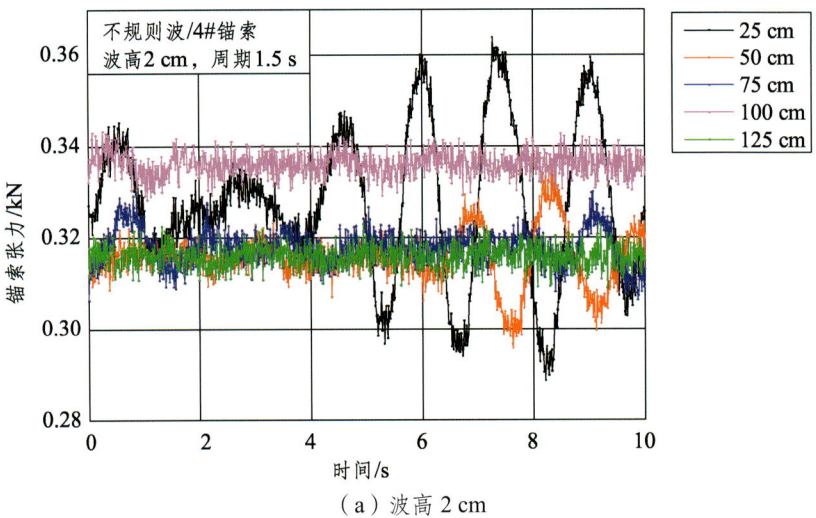

(a)波高 2 cm

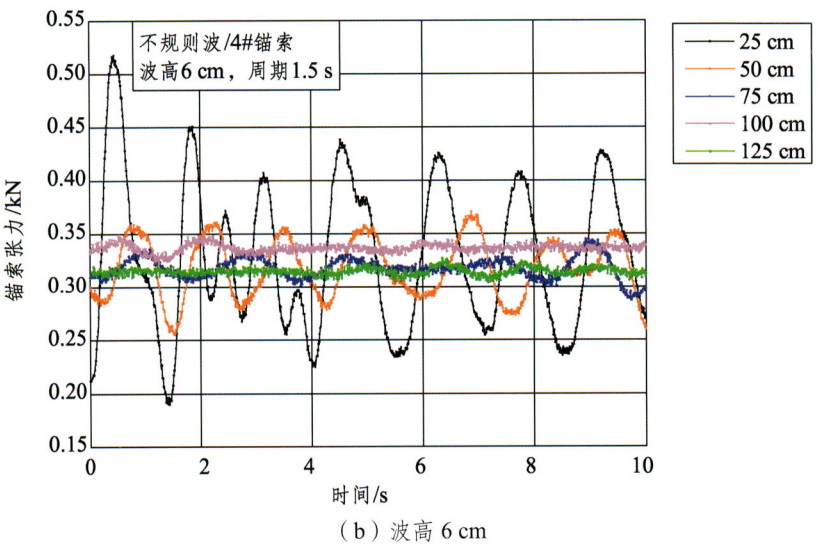

(b)波高 6 cm

5.3 波浪作用下的 SFT 结构响应

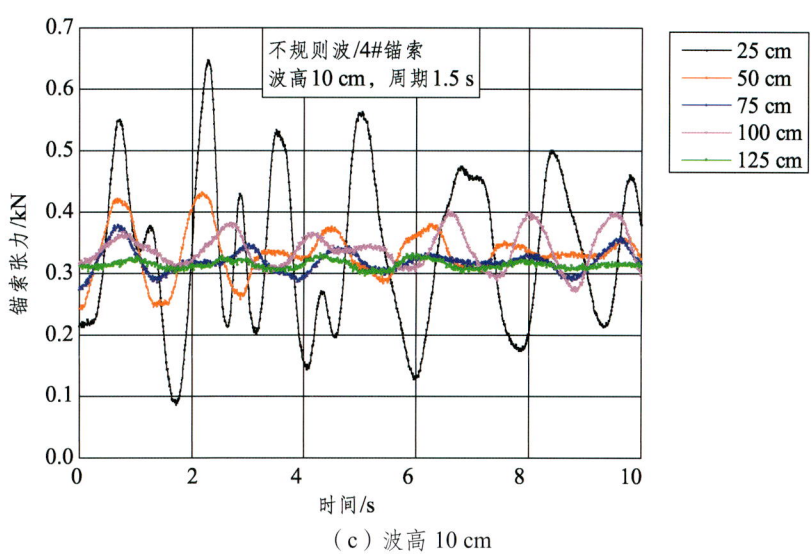

（c）波高 10 cm

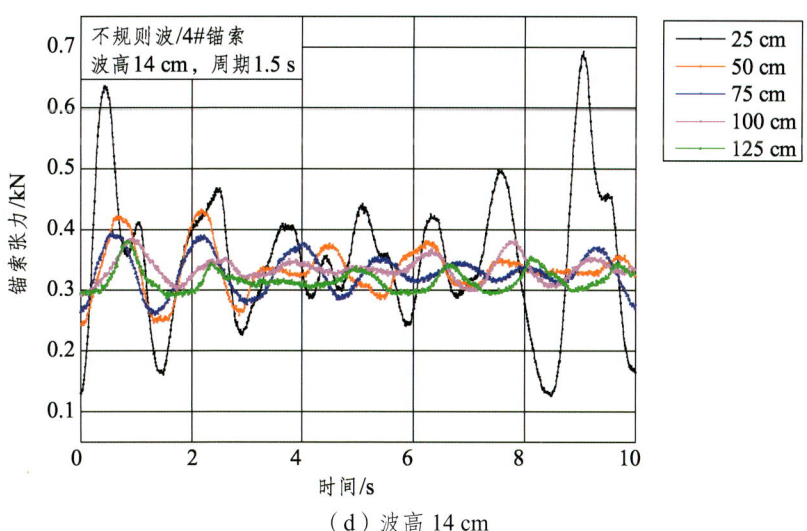

（d）波高 14 cm

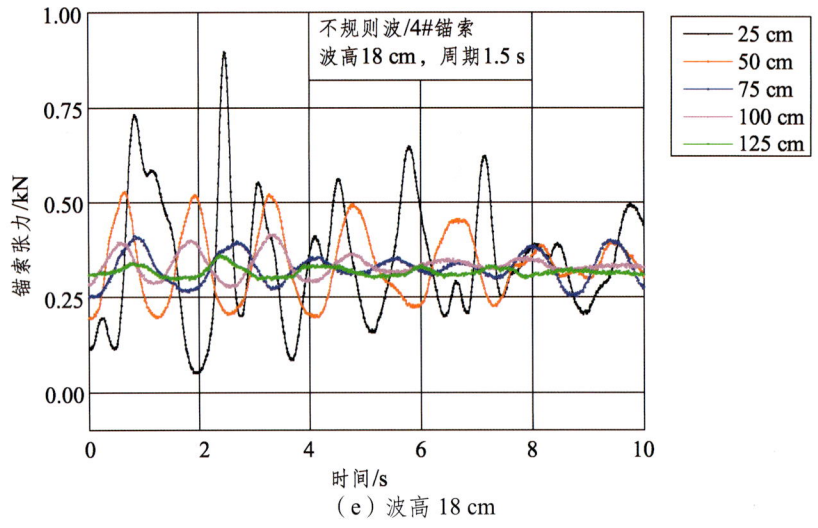

(e) 波高 18 cm

图 5-59　锚索张力随波高变化的时程曲线

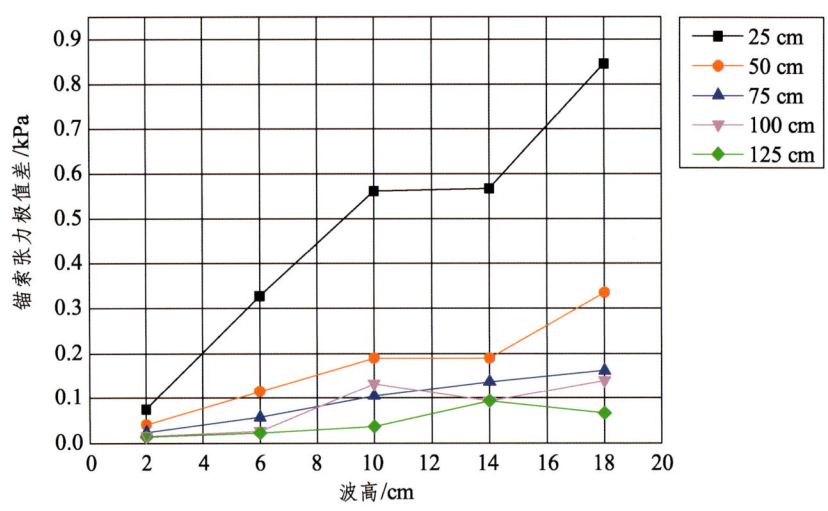

图 5-60　SFT 管段的锚索张力极值差随波高的变化

5.3.3　管段六自由度位移

1. 规则波

（1）管段六自由度位移随流速和波高的变化。

5.3 波浪作用下的 SFT 结构响应

为分析 SFT 管段在规则波作用下的横摇、回转、纵摇、纵移、升沉和横移位移运动特性,以悬浮水深 50 cm 为例进行分析。图 5-61 和图 5-62 是规则波作用下,SFT 管段横摇、回转、纵摇、纵移、升沉和横移位移在不同波高和不同周期下随时间变化的一系列曲线。从模型实验的结果来看,波浪力作用下的动力响应主要集中在横摇、纵移和横移自由度上。由图 5-61 和图 5-62 可以看出,SFT 管段横移、升沉和横摇周期都等于相应的波浪周期,SFT 没有发生共振。

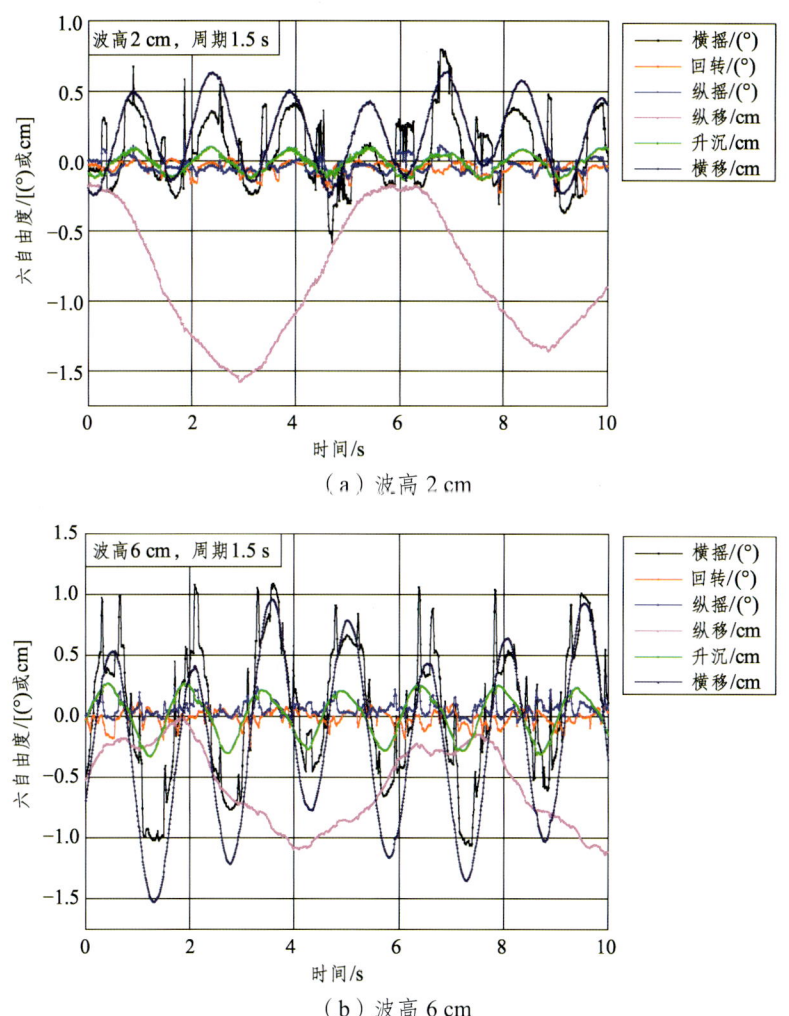

(a) 波高 2 cm

(b) 波高 6 cm

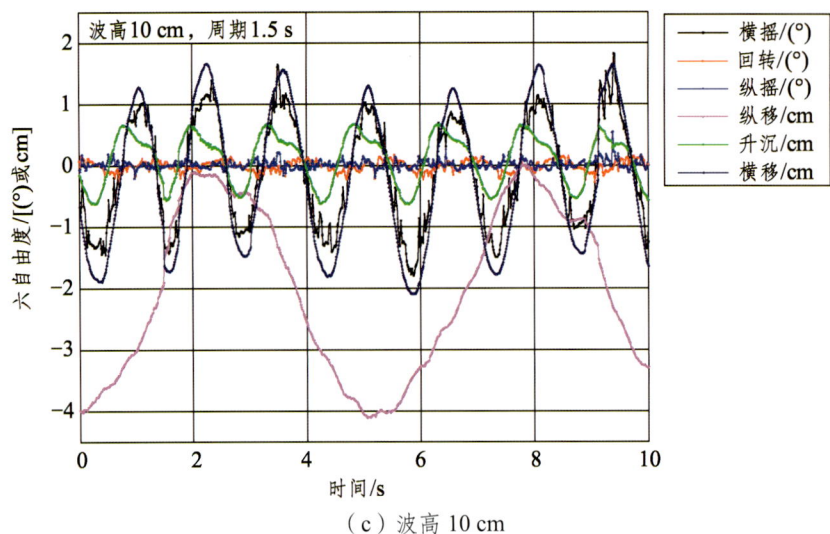

（c）波高 10 cm

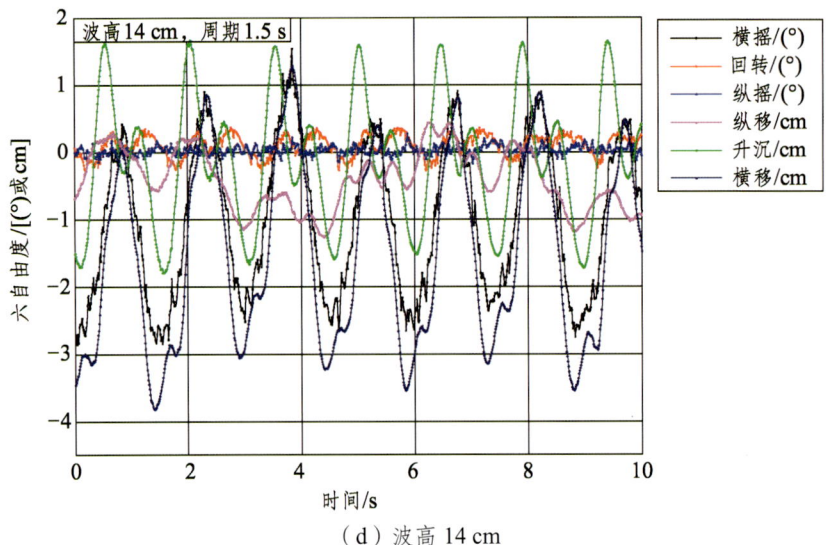

（d）波高 14 cm

5.3 波浪作用下的 SFT 结构响应

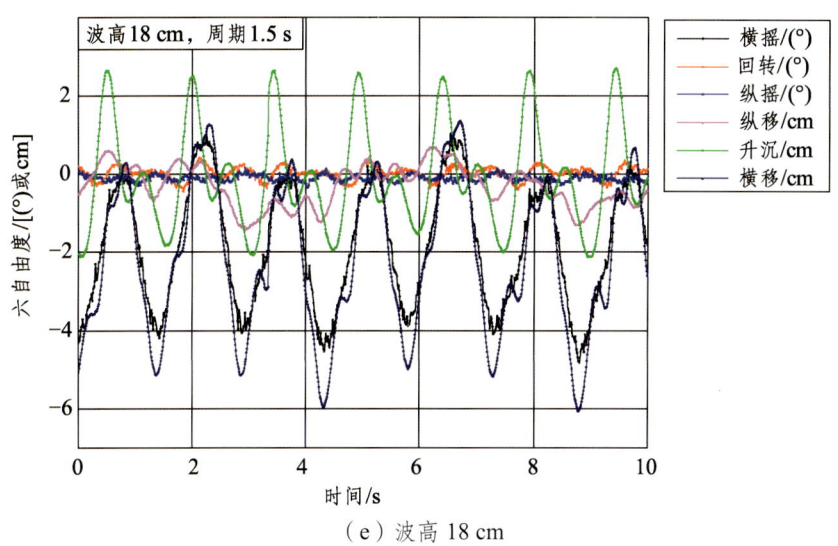

(e) 波高 18 cm

图 5-61　SFT 管段不同波高下的六自由度位移时间曲线

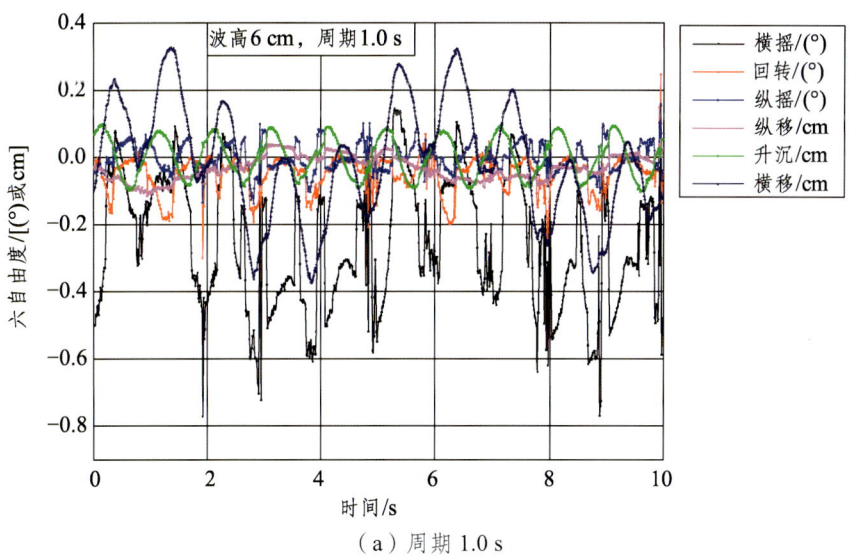

(a) 周期 1.0 s

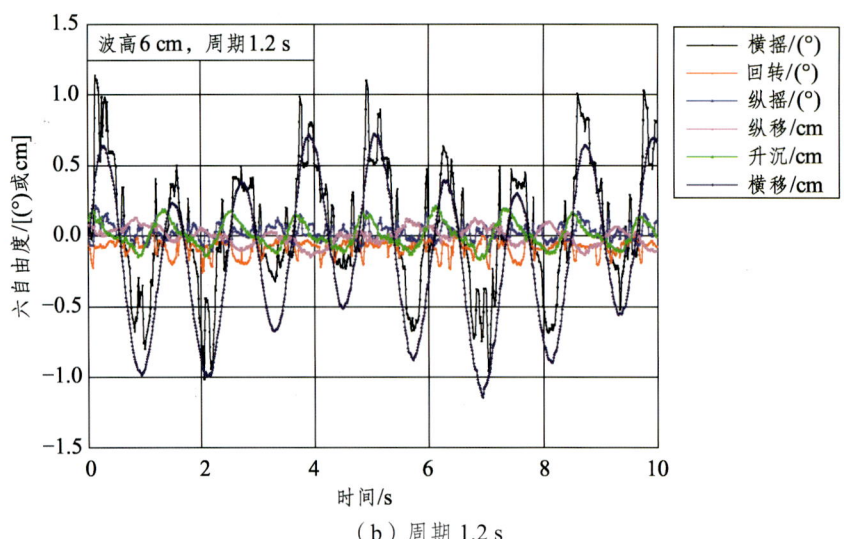

(b) 周期 1.2 s

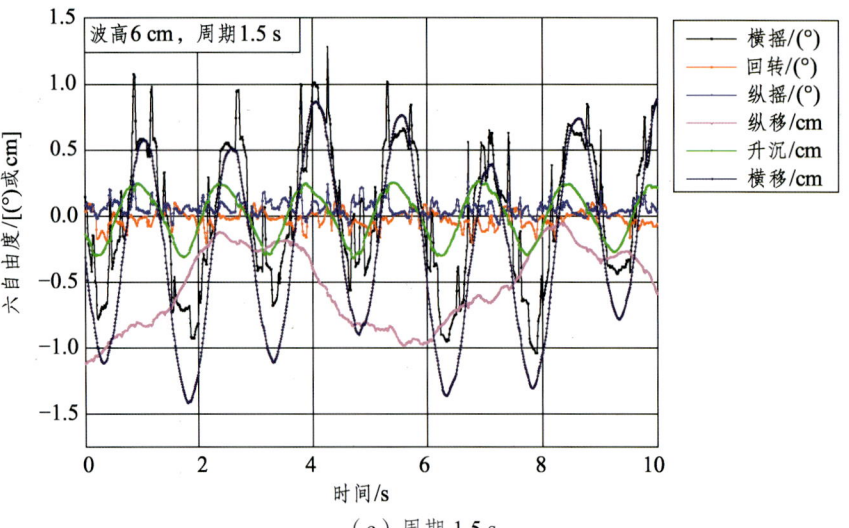

(c) 周期 1.5 s

5.3 波浪作用下的 SFT 结构响应

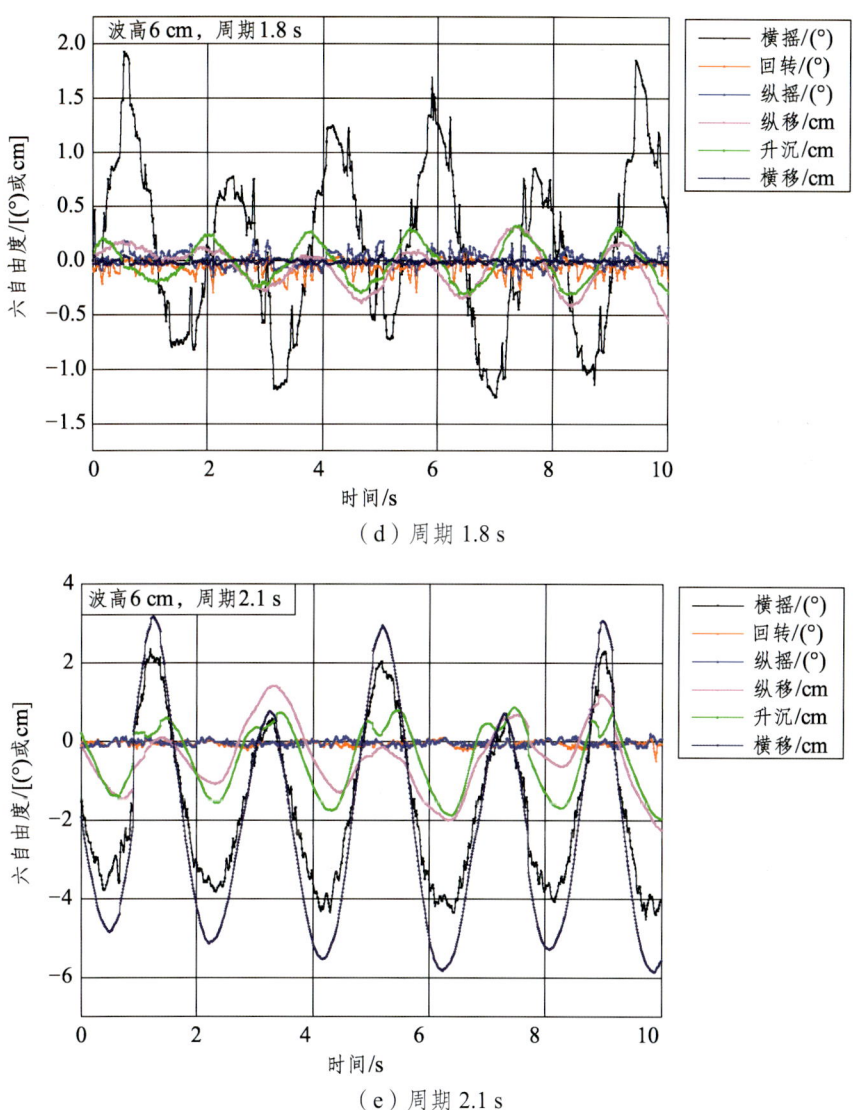

（d）周期 1.8 s

（e）周期 2.1 s

图 5-62　SFT 管段不同周期下的六自由度位移时间曲线

在规则波作用下，我们以波高 2 cm、周期 1.5 s 为例，分析 SFT 管段的典型六自由度位移功率谱，如图 5-63 所示。SFT 的横摇功率谱出现了两个峰值，分别在 0.216 和 0.718 位置。

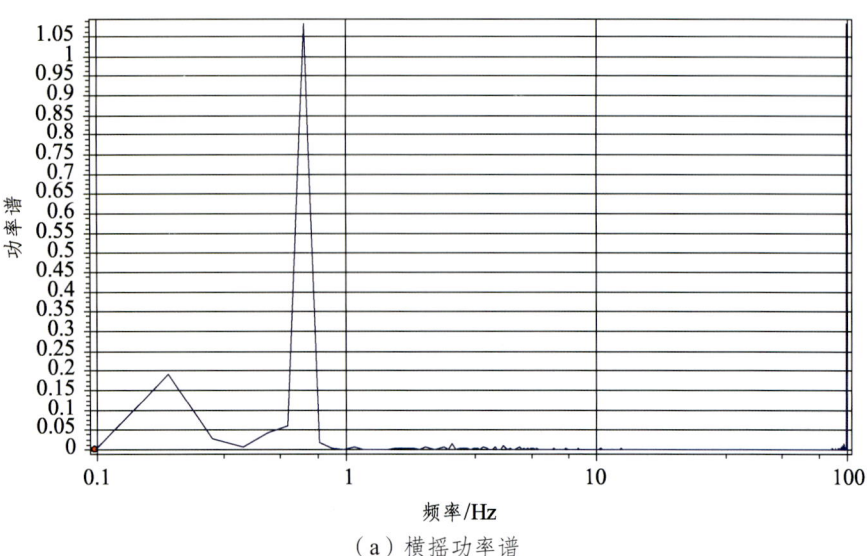

（a）横摇功率谱

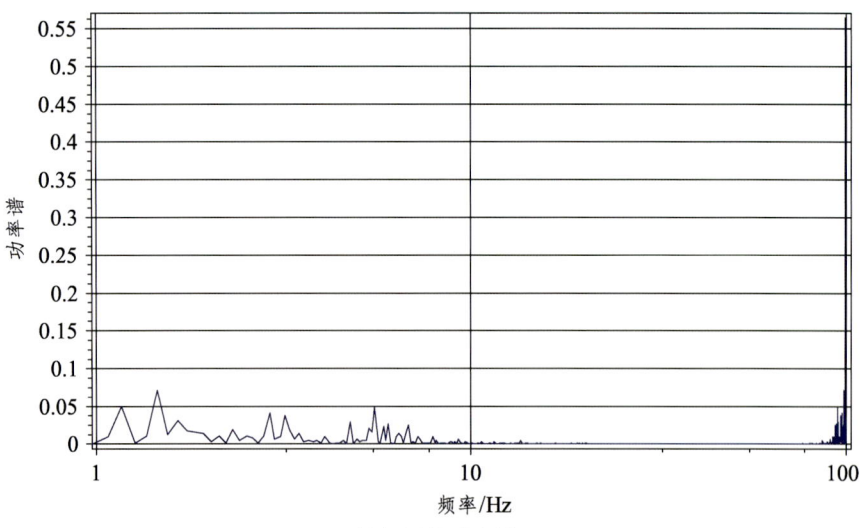

（b）回转功率谱

5.3 波浪作用下的 SFT 结构响应

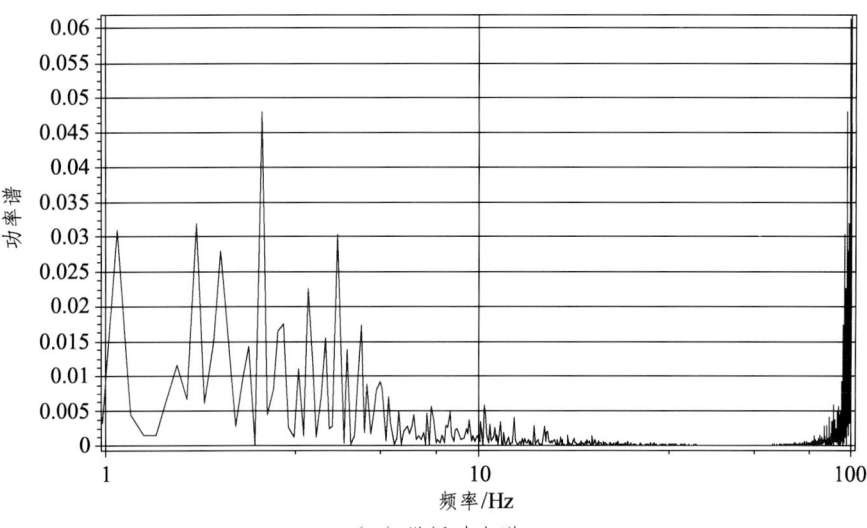

（c）纵摇功率谱

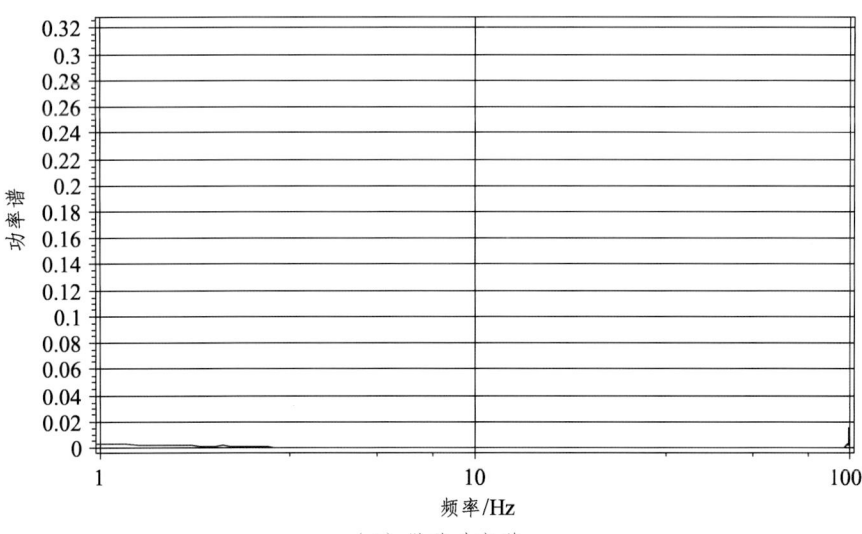

（d）纵移功率谱

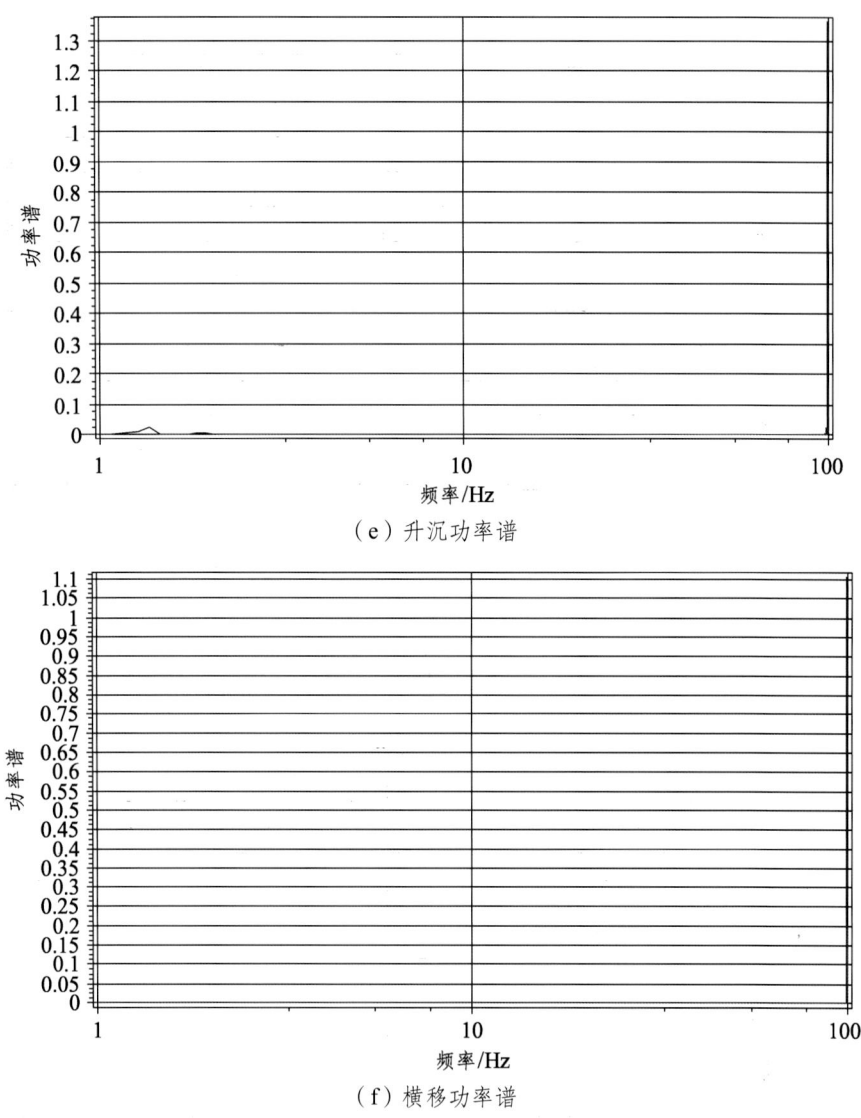

(e)升沉功率谱

(f)横移功率谱

图 5-63　SFT 管段不同波高下的六自由度位移功率谱

(2)管段六自由度位移随悬浮水深的变化。

图 5-64 是规则波作用下，SFT 管段在不同波高下随悬浮水深变化的横移、纵移和升沉位移最大实验值变化情况。SFT 管段的横移、纵移和升沉

最大实验值位移量随悬浮水深的增大而减小，在超过 75 cm（按比尺换算后实际为 30 m）悬浮水深后位移量有明显的减小，这与莫里森方程经验算法的规律性变化结论是一致的。

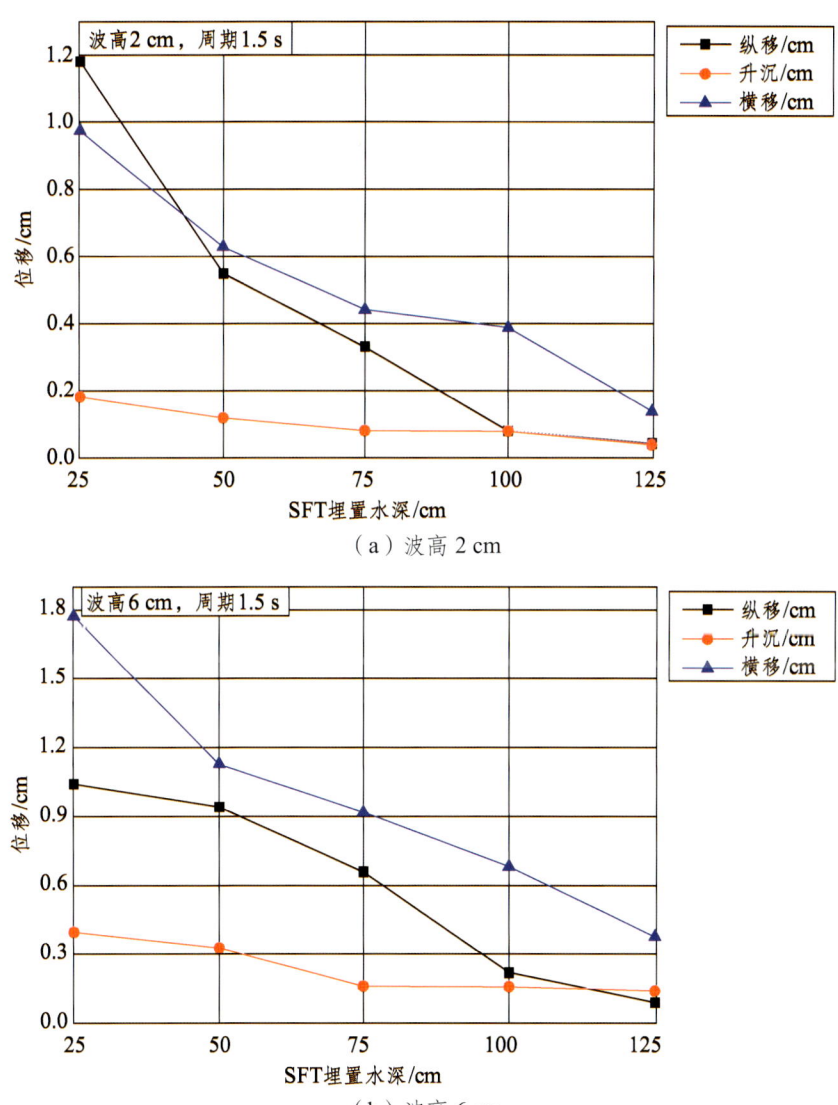

（a）波高 2 cm

（b）波高 6 cm

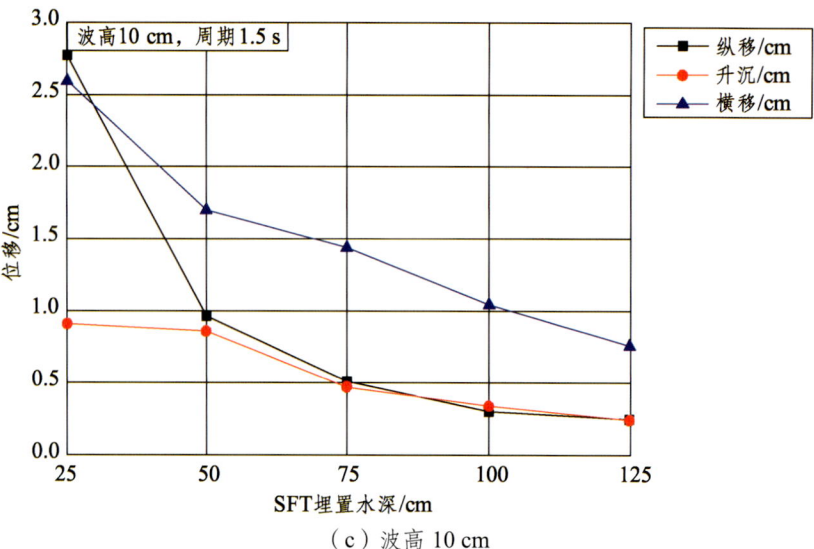

（c）波高 10 cm

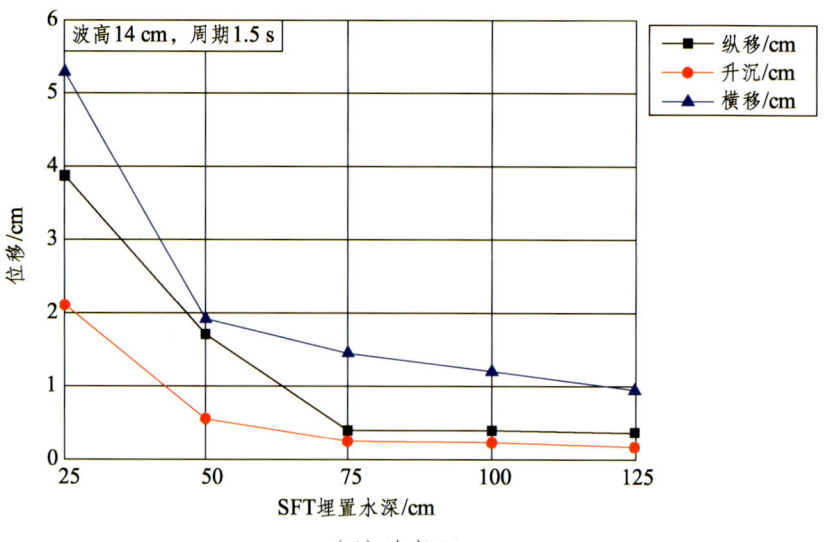

（d）波高 14 cm

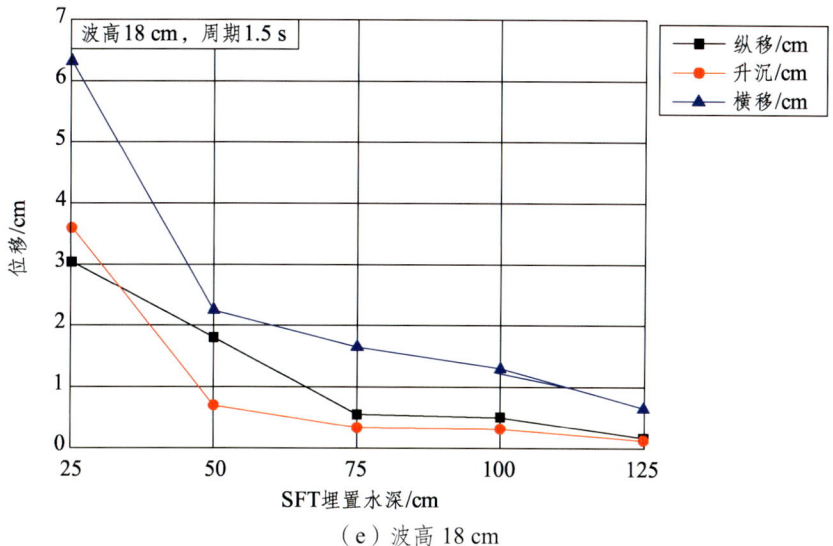

(e) 波高 18 cm

图 5-64　SFT 管段在不同波高下随悬浮水深变化的横移、纵移和升沉位移变化情况

图 5-65 是规则波作用下，SFT 管段在不同周期下随悬浮水深变化的横移、纵移和升沉位移最大实验值变化情况。SFT 管段结构的横移、纵移和升沉位移最大实验值随悬浮水深的增大而减小，在超过 70 cm（按比尺换

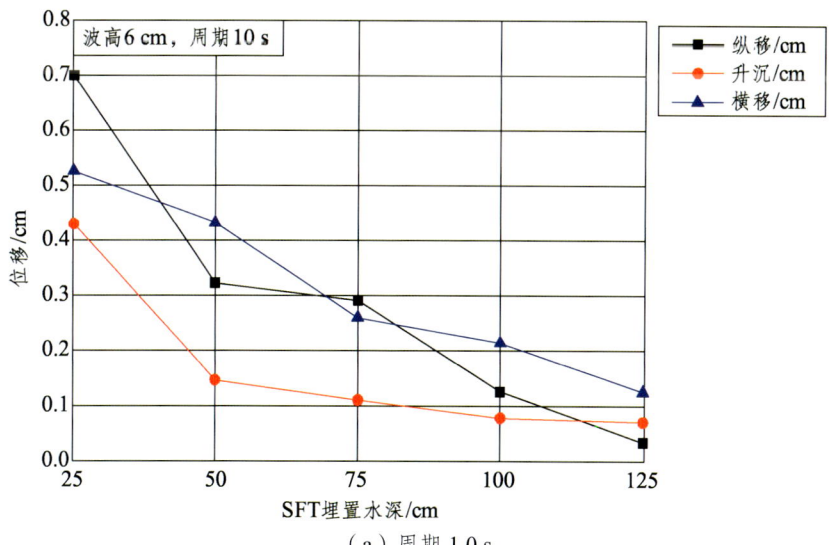

(a) 周期 1.0 s

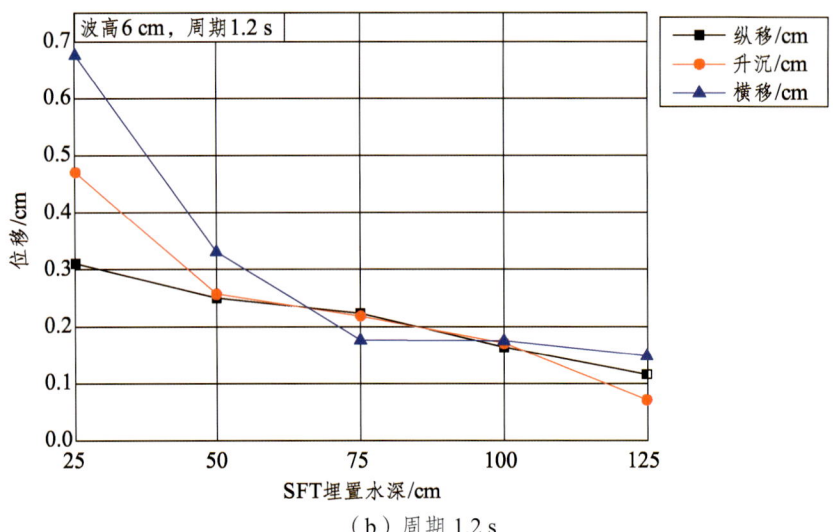

（b）周期 1.2 s

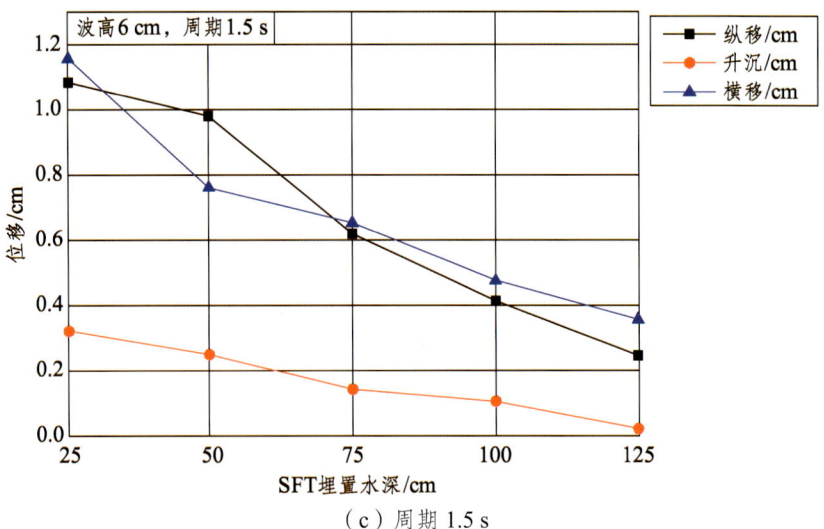

（c）周期 1.5 s

5.3 波浪作用下的 SFT 结构响应

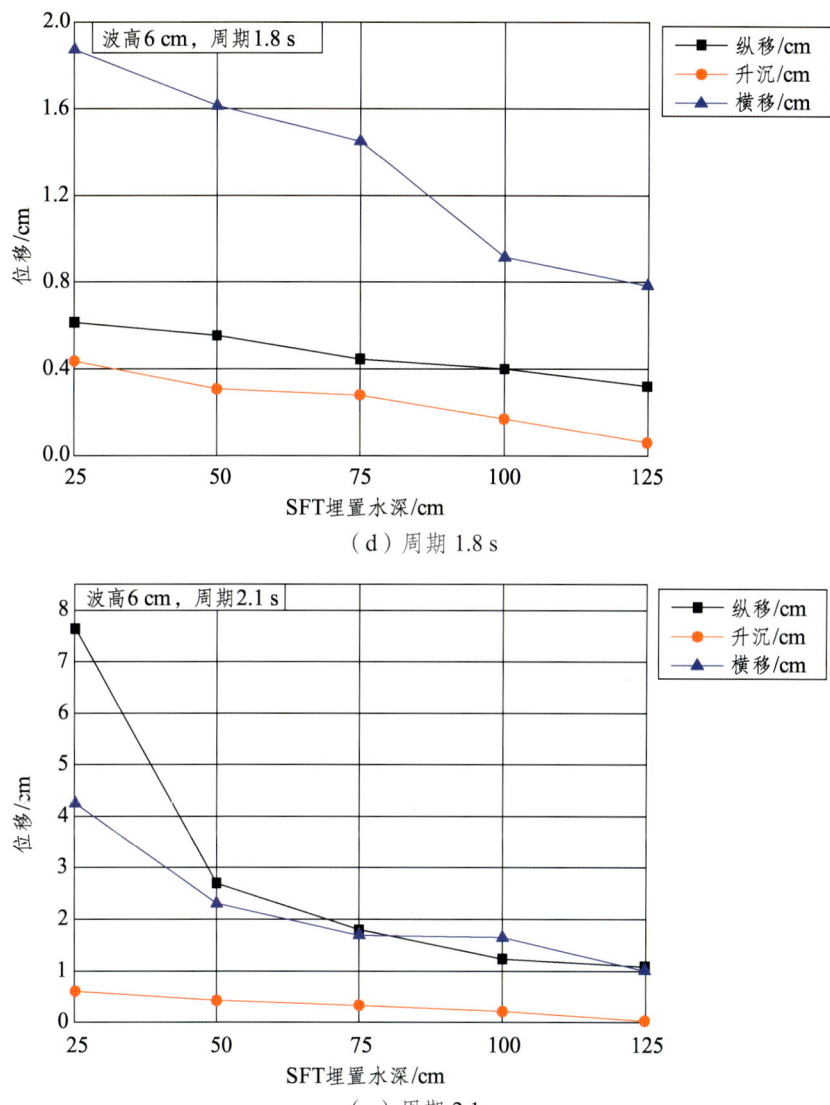

图 5-65 SFT 管段在不同周期下随悬浮水深变化的横移、纵移和升沉位移变化情况

算后实际为 30 m）悬浮水深后位移量有明显的减小，这也是与莫里森方程经验算法的规律性变化结论一致的。

表 5-11 ~ 表 5-15 是规则波作用下 SFT 管段六自由度运动量在不同悬浮水深下的最大实验结果。由图 5-66 和图 5-67 可以看出，在规则波作用下，SFT 管段随波浪波高的增大，横移、纵移和升沉的位移量均有所增大。其中，横移变化最为显著，当波高大于 10 cm 后，横移位移增长速率明显加快。随着波浪周期的增大，横移、纵移和升沉位移值均有所增大；当周期大于 1.8 s 后，横移和纵移位移增长速率明显加快。

表 5-11 规则波作用下 25 cm 悬浮水深各工况 SFT 管段运动量最大值实验结果

H_4%/cm	T/s	横摇 /(°)	回转 /(°)	纵摇 /(°)	纵移 /cm	升沉 /cm	横移 /cm
2	1.5	1.47	0.05	0.25	27.85	372.64	137.32
6	1.5	2.20	0.13	0.22	27.43	372.85	138.12
10	1.5	2.41	0.38	0.80	30.29	373.43	138.94
14	1.5	2.43	0.64	0.52	23.65	374.63	141.63
18	1.5	2.03	1.24	0.62	24.48	376.12	140.67
6	1.0	0.35	0.11	0.13	26.38	373.10	137.90
6	1.2	0.96	0.19	0.16	26.51	373.21	137.32
6	1.5	2.20	0.13	0.22	27.43	372.85	138.12
6	1.8	1.72	0.36	0.30	26.96	373.39	139.34
6	2.1	3.29	1.53	0.15	30.05	375.54	139.32

表 5-12 规则波作用下 50 cm 悬浮水深各工况 SFT 管段运动量最大值实验

H_4%/cm	T/s	横摇 /(°)	回转 /(°)	纵摇 /(°)	纵移 /cm	升沉 /cm	横移 /cm
2	1.5	0.77	0.33	0.42	145.65	56.25	− 17.58
6	1.5	1.13	0.26	0.66	145.51	56.33	− 17.08
10	1.5	2.45	0.15	0.82	145.43	56.51	− 16.51
14	1.5	0.79	1.08	0.49	146.18	55.92	− 17.01
18	1.5	1.32	1.04	0.54	146.27	56.50	− 16.56
6	1.0	1.79	0.11	0.77	145.59	56.16	− 17.71
6	1.2	1.90	0.14	0.44	145.14	56.30	− 17.56
6	1.5	1.13	0.26	0.66	145.51	56.33	− 17.08
6	1.8	2.13	− 0.00	0.37	145.21	56.39	− 16.62
6	2.1	4.86	0.16	0.69	145.98	56.50	− 16.54

5.3 波浪作用下的 SFT 结构响应

表 5-13　规则波作用下 75 cm 悬浮水深各工况 SFT 管段运动量最大值实验

$H_4\%$/cm	T/s	横摇/(°)	回转/(°)	纵摇/(°)	纵移/cm	升沉/cm	横移/cm
2	1.5	0.79	−0.09	0.11	145.40	29.46	−18.32
6	1.5	2.69	0.70	1.01	146.30	29.82	−17.79
10	1.5	4.55	2.37	5.22	145.66	30.28	−15.47
14	1.5	1.20	1.34	1.21	145.76	29.98	−16.79
18	1.5	1.67	1.62	0.56	145.91	30.12	−16.46
6	1.0	2.70	1.41	1.22	145.61	29.93	−18.29
6	1.2	1.75	1.44	3.72	145.63	29.97	−18.22
6	1.5	2.69	0.70	1.01	146.30	29.82	−17.79
6	1.8	0.70	0.67	0.11	145.72	29.67	−17.10
6	2.1	9.73	1.21	1.86	148.02	29.71	−4.30

表 5-14　规则波作用下 100 cm 悬浮水深各工况 SFT 管段运动量最大值实验

$H_4\%$/cm	T/s	横摇/(°)	回转/(°)	纵摇/(°)	纵移/cm	升沉/cm	横移/cm
2	1.5	0.47	0.35	0.51	146.06	5.80	18.54
6	1.5	0.80	0.47	0.73	146.17	5.78	−18.30
10	1.5	1.15	0.47	0.93	146.02	5.86	−17.94
14	1.5	1.19	0.82	1.62	146.22	6.20	−17.60
18	1.5	−0.71	0.01	−0.01	145.67	5.74	−19.63
6	1.0	1.10	0.39	0.91	146.08	5.75	−18.56
6	1.2	1.19	0.73	1.15	145.98	5.81	−18.60
6	1.5	0.80	0.47	0.73	146.17	5.78	−18.30
6	1.8	0.78	1.41	2.19	146.31	5.92	−17.86
6	2.1	14.73	0.46	0.57	153.40	6.24	3.38

第 5 章 波-流耦合作用下悬浮隧道模型实验

表 5-15 规则波作用下 125 cm 悬浮水深各工况 SFT 管段运动量最大值实验

H_4/cm	T/s	横摇 /(°)	回转 /(°)	纵摇 /(°)	纵移 /cm	升沉 /cm	横移 /cm
2	1.5	0.79	0.40	0.61	145.09	−19.91	−18.72
6	1.5	1.09	0.65	0.61	145.23	−19.85	−18.48
10	1.5	1.50	0.95	1.40	145.26	−19.52	−18.10
14	1.5	1.79	0.67	0.69	145.38	−19.76	−17.91
18	1.5	1.85	0.61	0.63	145.51	−19.68	−17.56
6	1.0	1.91	0.58	0.70	145.11	−19.80	−18.71
6	1.2	1.90	0.58	0.68	145.10	−19.80	−18.66
6	1.5	1.09	0.65	0.61	145.23	−19.85	−18.48
6	1.8	1.26	0.36	0.46	145.43	−19.81	−18.05
6	2.1	1.57	0.48	0.11	146.22	−19.84	−16.53

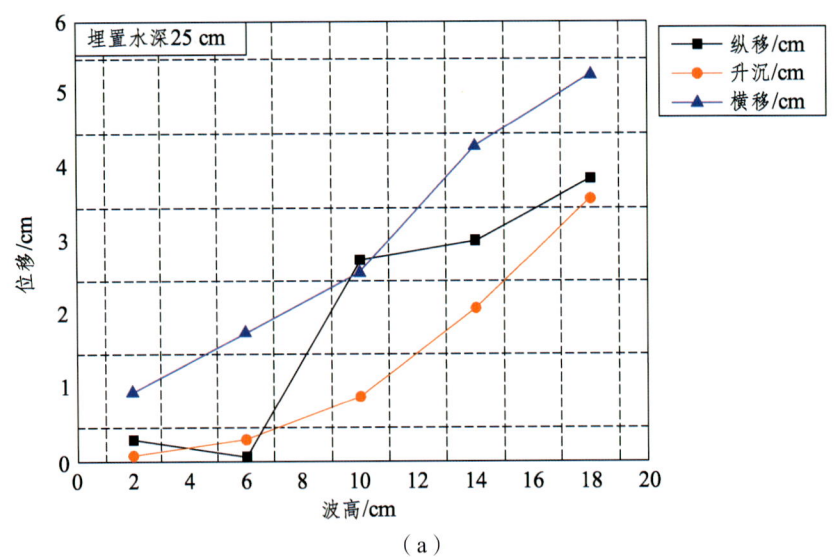

(a)

5.3 波浪作用下的 SFT 结构响应

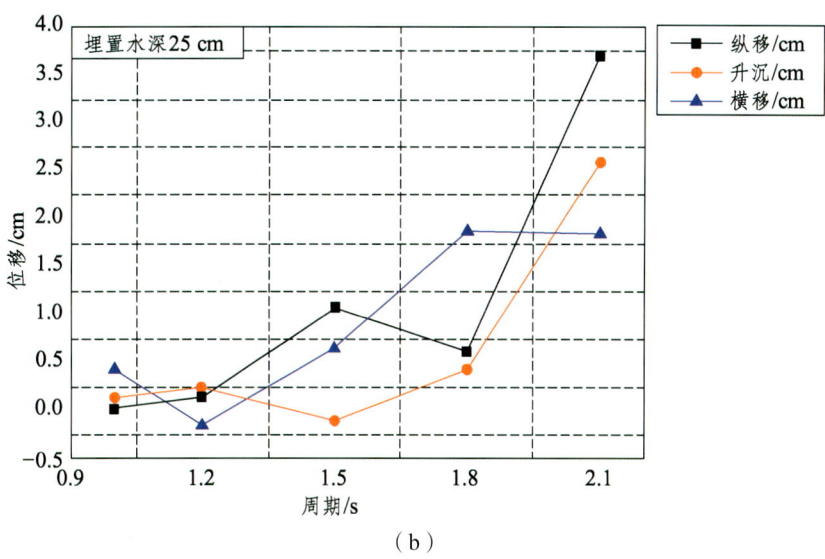

(b)

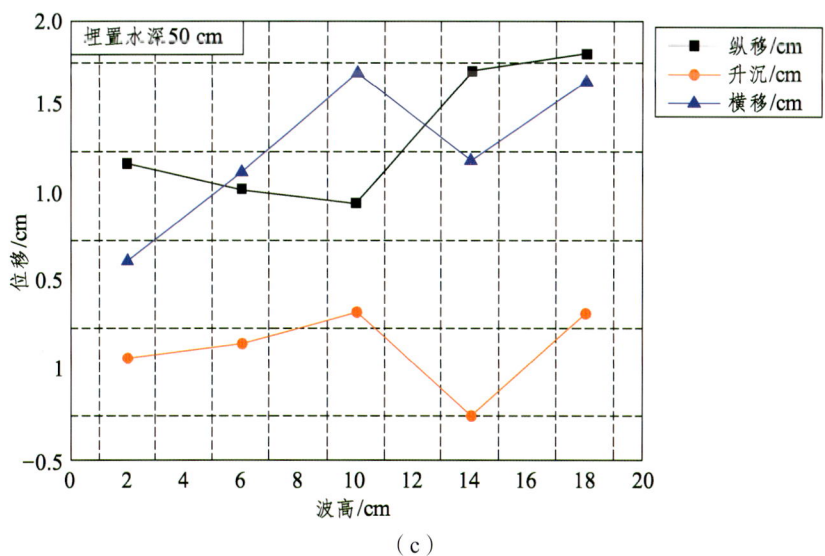

(c)

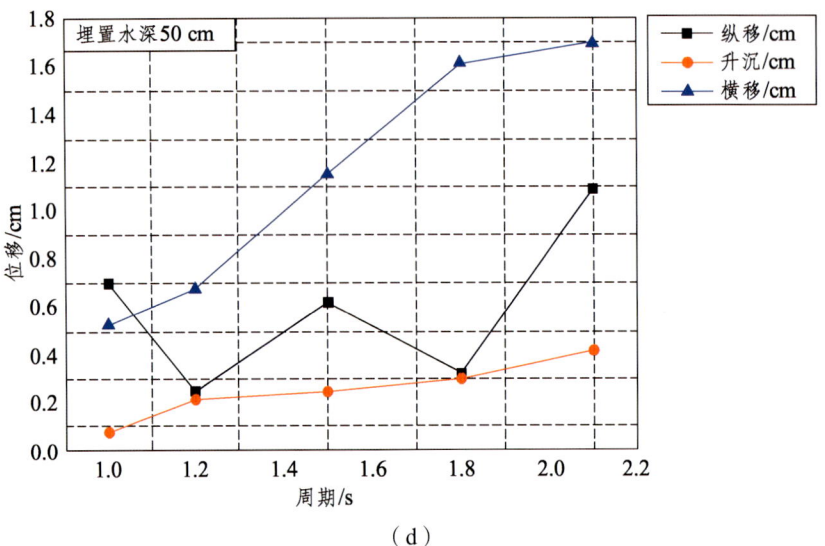

(d)

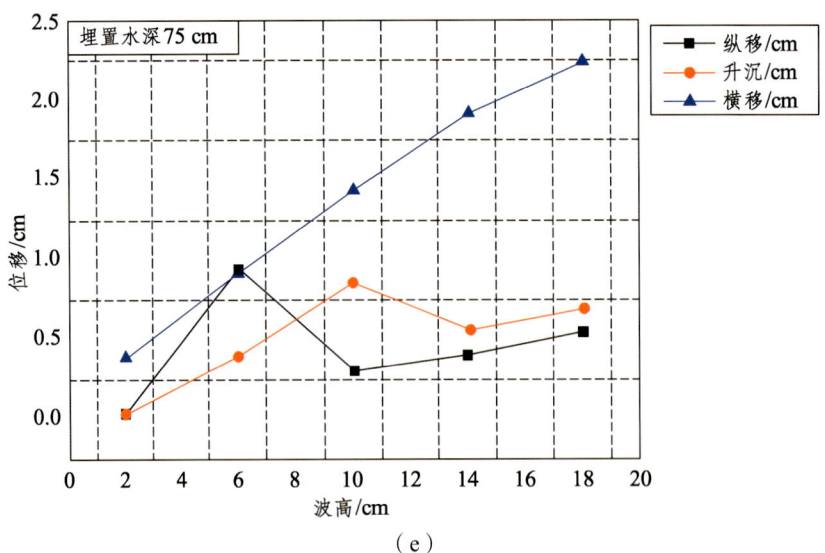

(e)

5.3 波浪作用下的 SFT 结构响应

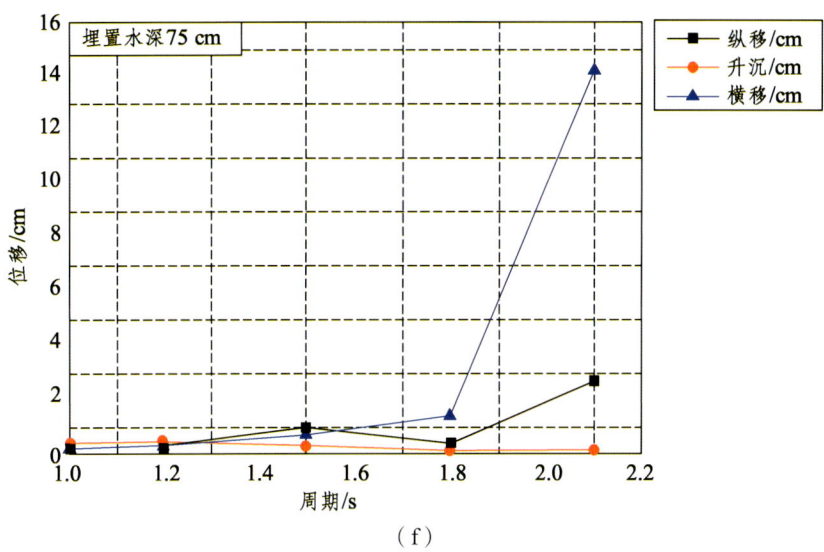

（f）

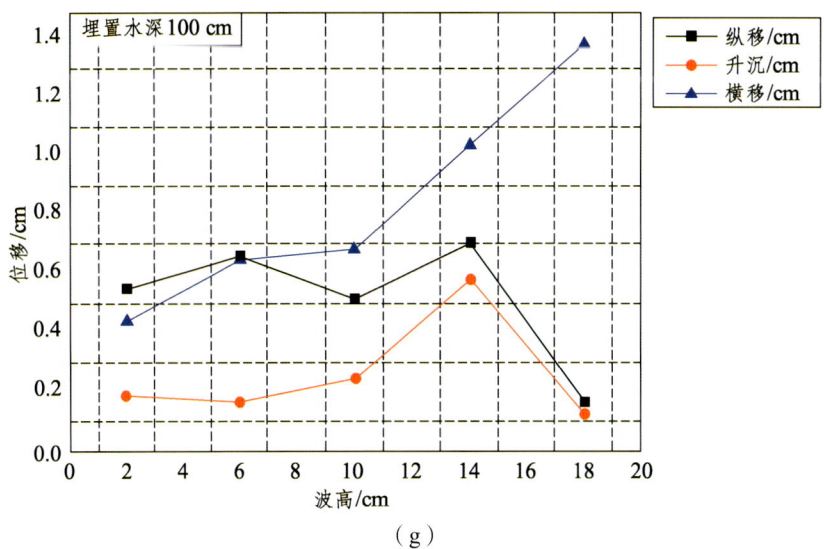

（g）

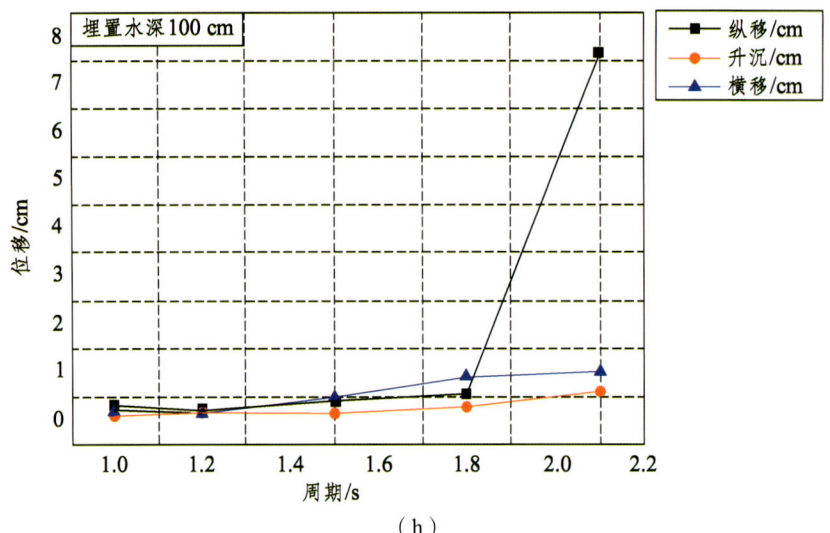

(h)

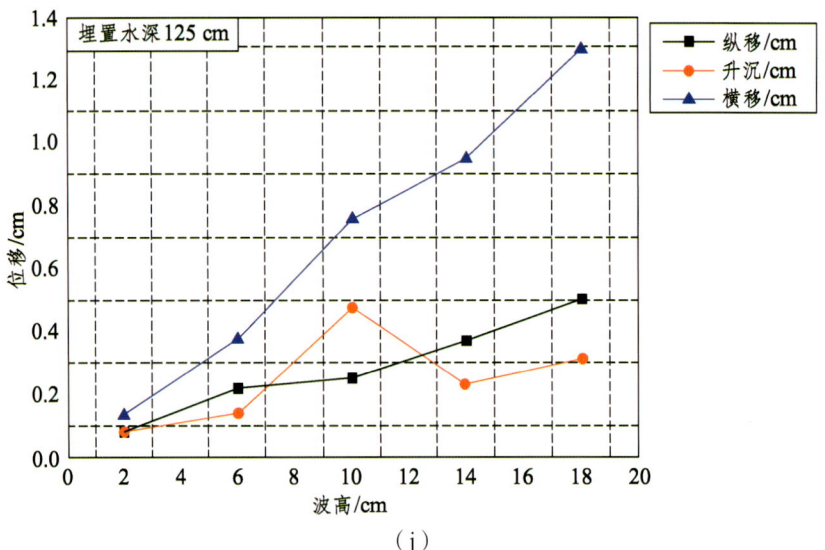

(j)

5.3 波浪作用下的 SFT 结构响应

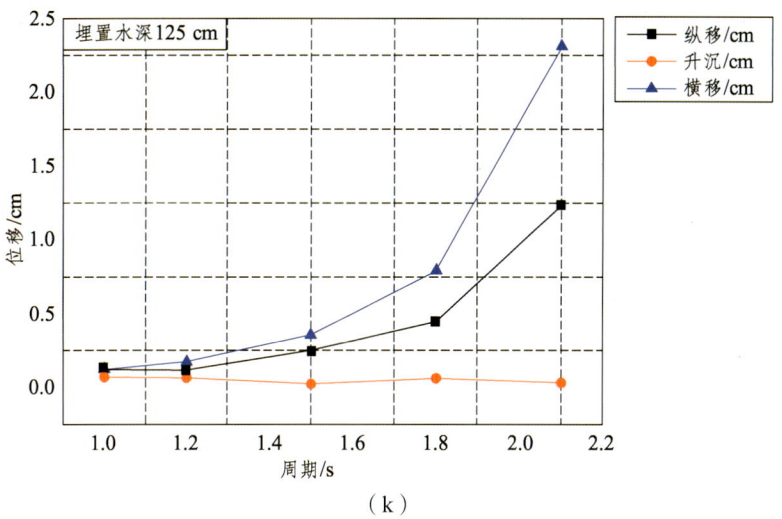

(k)

图 5-66 不同悬浮水深下 SFT 管段的纵移、升沉和横移位移随波高的变化

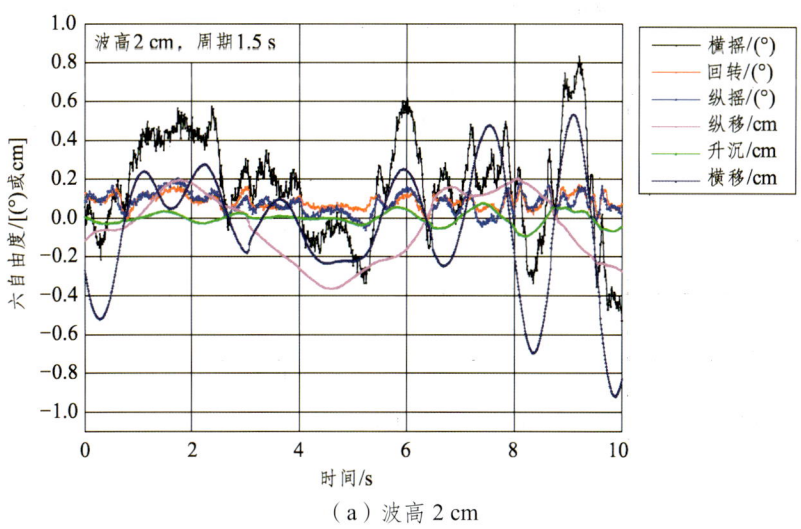

(a) 波高 2 cm

193

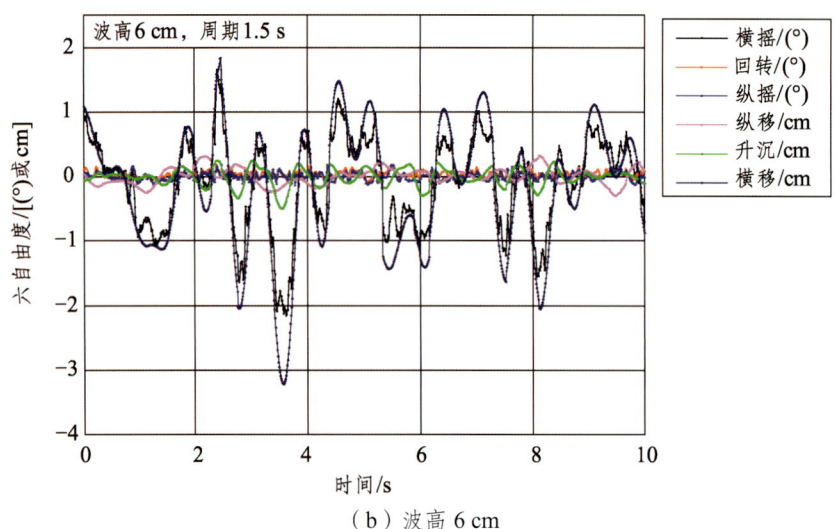

(b) 波高 6 cm

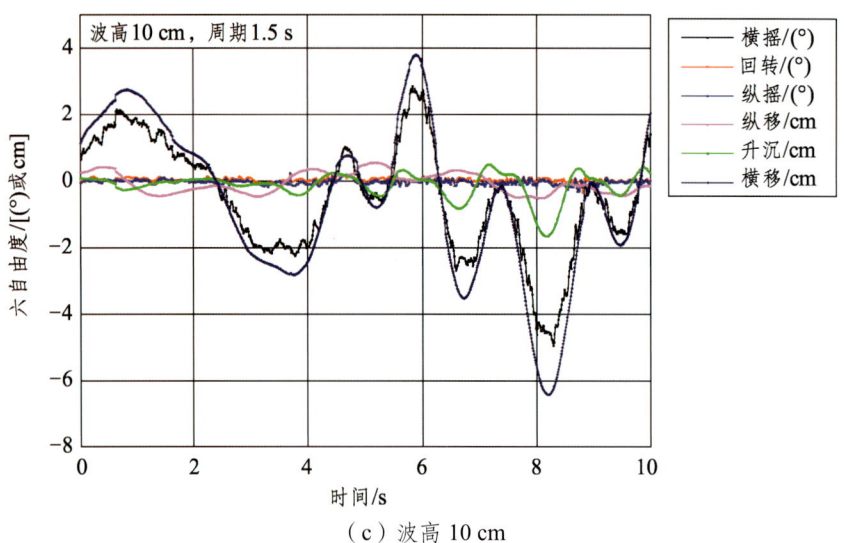

(c) 波高 10 cm

5.3 波浪作用下的 SFT 结构响应

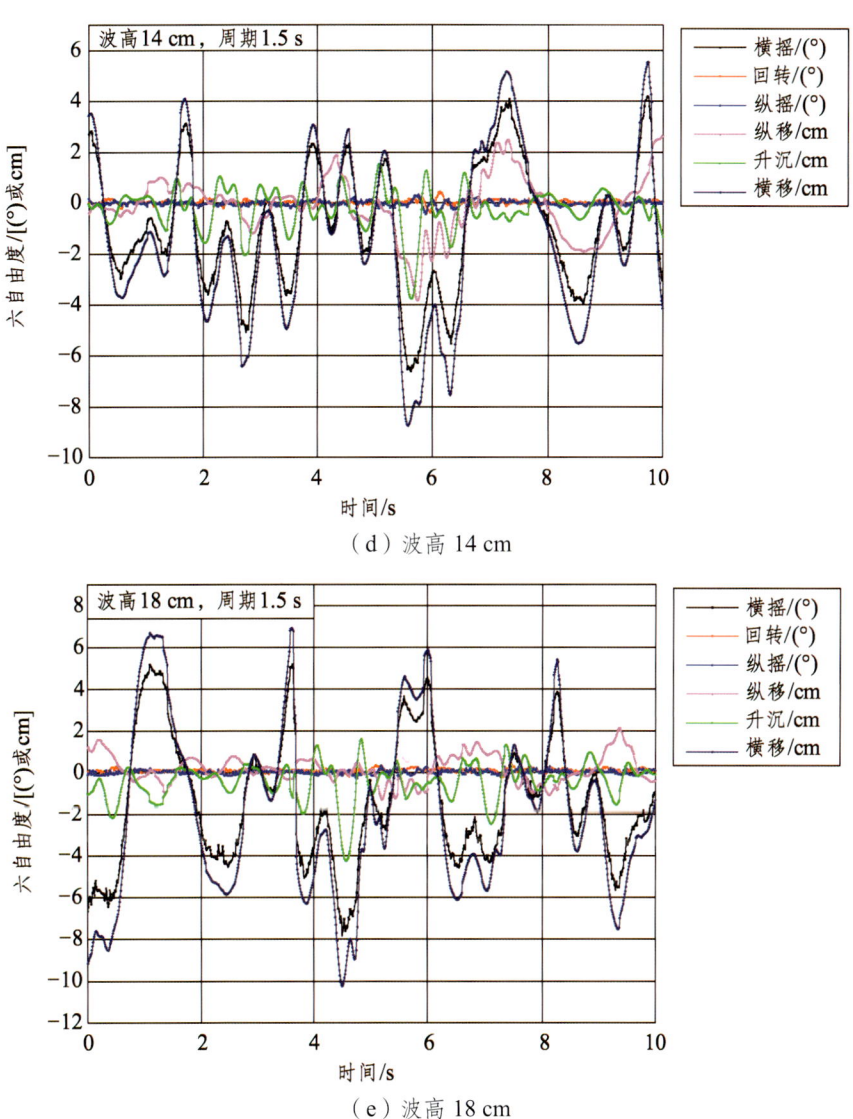

(d) 波高 14 cm

(e) 波高 18 cm

图 5-67 SFT 管段在不同波高下的六自由度位移变化曲线

2. 不规则波

(1) 管段六自由度位移随波浪周期和波高的变化。

以 50 cm 悬浮水深为例进行分析，图 5-68 是在不规则波作用下，SFT

管段在不同波高下六自由度时间位移曲线。SFT 管段的位移振幅随波高的增加而逐渐增大,升沉振幅比横摇振幅和横移振幅小两个量级以上,在 SFT 的设计中可以不作为重点考虑。

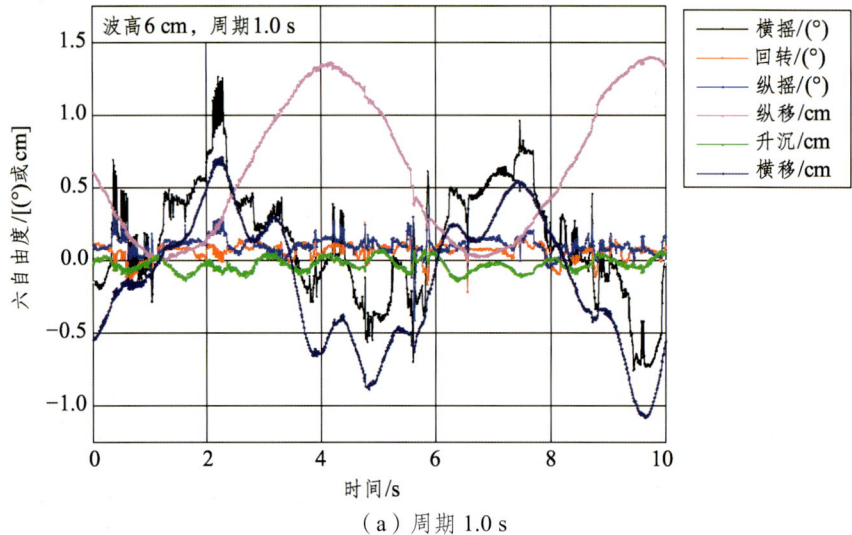

(a)周期 1.0 s

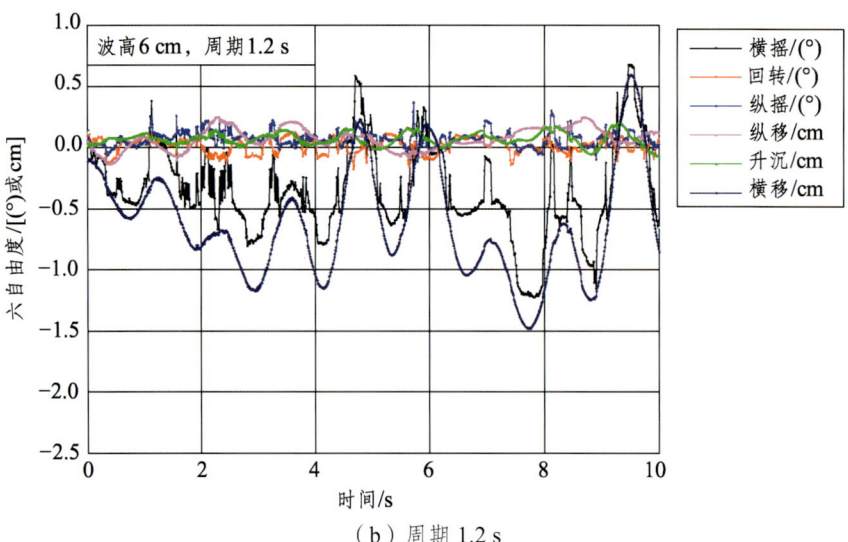

(b)周期 1.2 s

5.3 波浪作用下的 SFT 结构响应

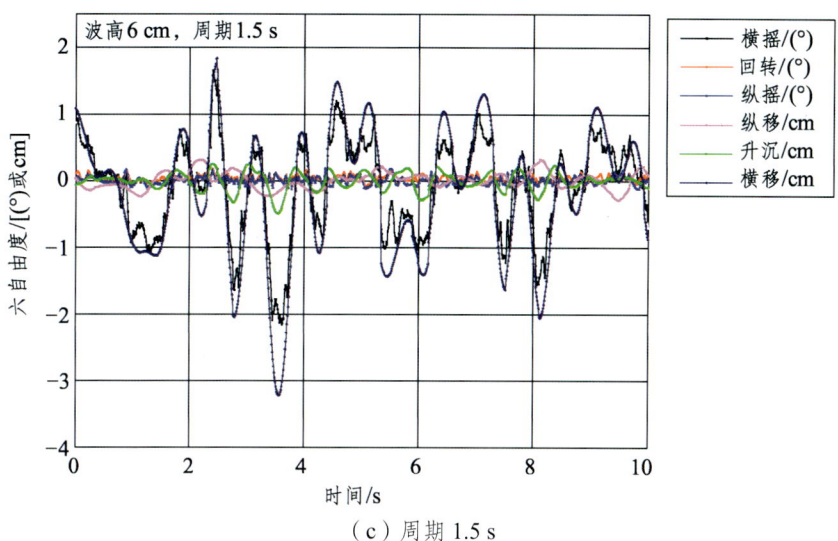

（c）周期 1.5 s

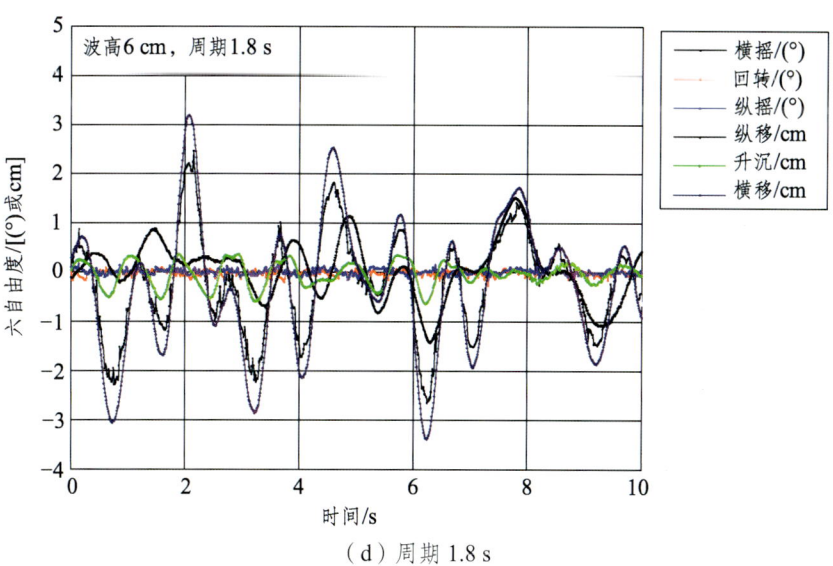

（d）周期 1.8 s

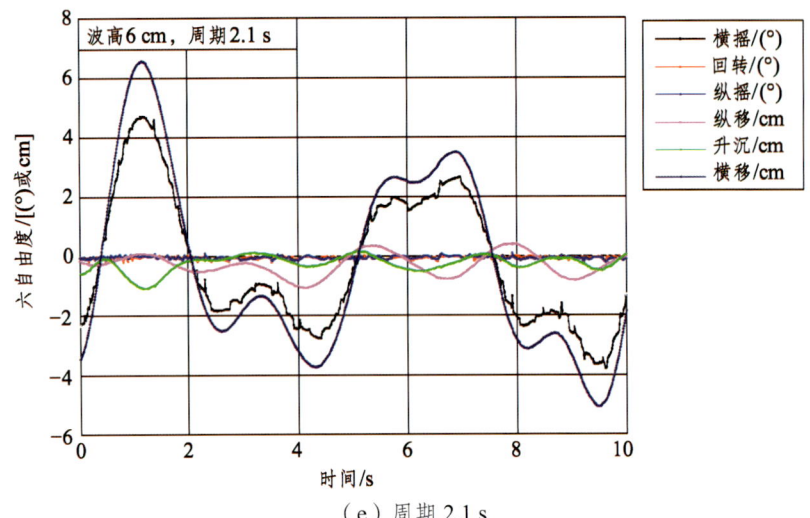

（e）周期 2.1 s

图 5-68　SFT 管段在不同周期下的六自由度位移变化曲线

若以位移最大实验值进行比较，则当入射波波高增加 128.6% 时，横移振幅极值增加了 105.8%。图 5-68 是在不规则波作用下，SFT 管段在不同周期下六自由度时间位移曲线。若以位移最大实验值进行比较，当波浪周期增加 116.7% 时，横移振幅极值相应增加了 111.7%。

在不规则波作用下，我们以周期 1.5 s、波高 18 cm 工况为例，得到 SFT 管段典型六自由度位移功率谱，如图 5-69 所示。

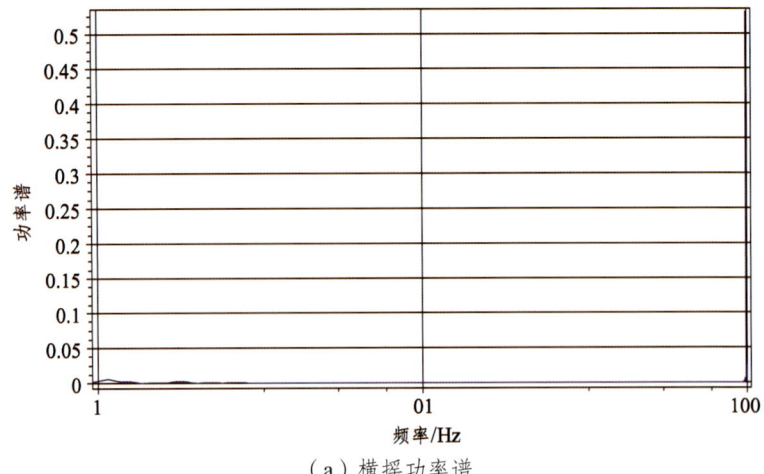

（a）横摇功率谱

5.3 波浪作用下的 SFT 结构响应

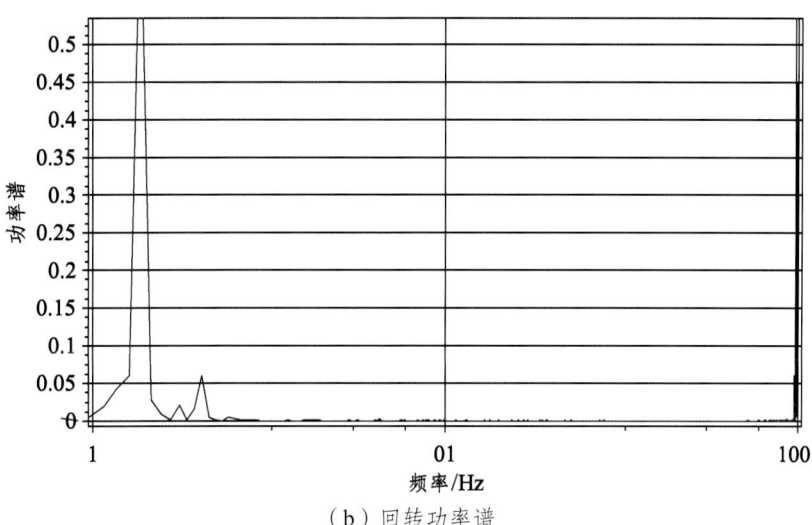

(b) 回转功率谱

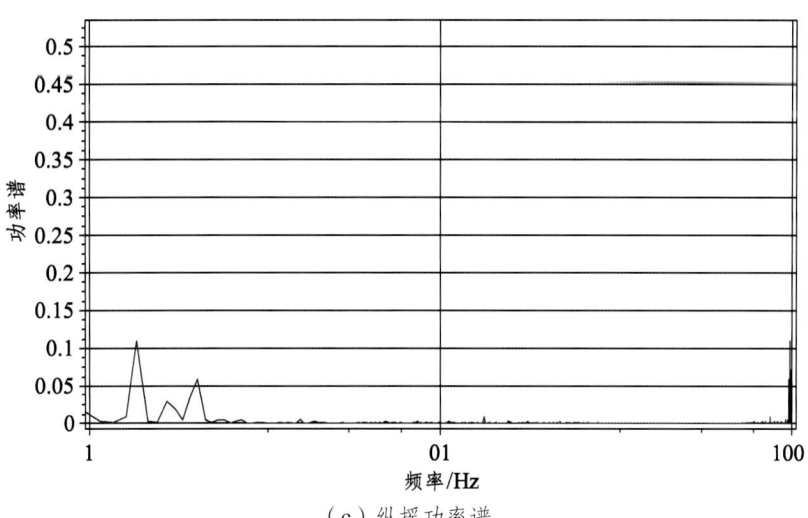

(c) 纵摇功率谱

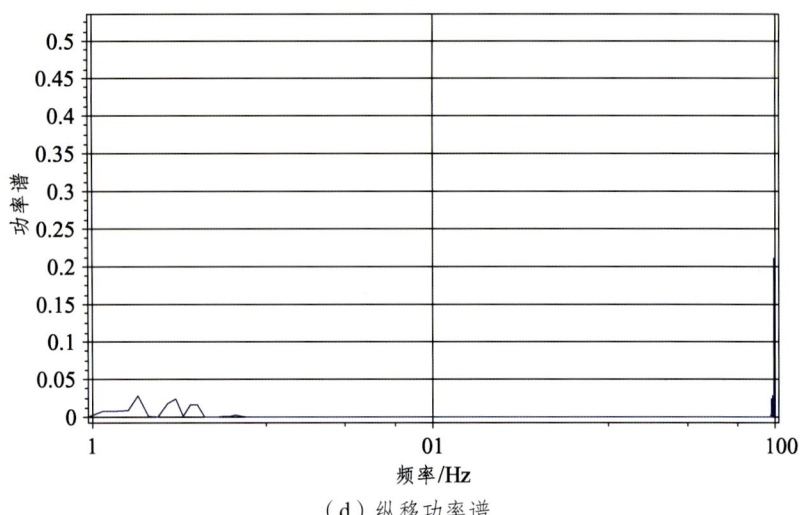

(d)纵移功率谱

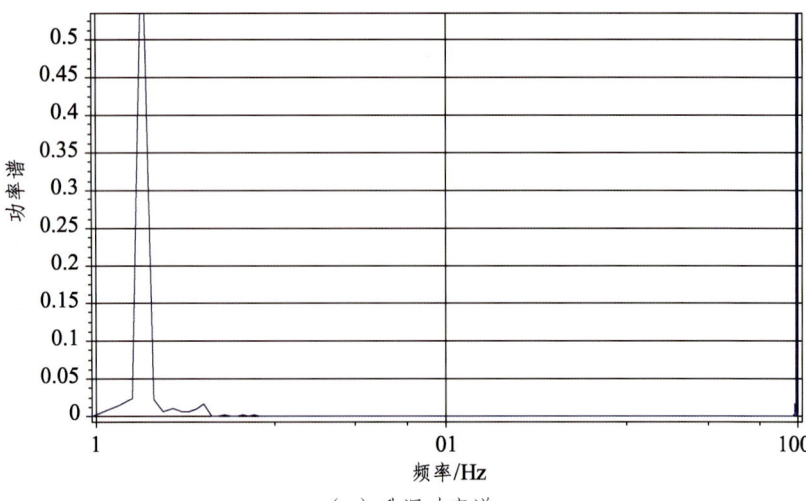

(e)升沉功率谱

5.3 波浪作用下的 SFT 结构响应

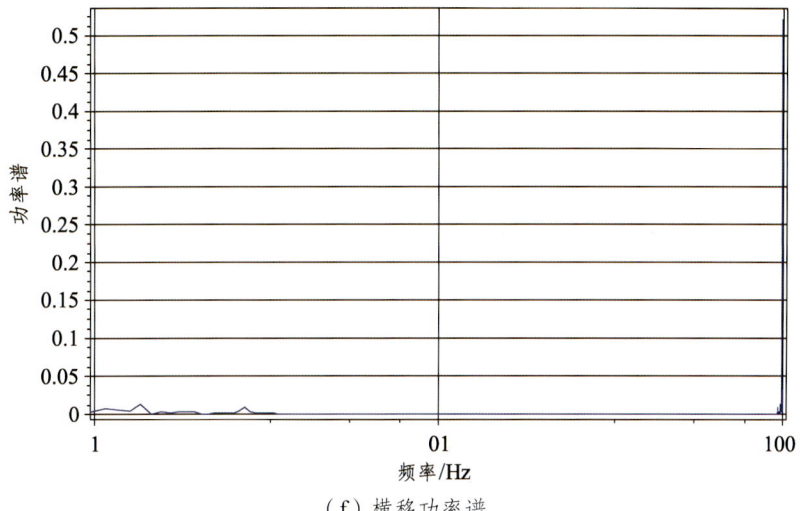

（f）横移功率谱

图 5-69　SFT 管段六自由度位移功率谱

（2）管段六自由度位移随悬浮水深的变化。

图 5-70 是不规则波作用下，SFT 管段在不同波高下随悬浮水深变化的横移、纵移和升沉位移最大实验值变化情况。SFT 管段的横移、纵移和升沉位移量随悬浮水深的增大而逐渐减小。在超过 50 cm（按比尺换算后实际为 20 m）悬浮水深后，位移量有明显的减小，这与莫里森方程经验算法的结论是一致的。

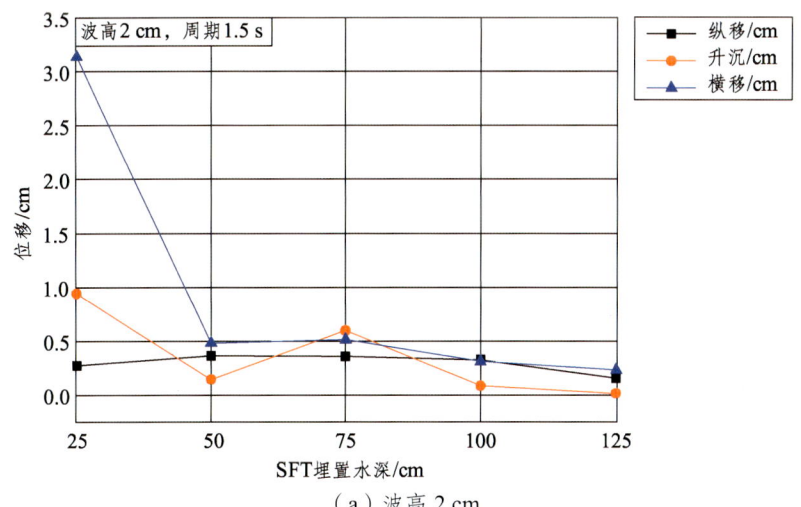

（a）波高 2 cm

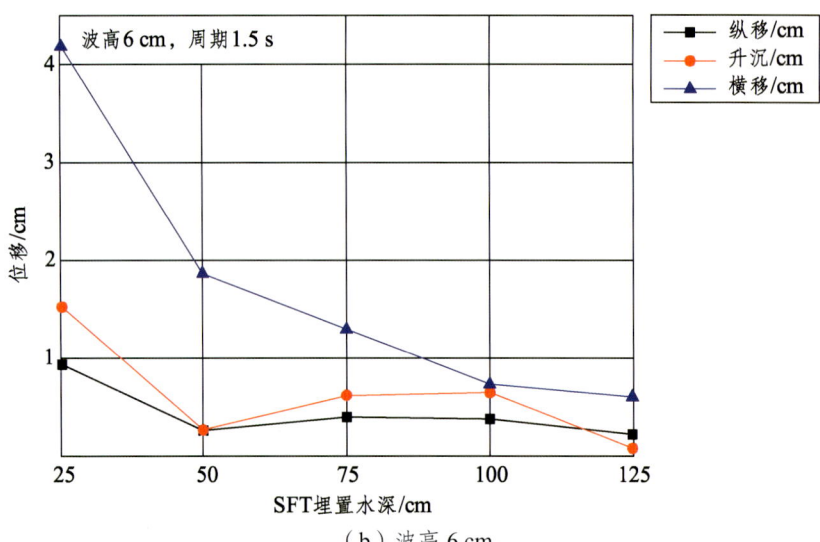

(b)波高 6 cm

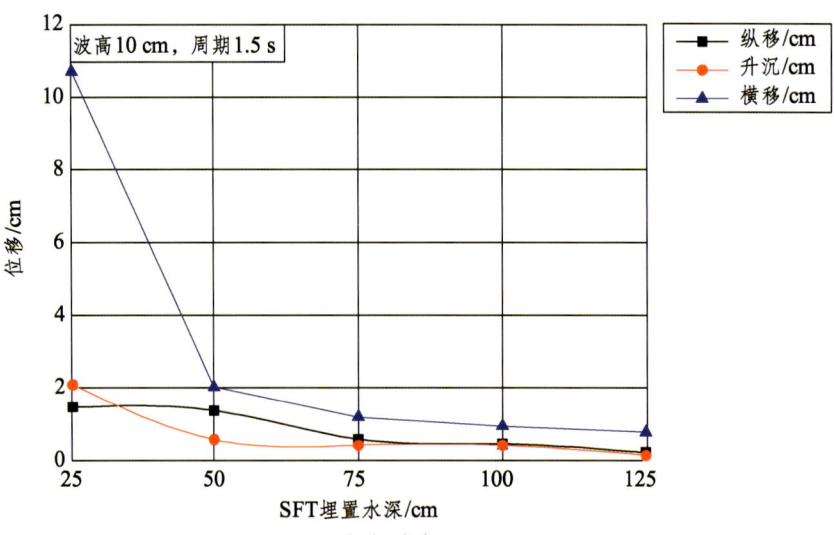

(c)波高 10 cm

5.3 波浪作用下的 SFT 结构响应

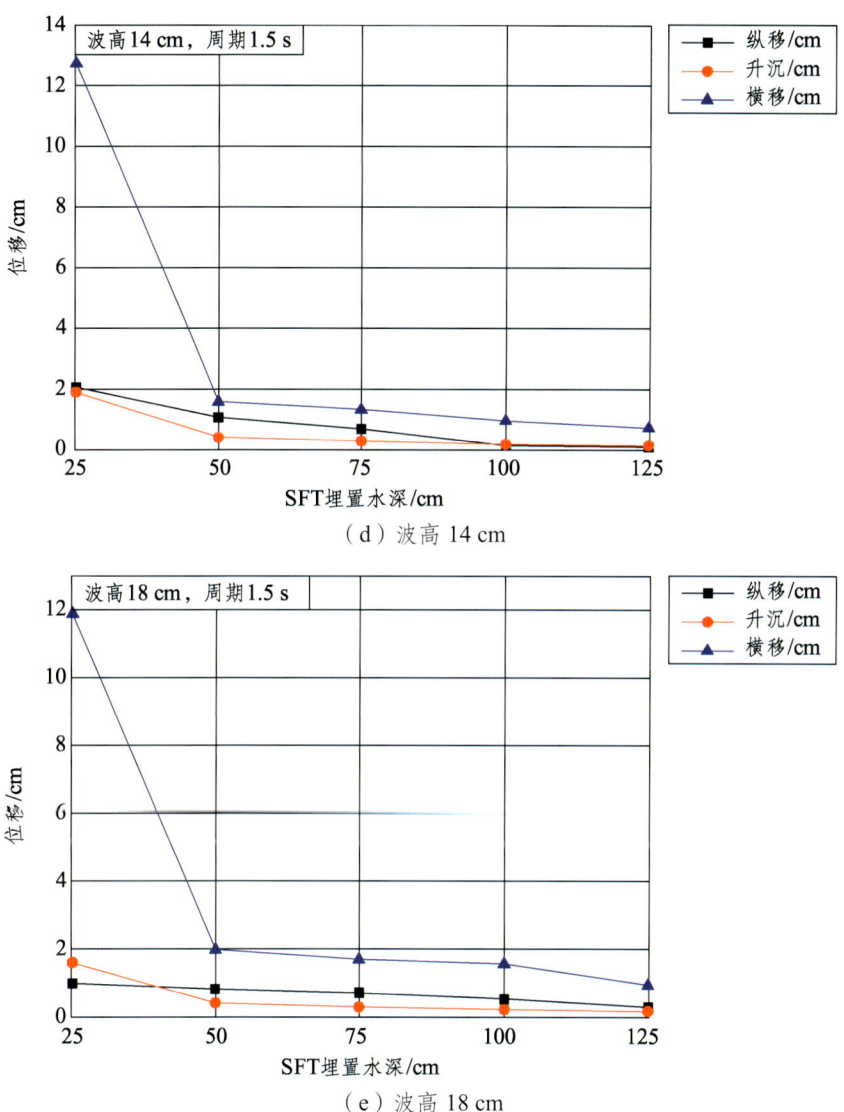

图 5-70 SFT 管段横移、纵移和升沉位移随波高的变化

图 5-71 是不规则波作用下，SFT 管段在不同周期下随悬浮水深变化的横移、纵移和升沉位移最大值变化情况。SFT 管段的横移、纵移和升沉位移值随悬浮水深的增大而逐渐减小，在超过 50 cm（按比尺换算后实际为

20 m）悬浮水深后位移量有明显的减小，这也与莫里森方程经验算法的结论一致。

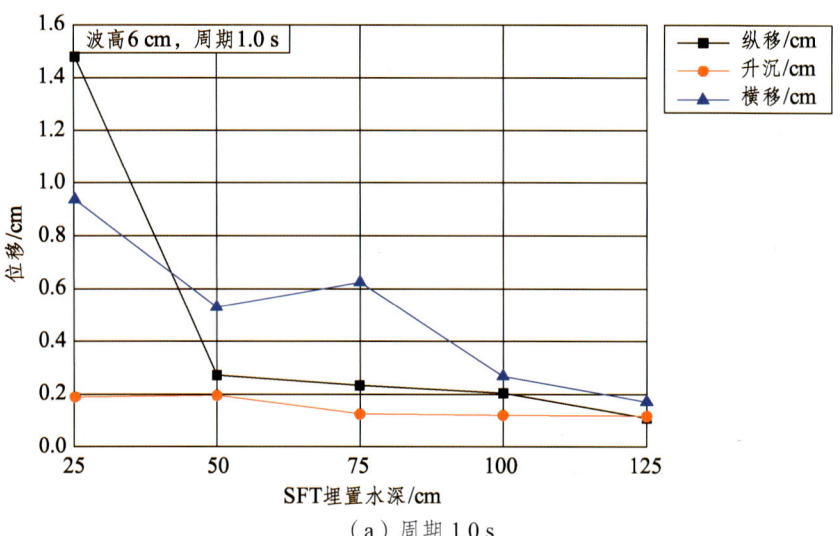

（a）周期 1.0 s

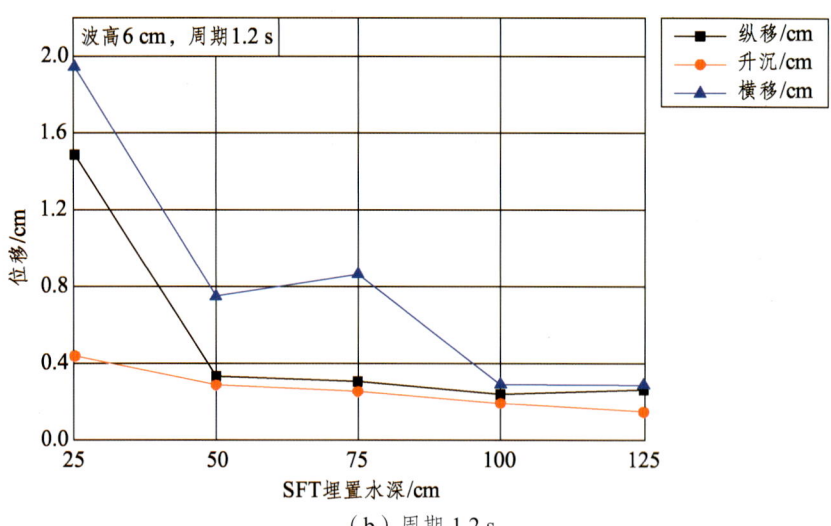

（b）周期 1.2 s

5.3 波浪作用下的 SFT 结构响应

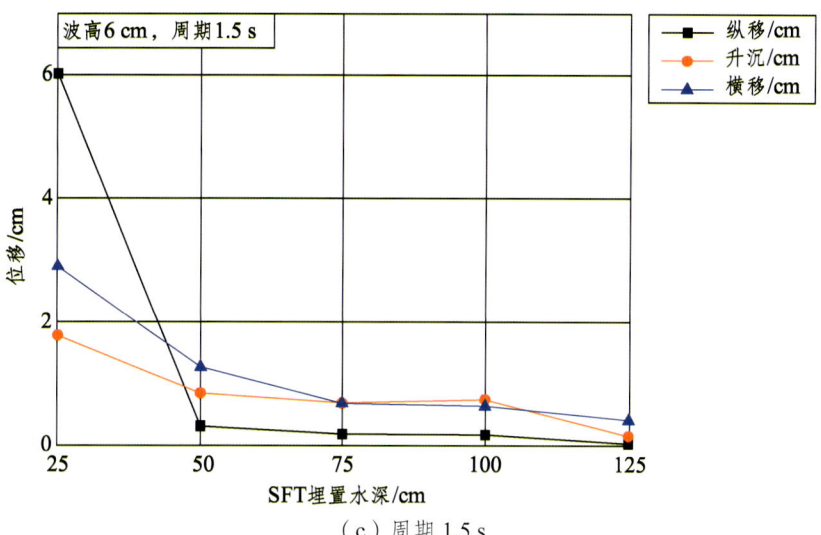

（c）周期 1.5 s

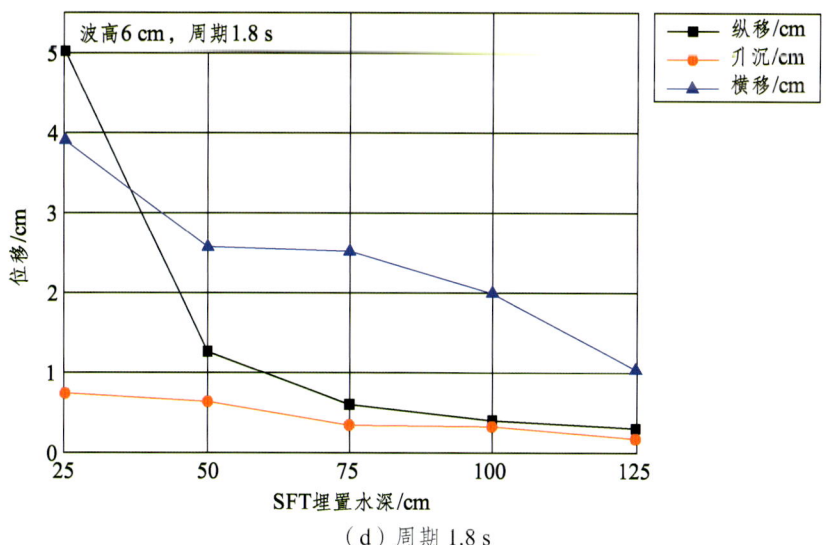

（d）周期 1.8 s

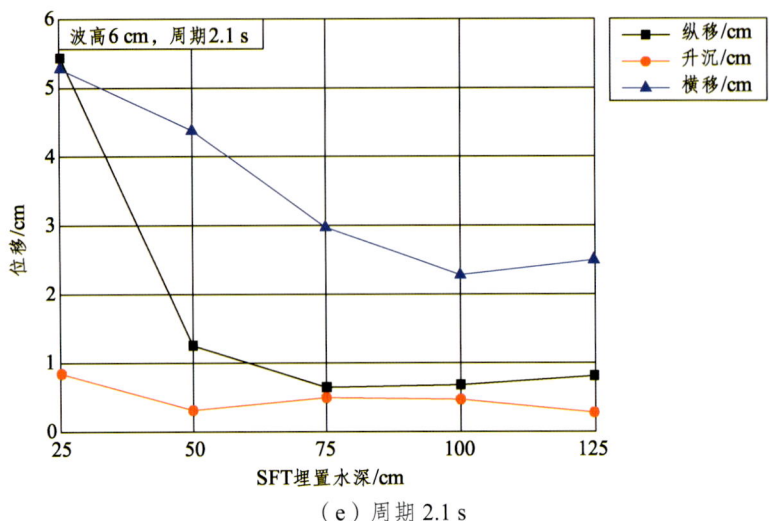

(e)周期2.1 s

图 5-71　SFT 管段横移、纵移和升沉位移随周期的变化

　　表 5-16 ~ 表 5-20 是不规则波作用下 SFT 管段六自由度位移最大实验值结果。由图 5-72 和图 5-73 可以看出,在不规则波作用下,SFT 管段随波浪波高的增大,横移位移量增大,而纵移和升沉位移量变化很小,在大水深(125 cm)时,纵移和升沉位移量表现出随波高增大逐渐增大的趋势,但位移变化量较小。随着波浪周期的增大,横移、纵移的位移量均有所增大,其中横移最为显著,纵移位移增幅变化较小,而升沉位移量几乎没有变化。

表 5-16　不规则波作用下 25 cm 悬浮水深各工况 SFT 管段运动量最大值实验

H_4%/cm	T/s	横摇/(°)	回转/(°)	纵摇/(°)	纵移/cm	升沉/cm	横移/cm
2	1.5	1.62	0.13	0.19	28.14	374.46	137.46
6	1.5	3.08	0.19	1.35	28.80	375.04	138.51
10	1.5	3.09	0.11	1.44	29.33	375.59	145.02
14	1.5	6.18	0.42	0.38	26.79	375.42	147.06
18	1.5	5.45	1.02	0.91	27.15	375.12	146.20
6	1.0	1.40	0.35	0.47	24.25	373.37	139.86
6	1.2	1.75	0.23	0.36	24.26	373.54	140.87
6	1.5	3.08	0.19	1.35	28.80	375.04	138.51
6	1.8	3.69	0.10	0.38	27.79	373.99	142.83
6	2.1	4.61	0.14	0.45	28.21	374.10	144.20

5.3 波浪作用下的 SFT 结构响应

表 5-17　不规则波作用下 50 cm 悬浮水深各工况 SFT 管段运动量最大值实验

H_4%/cm	T/s	横摇/(°)	回转/(°)	纵摇/(°)	纵移/cm	升沉/cm	横移/cm
2	1.5	1.43	−0.02	0.45	145.43	56.29	−17.55
6	1.5	2.34	−0.15	0.41	145.33	56.41	−16.17
10	1.5	1.74	0.59	0.42	146.44	55.58	−17.10
14	1.5	2.75	0.48	0.36	147.14	55.99	−16.44
18	1.5	0.83	0.95	0.61	145.89	55.97	−17.09
6	1.0	−0.01	0.94	0.83	145.57	55.67	−18.55
6	1.2	0.20	1.21	0.56	145.70	55.70	−18.33
6	1.5	2.34	−0.15	0.41	145.33	56.41	−16.17
6	1.8	1.00	0.93	0.47	146.63	55.88	−16.51
6	2.1	2.19	0.84	0.48	146.62	55.87	−14.70

表 5-18　不规则波作用下 75 cm 悬浮水深各工况 SFT 管段运动量最大值实验

H_4%/cm	T/s	横摇/(°)	回转/(°)	纵摇/(°)	纵移/cm	升沉/cm	横移/cm
2	1.5	2.75	1.81	5.64	145.74	30.15	−18.08
6	1.5	2.68	1.34	5.19	145.78	30.17	−17.30
10	1.5	2.79	1.45	2.52	145.96	29.96	−16.57
14	1.5	1.79	0.37	2.33	145.48	29.96	−17.62
18	1.5	1.76	0.64	0.21	145.68	29.96	−16.89
6	1.0	1.84	0.69	1.51	145.70	29.66	−17.95
6	1.2	0.87	1.54	0.62	145.90	29.91	−17.71
6	1.5	2.68	1.34	5.19	145.78	30.17	−17.30
6	1.8	1.68	2.55	3.87	145.89	30.11	−16.06
6	2.1	2.13	0.42	0.60	146.24	29.97	−15.60

表 5-19　不规则波作用下 100 cm 悬浮水深各工况 SFT 管段运动量最大值实验

H_4%/cm	T/s	横摇 /(°)	回转 /(°)	纵摇 /(°)	纵移 /cm	升沉 /cm	横移 /cm
2	1.5	0.49	0.21	0.47	146.06	5.80	−18.41
6	1.5	2.65	1.16	5.05	146.11	6.36	−17.99
10	1.5	1.45	0.55	0.45	146.18	6.12	−17.54
14	1.5	0.98	0.38	0.44	145.88	5.90	−17.98
18	1.5	1.60	0.39	0.34	146.26	5.93	−17.15
6	1.0	1.20	0.40	0.96	146.06	5.79	−18.51
6	1.2	1.81	0.75	0.68	146.03	5.85	−18.39
6	1.5	2.65	1.16	5.05	146.11	6.35	−17.99
6	1.8	1.62	1.31	2.04	146.39	5.94	−16.69
6	2.1	1.80	0.83	1.36	146.47	6.07	−16.40

表 5-20　不规则波作用下 125 cm 悬浮水深各工况 SFT 管段运动量最大值实验

H_4%/cm	T/s	横摇 /(°)	回转 /(°)	纵摇 /(°)	纵移 /cm	升沉 /cm	横移 /cm
2	1.5	0.55	0.22	−0.28	145.09	−19.91	−18.56
6	1.5	0.76	0.52	−0.07	145.16	−19.85	−18.19
10	1.5	0.99	0.47	0.03	145.15	−19.80	−18.02
14	1.5	1.31	0.51	0.52	145.63	−19.64	−17.46
18	1.5	1.59	0.33	0.71	145.93	−19.64	−16.81
6	1.0	1.64	0.64	−0.08	145.21	−19.89	−18.57
6	1.2	0.98	0.72	−0.03	145.24	−19.82	−18.55
6	1.5	1.02	0.52	−0.07	145.16	−19.85	−18.19
6	1.8	1.12	0.29	0.46	145.38	−19.84	−17.80
6	2.1	1.69	0.20	0.32	145.79	−19.73	−16.34

5.3 波浪作用下的 SFT 结构响应

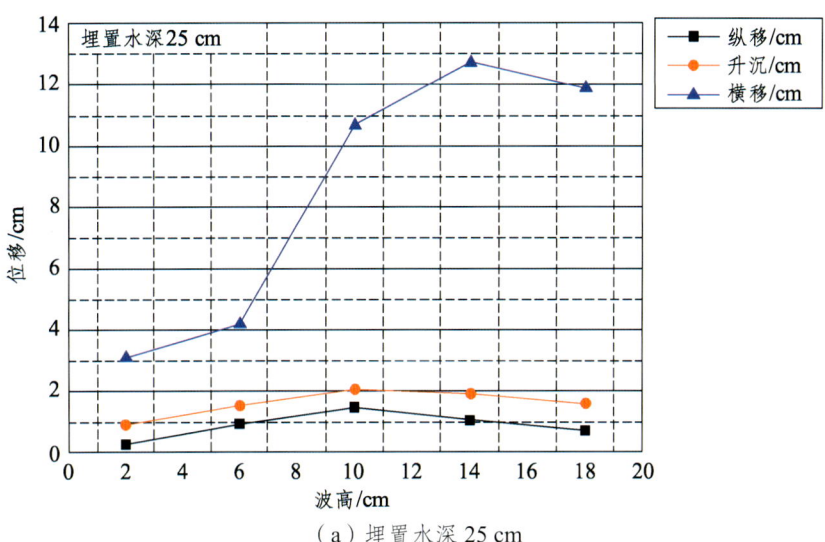

（a）埋置水深 25 cm

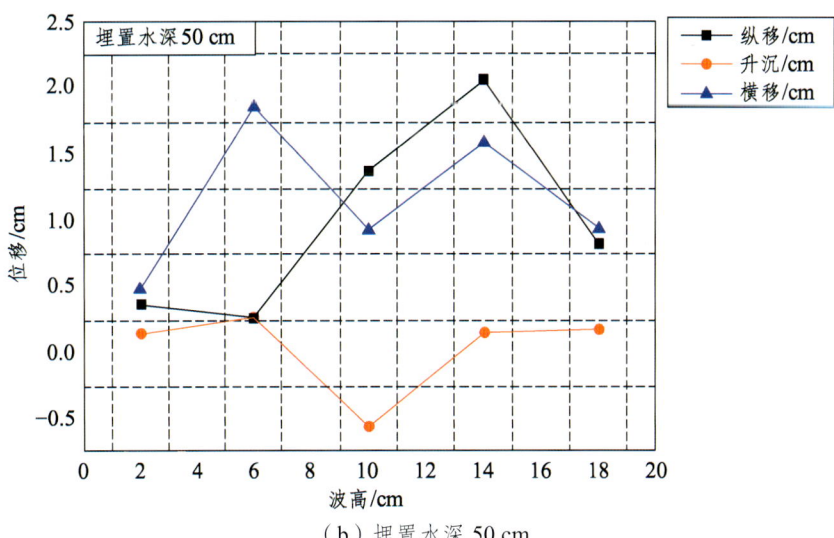

（b）埋置水深 50 cm

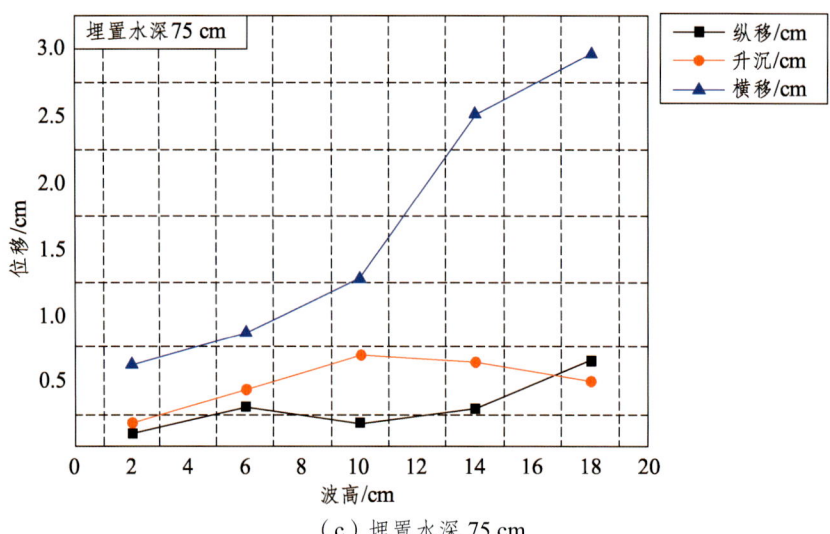

（c）埋置水深 75 cm

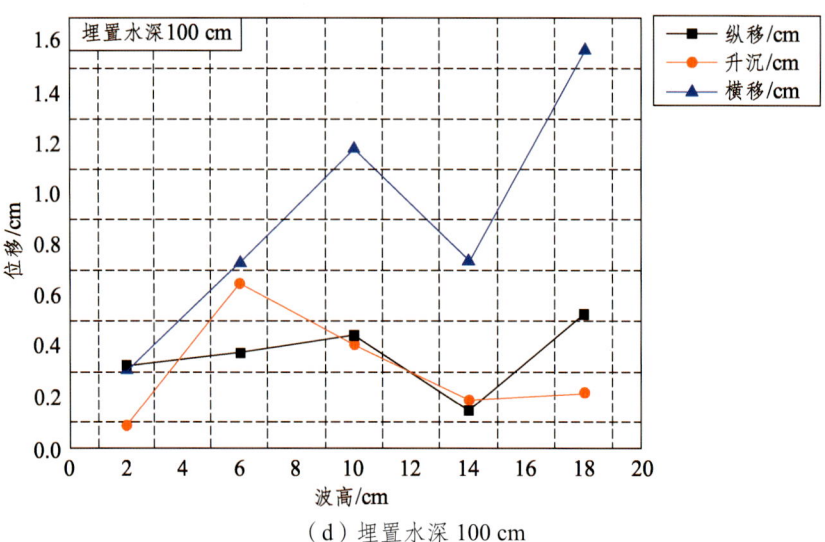

（d）埋置水深 100 cm

5.3 波浪作用下的 SFT 结构响应

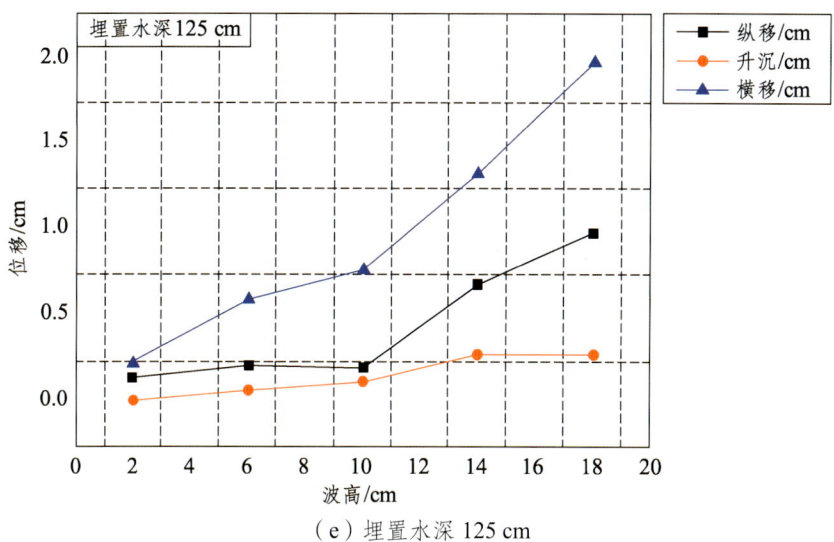

（e）埋置水深 125 cm

图 5-72 SFT 管段的纵移、升沉和横移位移随波高的变化

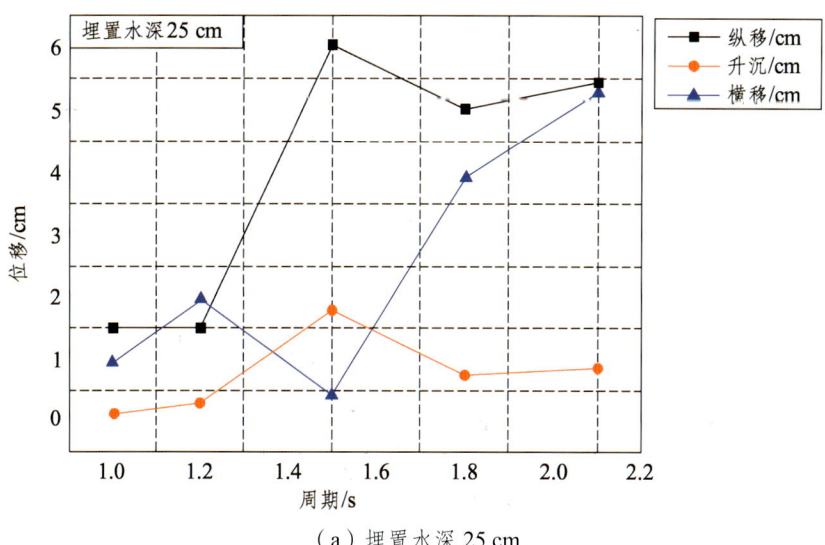

（a）埋置水深 25 cm

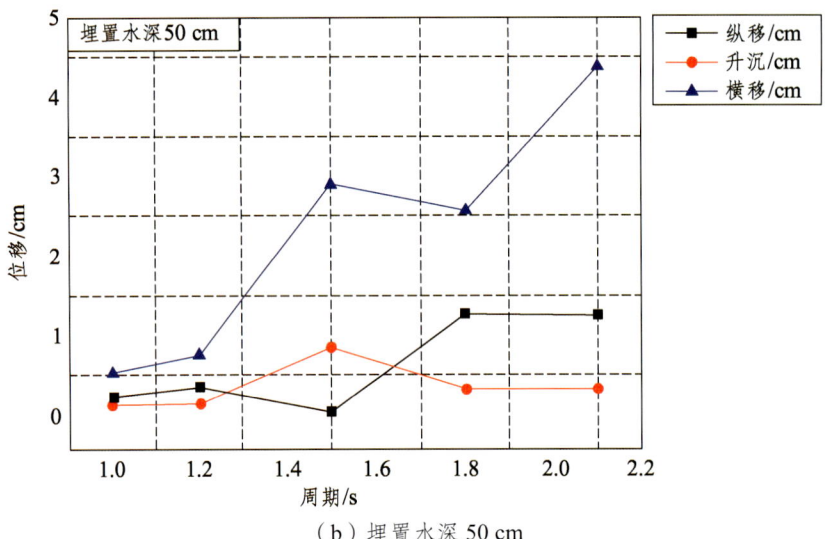

(b)埋置水深 50 cm

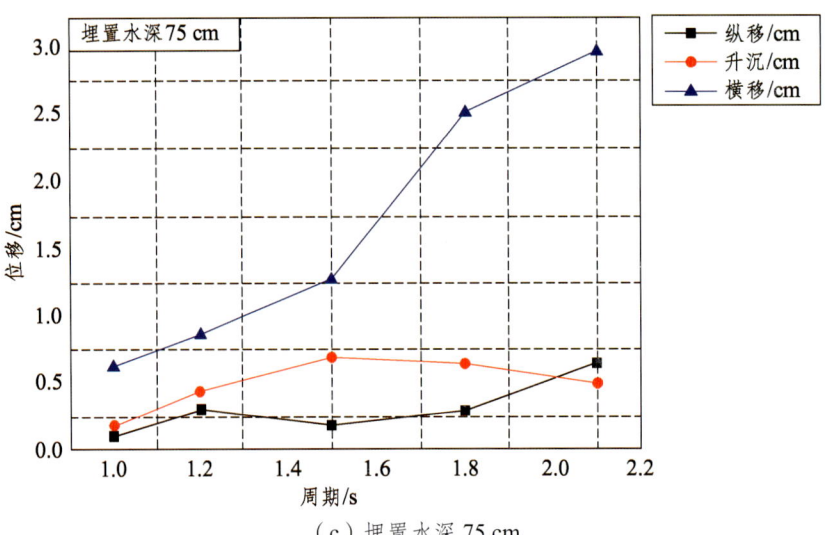

(c)埋置水深 75 cm

5.3 波浪作用下的 SFT 结构响应

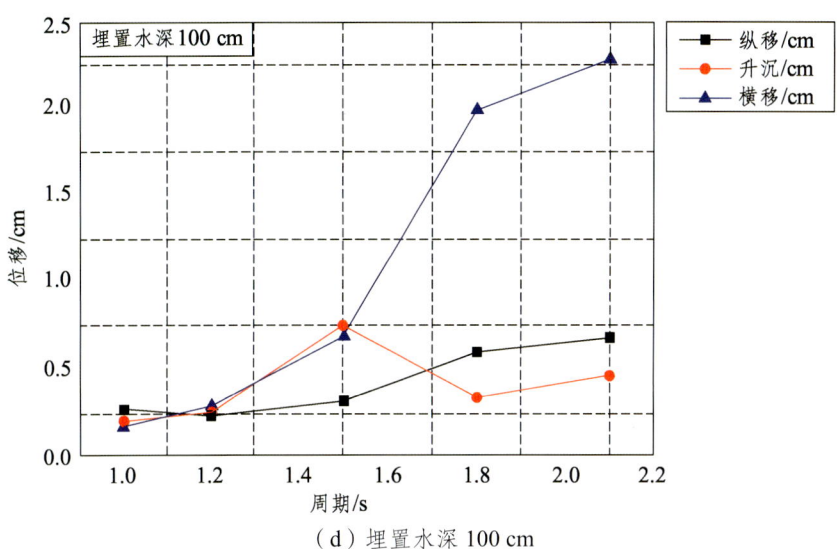

（d）埋置水深 100 cm

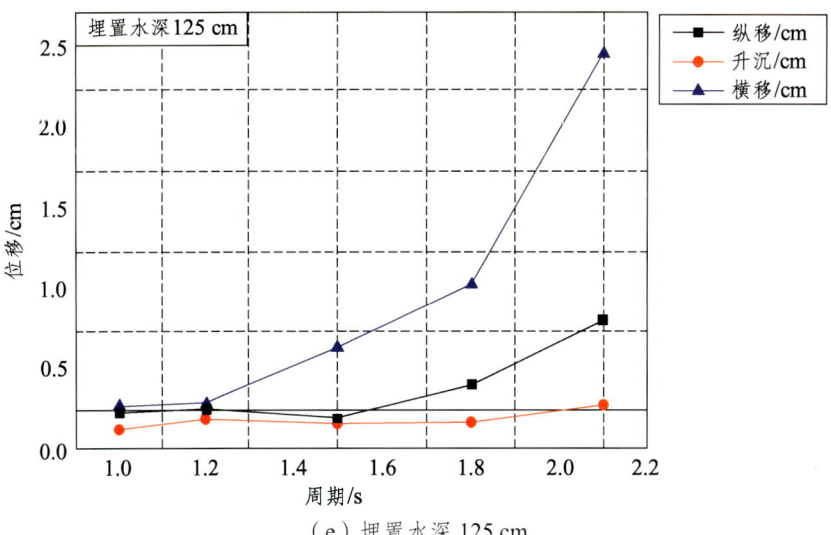

（e）埋置水深 125 cm

图 5-73　SFT 管段的纵移、升沉和横移位移随周期的变化

213

5.4 波-流耦合作用下的 SFT 结构响应

5.4.1 管段压强

1. 管段压强随波高和周期的变化

在波-流耦合作用时,保持波浪波高 6 cm 和周期 1.5 s 不变,使实验港池的流速从 5.58 ~ 17.72 cm/s 变化,得到管段迎浪面压强随流速而变化的曲线。以 50 cm 悬浮水深工况为例,以典型压强参数迎浪面压强(3#)分析 SFT 管段在波-流耦合作用下的压强特性,如图 5-74 所示。SFT 的管段压强绝对值随流速的增大而减小。

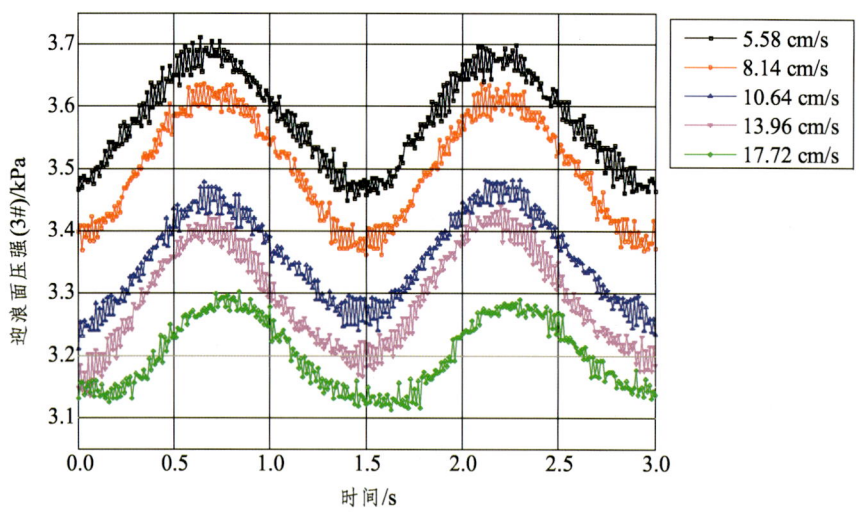

图 5-74 波-流耦合时,不同流速作用下的管段压强

同样,在波-流耦合作用时,保持实验港池的流速为 8.14 cm/s 和波浪的周期为 1.5 s 不变,使波浪的波高在 2 ~ 18 cm 内变化,得到一系列管段迎浪面压强随波高变化的曲线。以 50 cm 悬浮水深工况为例,以典型压强参数迎浪面压强(3#)分析 SFT 管段在波-流耦合作用下的压强特性,如图 5-75 所示。管段的迎浪面压强峰值随波高的增大而增大。

5.4 波 - 流耦合作用下的 SFT 结构响应

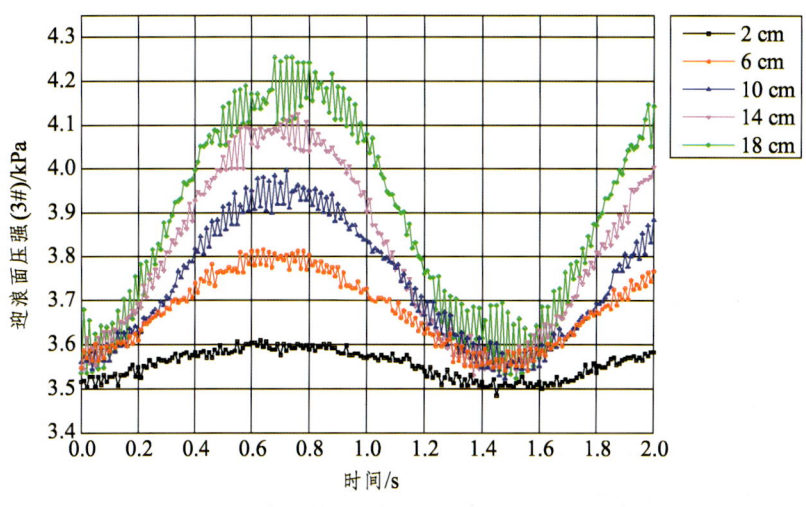

图 5-75 波 - 流耦合时，不同波高作用下的管段压强

2. 管段压强随悬浮水深的变化特性

为研究 SFT 管段压强在不同流速下随水深变化的规律，保持波浪波高 6 cm 和周期 1.5 s 不变，使管段顶部悬浮水深分别在 25～125 cm 内变化，得到一系列流速下管段迎浪面压强随悬浮水深而变化的曲线，如图 5-76 所

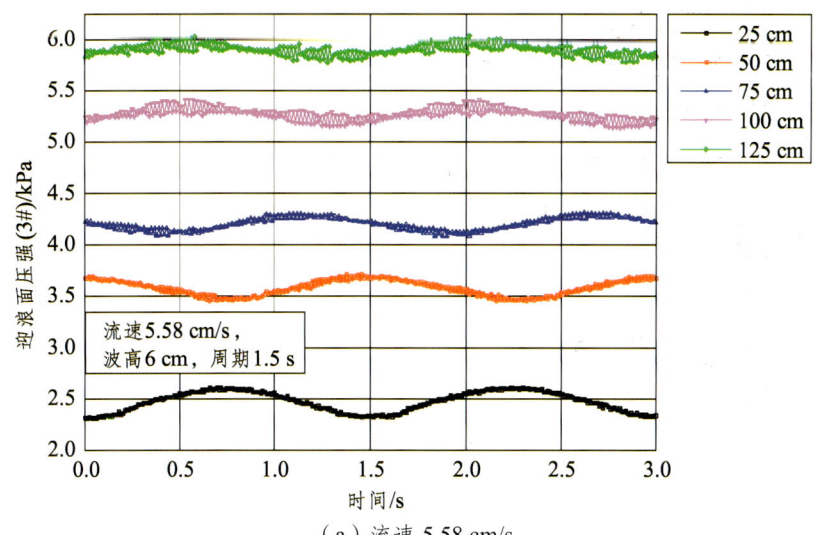

（a）流速 5.58 cm/s

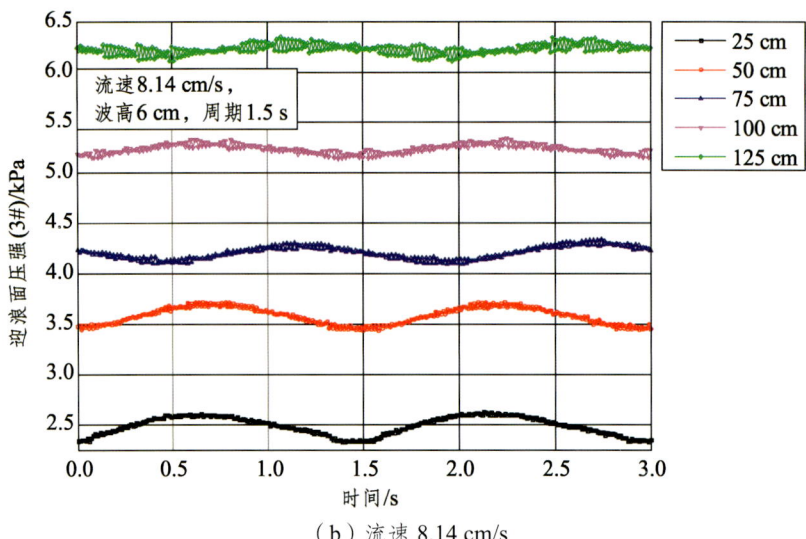

（b）流速 8.14 cm/s

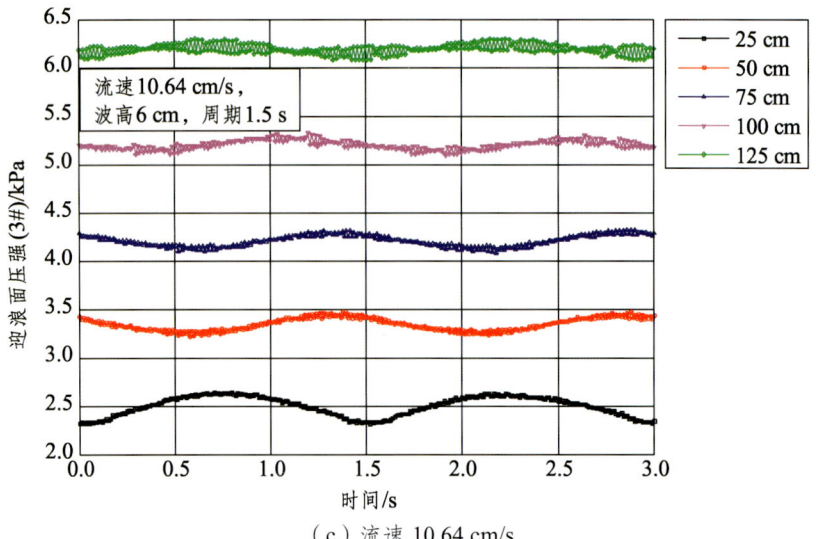

（c）流速 10.64 cm/s

5.4 波-流耦合作用下的 SFT 结构响应

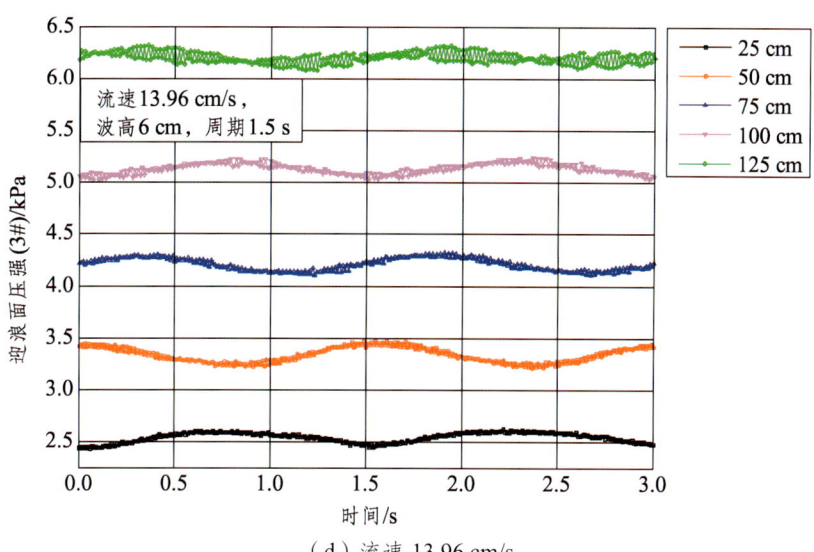

(d) 流速 13.96 cm/s

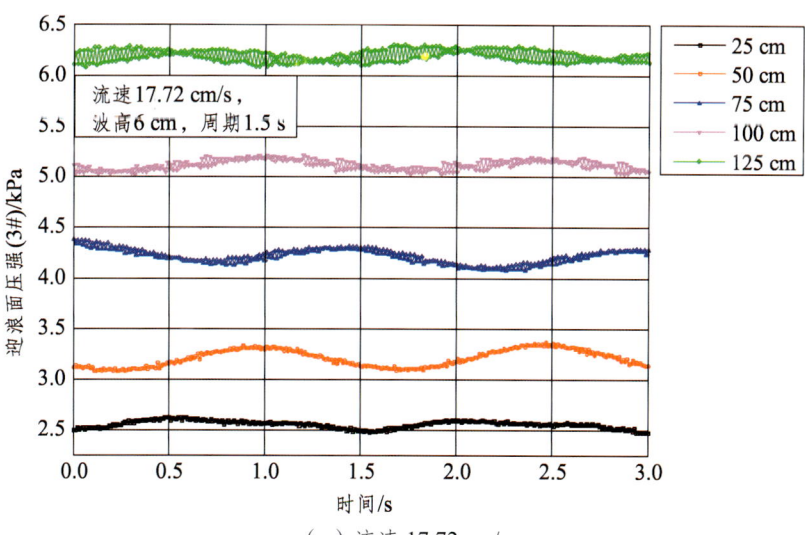

(e) 流速 17.72 cm/s

图 5-76 波-流耦合时，不同水深相同流速作用下的管段压强

示。以典型压强参数迎浪面压强（3#）分析 SFT 管段在波-流耦合作用下随悬浮水深变化的特性。随着 SFT 的悬浮水深增大，管段所受水压强增大，因此在不同的流速作用下管段的压强绝对值均随悬浮水深的增大而增大。但 SFT 管段压强变化的相对幅值却随水深的增大而减小，主要是随着悬浮水深的增大，水流对管段的影响反而减小。

图 5-77 是在波-流耦合时，不同流速下 SFT 管段的管段压强极值差的变化趋势线。由图可知，在不同的流速下，SFT 结构管段压强极值差随管段悬浮水深的增大而逐渐减小。管段压强差随悬浮水深减小的规律近似满足指数分布，如式（5-2）所示。为了更好地分析其变化趋势，通过线性回归的方法可以得到图 5-77 中管段压强最大实验值随悬浮水深变化的各曲线线性回归后的 a、b 参数值，如表 5-21 所示。由 R^2 可以看出线性回归的关联性较好。

$$y = a \cdot e^{bx} \tag{5-2}$$

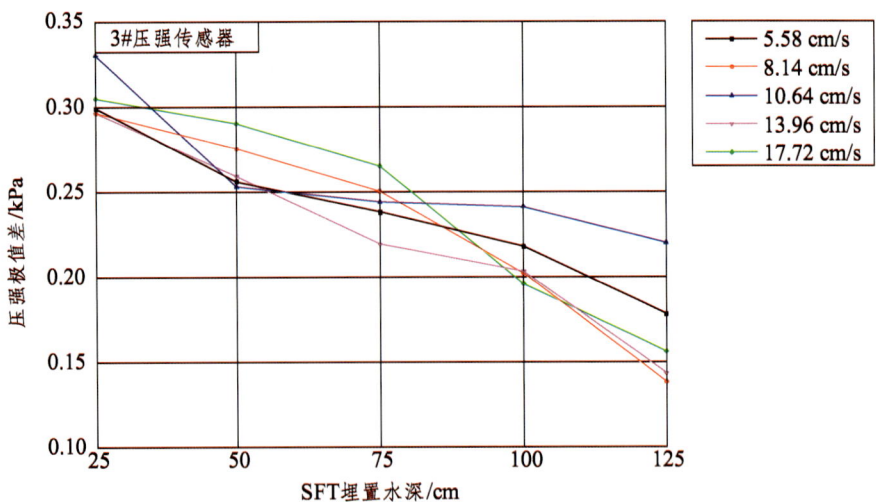

图 5-77　波-流耦合时，不同流速下 SFT 管段的压强差变化

5.4 波-流耦合作用下的 SFT 结构响应

表 5-21 不同流速下管段压强极值差线性回归值

流速 /（cm/s）	a	b	R^2
5.58	0.335 7	-0.120	0.967 9
8.14	0.388 9	-0.183	0.892 6
10.64	0.330 1	-0.086	0.790 4
13.96	0.362 1	-0.170	0.942 6
17.72	0.395 2	-0.173	0.916 8

我们可以通过式（5-3）反算在波-流耦合工况下，不同流速下结构设计允许管段压强极值差范围内的结构最小悬浮水深。由图 5-77 可以看出，结构悬浮水深在超过 75 cm 范围后，管段压强极值差变化有减小的趋势，在这一悬浮水深下结构的任一流速工况管段压强极值差均小于 0.2 kN。若假设实验管段结构的容许管段压强极值为 0.2 kN，则可通过式（5-2）和表 5-21 推算不同流速下的管段结构的最小悬浮水深，如表 5-22 所示。这对工程实践具有指导意义，我们可以根据特定海域的常遇设计流速和容许管段压强极值差，推算此海域 SFT 管段的最小悬浮水深。

表 5-22 不同流速下的管段结构的最小悬浮水深

流速 /（cm/s）	容许管段压强极值差 /kN	最小悬浮水深 /cm
5.58	0.2	87.29
8.14	0.2	90.85
10.64	0.2	98.42
13.96	0.2	107.90
17.72	0.2	145.66

在波-流耦合作用下，为研究 SFT 管段压强在不同水深下随波高变化的敏感性，保持波浪周期 1.5 s、流速 8.14 cm/s 不变，而使管段顶部悬浮水深分别在 25～125 cm 内变化，得到一系列波高下管段压强随悬浮水深而变化的曲线，如图 5-78 所示。以典型压强参数迎浪面压强（3#）分析 SFT

管段在波-流耦合作用下随悬浮水深变化的特性。在不同的波高作用下，管段所受静水压强随 SFT 的悬浮水深增大而增大，因此 SFT 管段的压强绝对值均随悬浮水深的增大而增大。但 SFT 管段压强变化的相对幅值却随水深的增大而减小，主要是随着悬浮水深的增大，波浪对管段的影响反而减小。

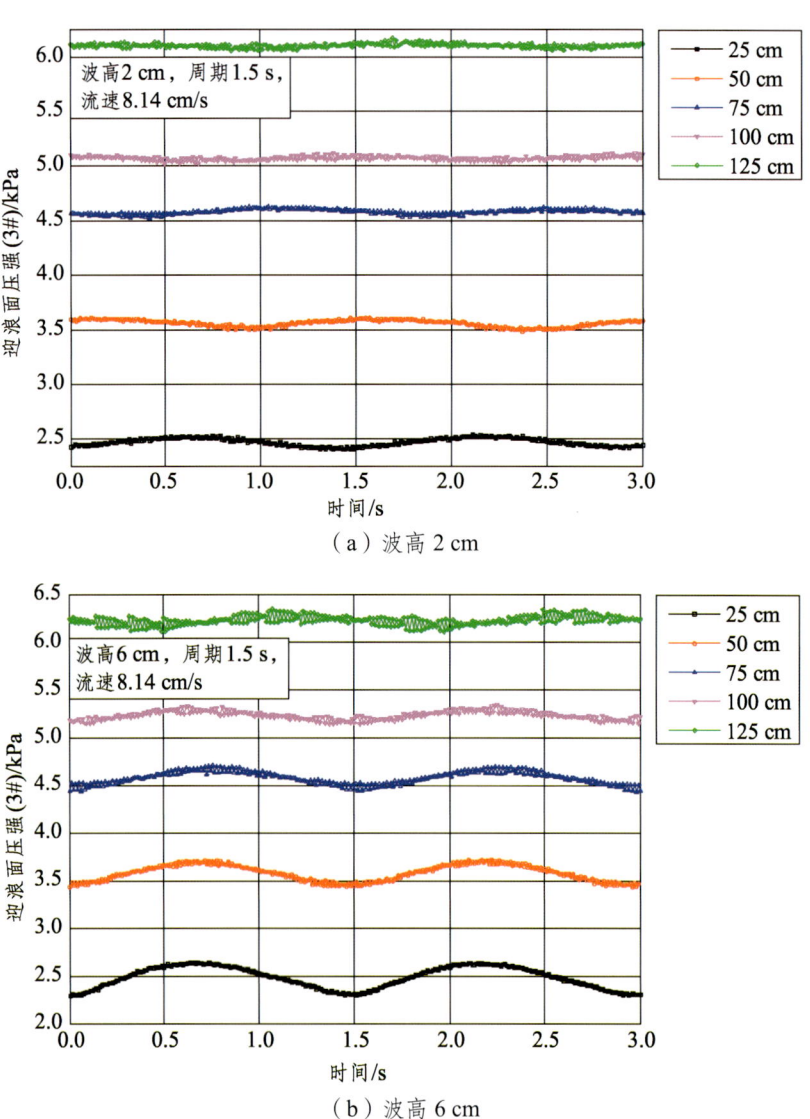

(a) 波高 2 cm

(b) 波高 6 cm

5.4 波-流耦合作用下的 SFT 结构响应

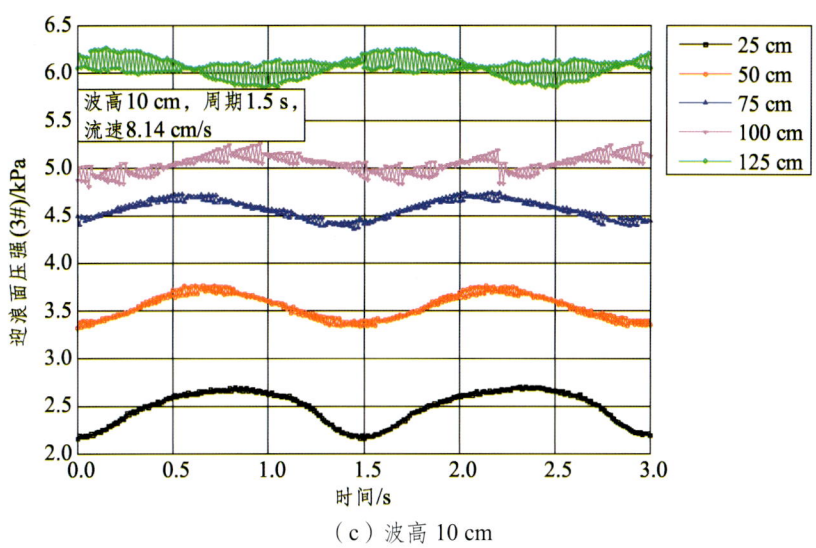

（c）波高 10 cm

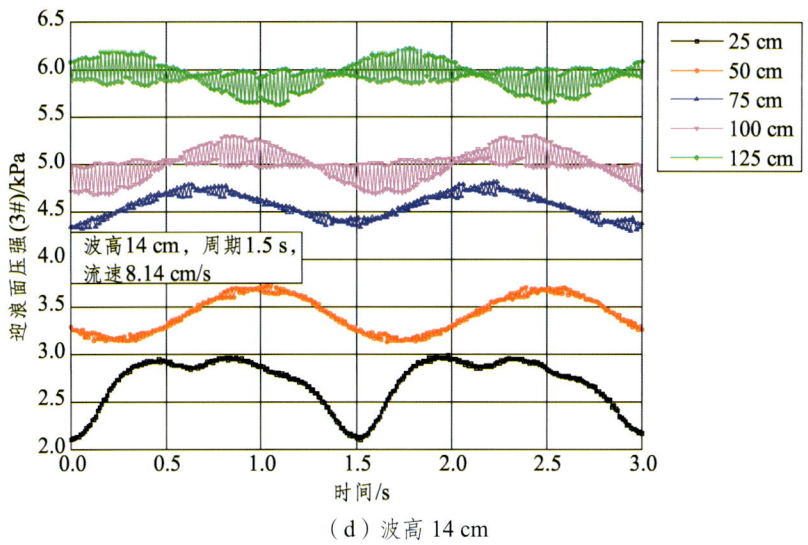

（d）波高 14 cm

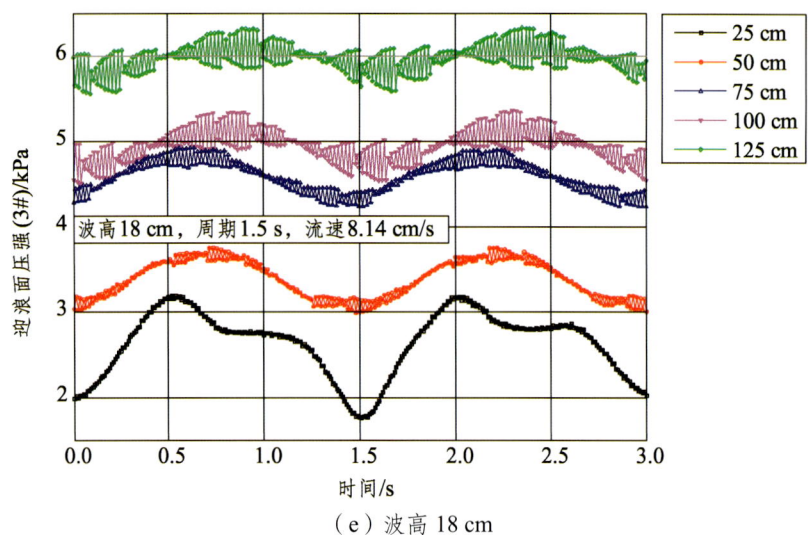

(e）波高 18 cm

图 5-78　波 - 流耦合时，不同水深相同波高作用下的结构响应参数

图 5-79 是在波 - 流耦合时，不同波高下 SFT 管段的压强极值差变化趋势图。由图可知，在不同的波高下，SFT 管段迎浪面压强极值差随管段悬浮水深的增大而逐渐减小。在管段悬浮水深超过 50 cm 后，SFT 管段压强差变化减小的速率显著减小。压强极值差减小的规律近似满足指数分布，如

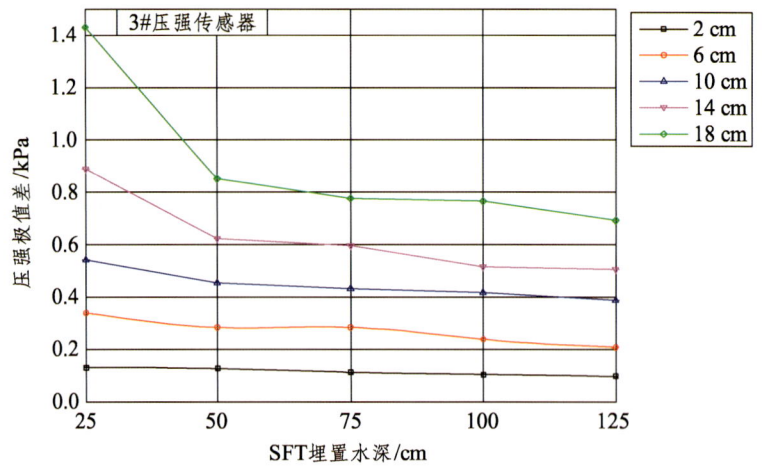

图 5-79　波 - 流耦合时，不同波高下 SFT 管段的压强差变化

5.4 波 - 流耦合作用下的 SFT 结构响应

式（5-3）所示。通过线性回归的方法可以得到图 5-79 中 5 条曲线线性回归后的 a、b 参数值，如表 5-23 所示。由 R^2 可以看出线性回归的关联性较好。

$$y = a \cdot e^{bx} \quad (5-3)$$

表 5-23 不同波高下管段压强极值差线性回归参数值

波高 /cm	a	b	R^2
2	0.144 5	− 0.079	0.968 8
6	0.377 2	− 0.115	0.949 3
10	0.557 2	− 0.075	0.897 9
14	0.907 0	− 0.131	0.839 7
18	1.389 1	− 0.156	0.735 0

我们可以通过式（5-3）反算在波 - 流耦合工况下，不同波高下结构设计允许压强极值差范围内的结构最小悬浮水深。由图 5-79 可以看出，结构悬浮水深在超过 50 cm 范围后，管段压强极值差变化显著减小。在波高 18 cm 工况下，超过 50 cm 悬浮水深后管段压强极值差均小于 0.8 kPa。当波高为 14 cm、10 cm、6 cm 和 2 cm 工况时，超过 50 cm 悬浮水深后管段压强极值差分别小于 0.6 kPa、0.42 kPa、0.3 kPa 和 0.14 kPa。若我们以实验管段结构的容许压强极值差 0.8 kPa 为控制指标，则可通过式（5-3）和表 5-23 推算不同波高下的管段结构的最小悬浮水深推荐值，如表 5-24 所示。同理，以 0.6 kPa、0.42 kPa、0.3 kPa 和 0.14 kPa 为管段结构的压强极值差为控制指标，可以得到不同波高下的管段结构最小悬浮水深推荐值，如表 5-25 ~ 表 5-28 所示，可以根据特定海域的常遇设计波高和容许管段压强极值差，推算此海域 SFT 管段的最小悬浮水深推荐值，这对工程实践具有指导意义。

表 5-24 不同波高下管段结构的最小悬浮水深

波高 /cm	容许管段压强极值差 /kPa	最小悬浮水深 /cm
2	0.8	—
6	0.8	—
10	0.8	—
14	0.8	23.96
18	0.8	88.43

表 5-25　不同波高下管段结构的最小悬浮水深

波高 /cm	容许管段压强极值差 /kPa	最小悬浮水深 /cm
2	0.6	—
6	0.6	—
10	0.6	—
14	0.6	78.86
18	0.6	134.53

表 5-26　不同波高下管段结构的最小悬浮水深

波高 /cm	容许管段压强极值差 /kPa	最小悬浮水深 /cm
2	0.42	—
6	0.42	—
10	0.42	94.22
14	0.42	146.93
18	0.42	191.69

表 5-27　不同波高下管段结构的最小悬浮水深

波高 /cm	容许管段压强极值差 /kPa）	最小悬浮水深 /cm
2	0.3	—
6	0.3	49.78
10	0.3	206.38
14	0.3	211.14
18	0.3	245.61

表 5-28　不同波高下管段结构的最小悬浮水深

波高 /cm	容许管段压强极值差 /kPa	最小悬浮水深 /cm
2	0.14	10.01
6	0.14	215.46
10	0.14	460.43
14	0.14	356.58
18	0.14	367.75

3. 断面压强分布

图 5-80 和图 5-81 是 SFT 管段在不同波高和流速下的各测点断面压强。由图可以看出 SFT 的断面最大压强为 6.69 kPa，出现在 7 号位置，次大的压强出现在 9 号位置，最小压强出现在 8 号位置。其原因与 5.2.1 节的分析一致，这里不再赘述。

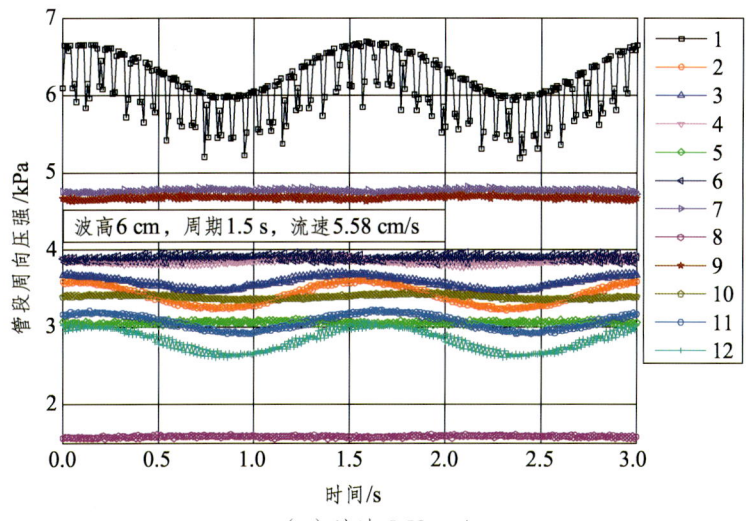

（a）流速 5.58 cm/s

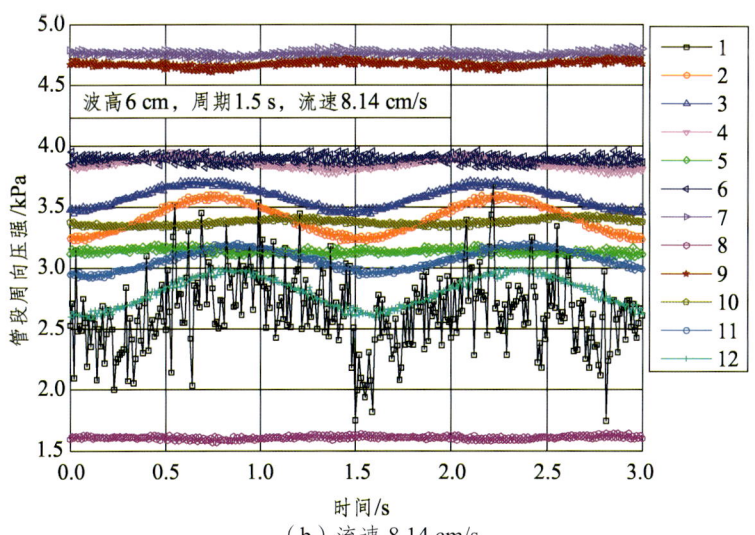

（b）流速 8.14 cm/s

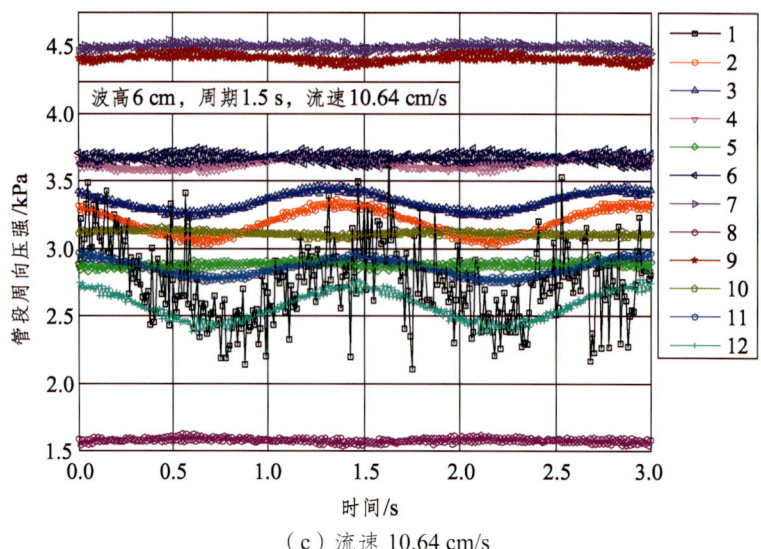

(c)流速 10.64 cm/s

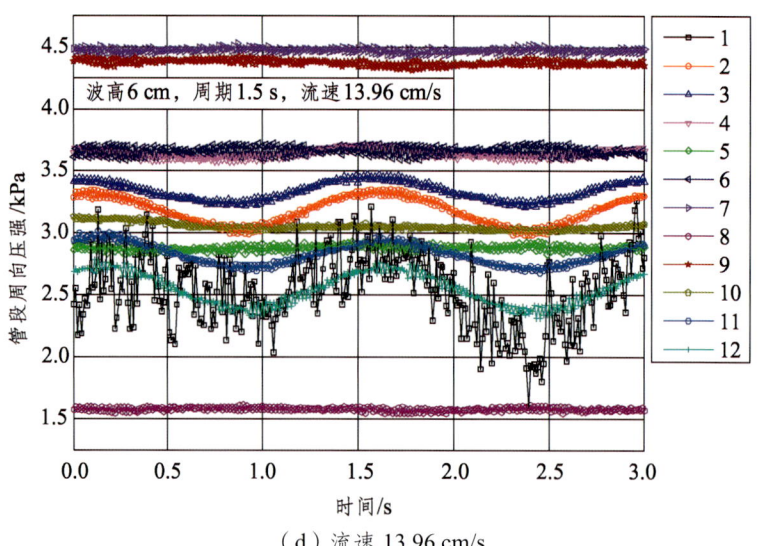

(d)流速 13.96 cm/s

5.4 波-流耦合作用下的 SFT 结构响应

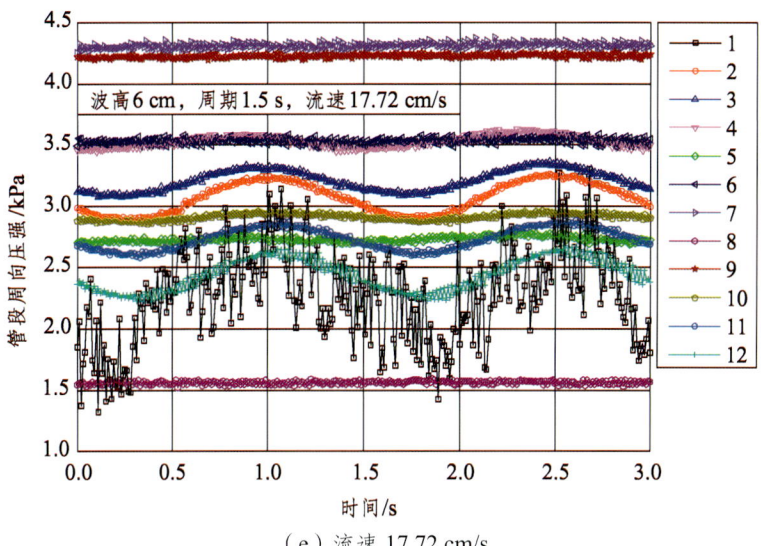

（e）流速 17.72 cm/s

图 5-80 断面测点压强随流速的变化

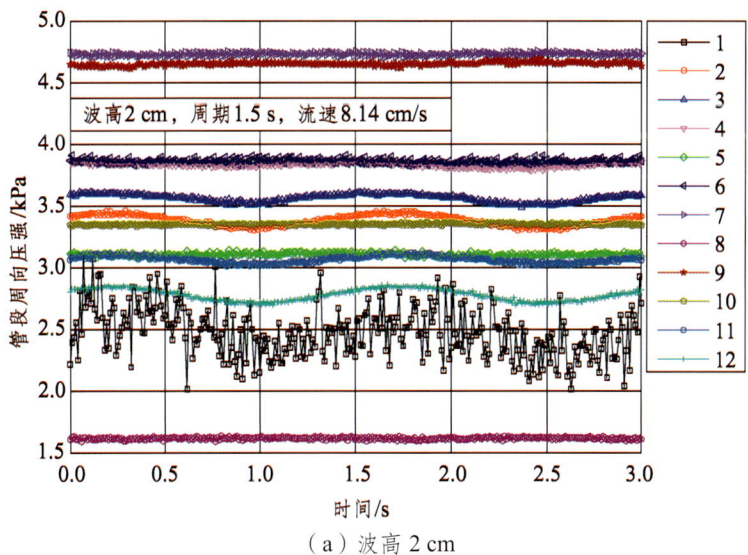

（a）波高 2 cm

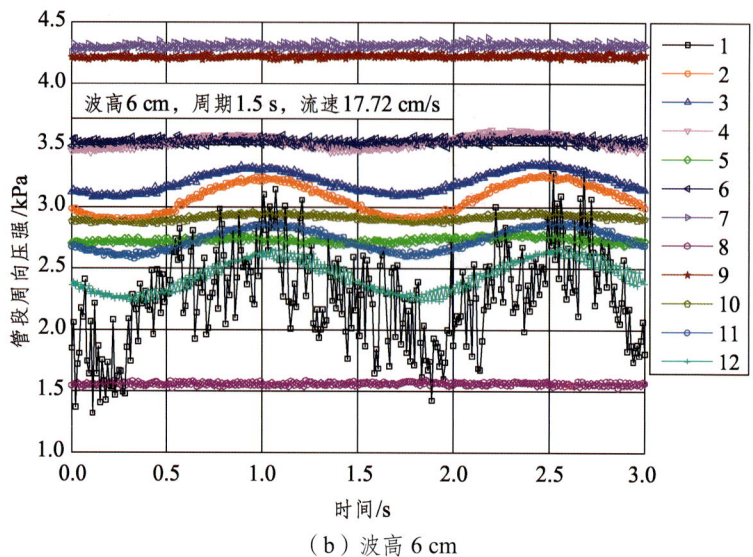

(b)波高 6 cm

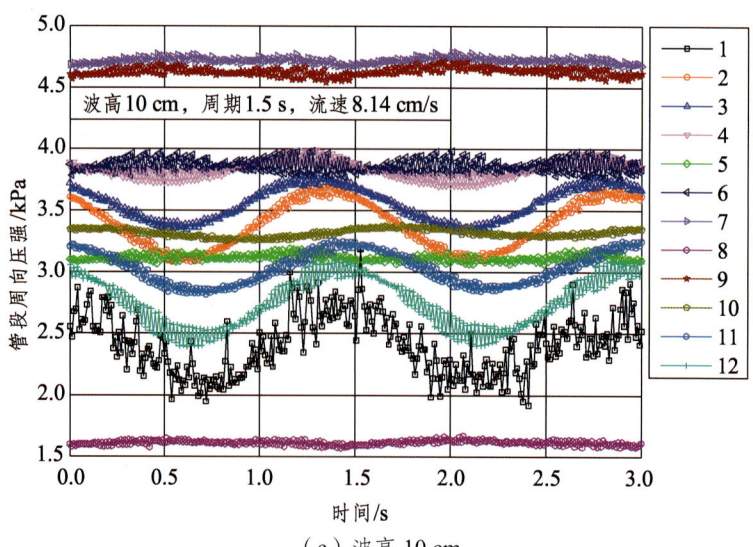

(c)波高 10 cm

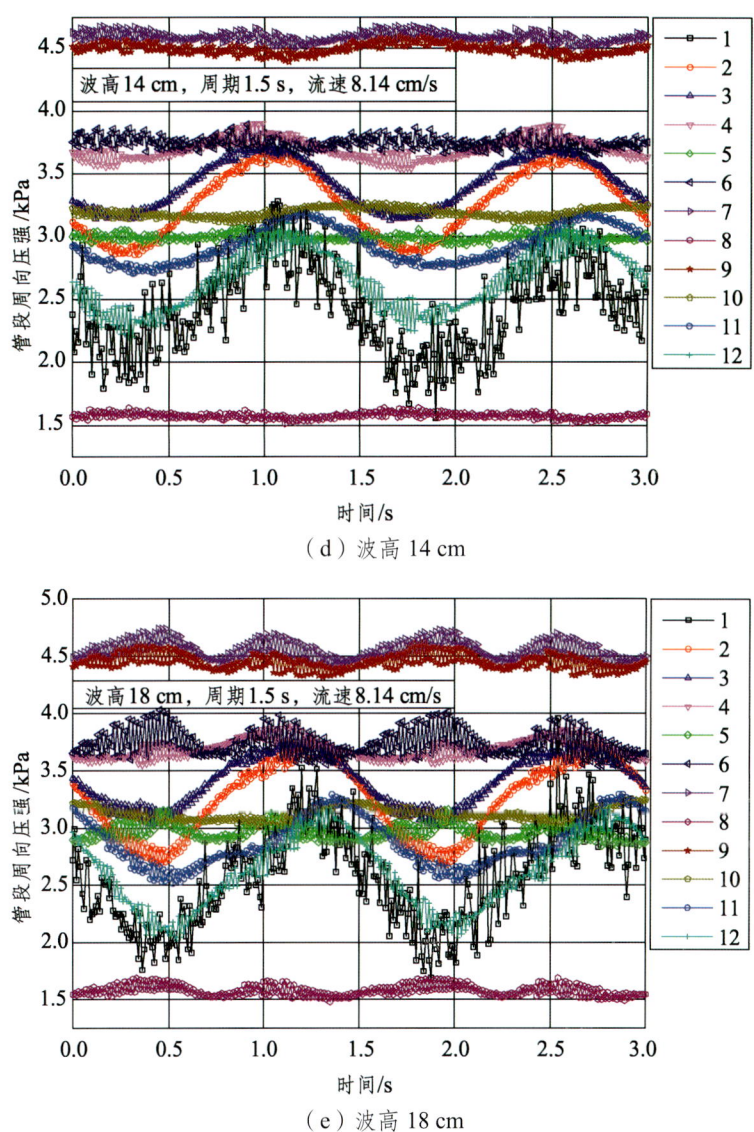

图 5-81 断面测点压强随波高的变化

我们将由波流引起的最大压强换算到原型上即为 267.6 kPa < 40 MPa，远小于 C40 混凝土的抗压强度，因此 SFT 的断面材料主要是受其静水压强控制。

进一步来看，为了分析波浪作用下 SFT 管段断面压强分布的特性，需考虑 SFT 管段压强相对幅值的变化大小。图 5-82 所示为断面压强峰值差随流速的变化趋势图，由图可以看出压强峰值变化最大的位置是 1 号，其余位置的变化幅值均很小。图 5-83 所示为断面压强峰值差随波高的变化趋势

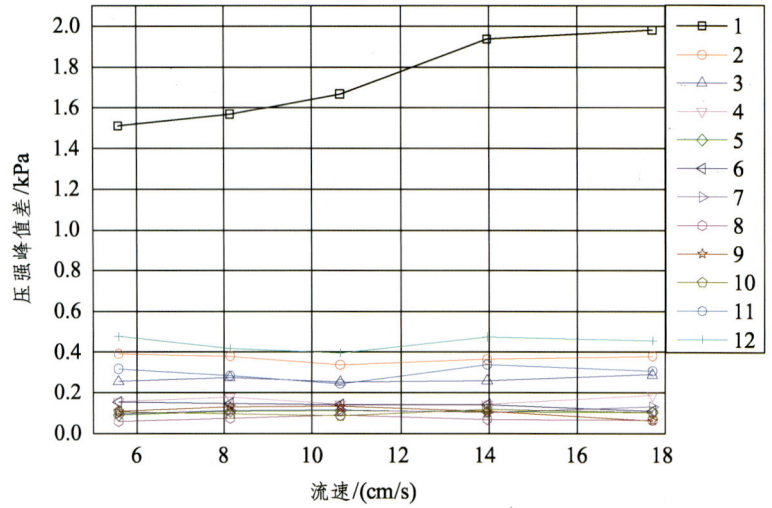

图 5-82　断面压强峰值差随流速的变化

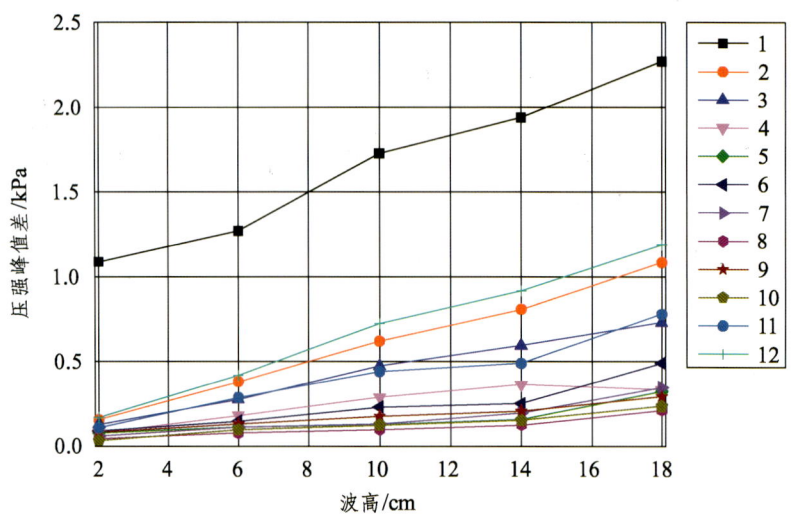

图 5-83　断面压强峰值差随波高的变化

5.4 波-流耦合作用下的 SFT 结构响应

图，可以看出压强峰值变化最大的位置是 1 号，其次是 12 号、2 号、11 号和 3 号，其余位置的压强峰值差变化均较小。1 号、12 号、2 号和 11 号均位于管段的上表面，受漩涡泄放效应的影响，以上位置的表面流速 $v+v_1$ 则大于原有流速 v，从而形成柱体表面上的压力差，因此其压强峰值变化较大。而 3 号处于波浪作用的正面，即迎流面方向，因此其压强峰值差变化也较大。以上压强峰值差变化较大的位置均为结构受波流荷载的相对不利部位。

4. 管段压强在不同波流条件下的对比分析

为分析 SFT 管段压强位移在不同波流条件下的时程变化曲线，我们以流速 8.14 cm/s、波高 18 cm 和周期 1.5 s 工况为例进行分析，如图 5-84 所示。由图可以看出波-流耦合作用下的 SFT 压强最大实验值小于纯波作用。表 5-29 给出了不同波高下 SFT 管段压强最大实验值在纯流、纯波和波-流耦合时的对比情况。

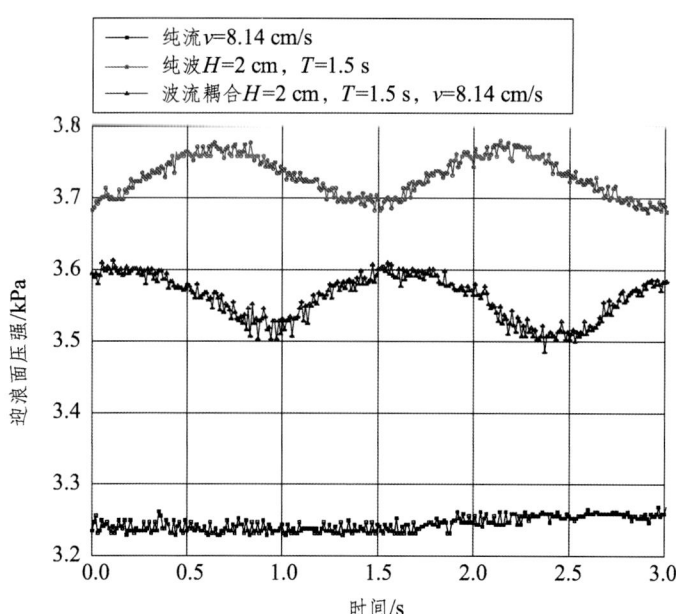

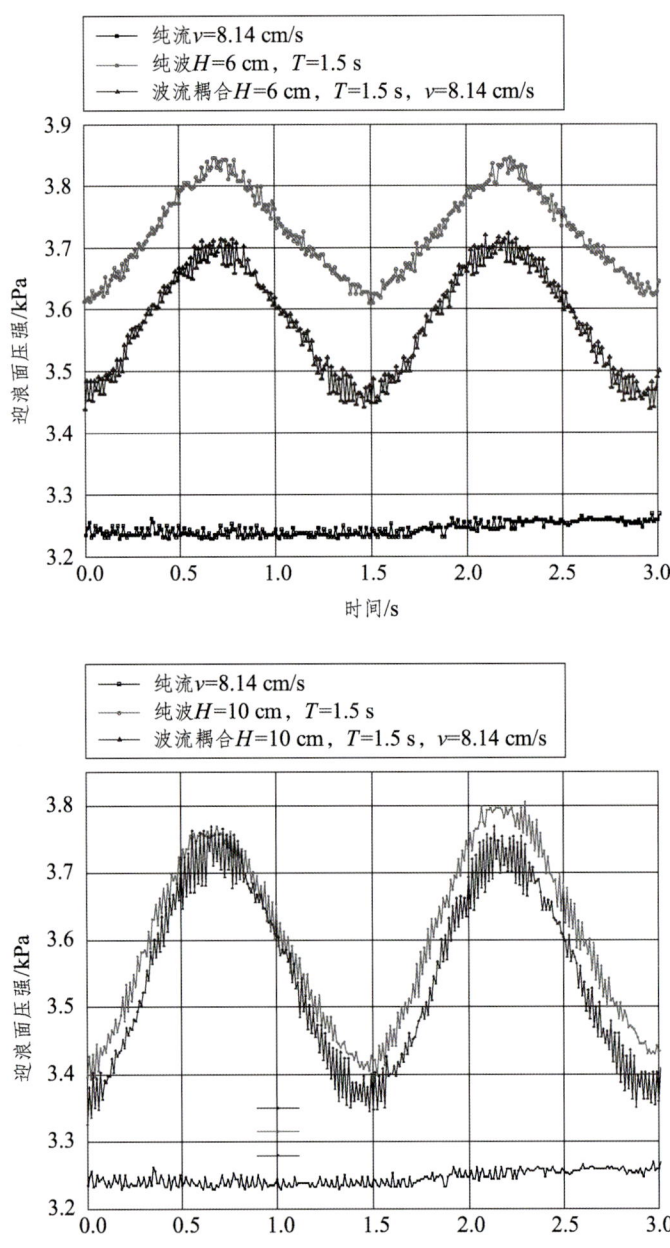

5.4 波-流耦合作用下的SFT结构响应

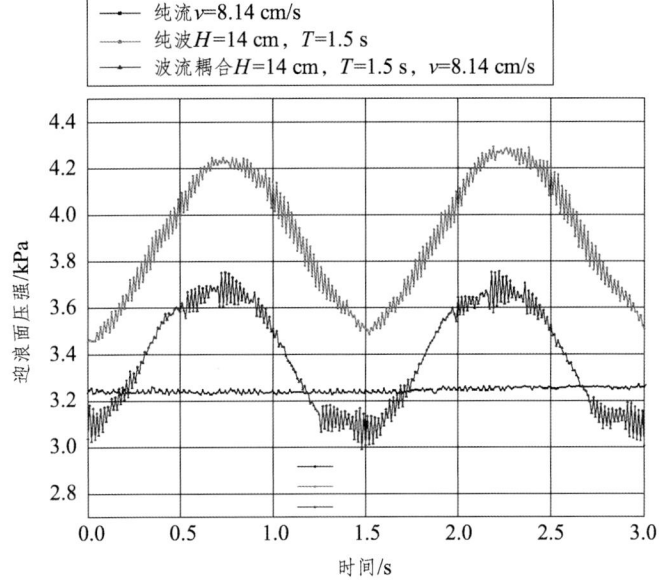

图 5-84 波-流耦合时，不同流速作用下的锚索张力

表 5-29 不同波流作用时，管段压强的最大实验值的对比（以 3# 压强为例）

波流条件	v = 8.14 cm/s, H = 2 cm, T = 1.5 s	v = 8.14 cm/s, H = 6 cm, T = 1.5 s	v = 8.14 cm/s, H = 10 cm, T = 1.5 s	v = 8.14 cm/s, H = 14 cm, T = 1.5 s	v = 8.14 cm/s, H = 18 cm, T = 1.5 s
纯流 /kPa	3.206	3.235	3.308	3.243	3.269
纯波 /kPa	3.781	3.845	3.805	4.199	4.291
波-流耦合 /kPa	3.613	3.723	3.769	3.726	3.757

5.4.2 锚索张力

1. 锚索张力随波高和周期的变化

在波-流耦合作用时，保持波浪波高 6 cm 和周期 1.5 s 不变，使实验港池的流速从 5.58 到 17.72 cm/s 变化，得到管段锚索张力随流速变化的曲线。以 50 cm 悬浮水深工况为例，分析 SFT 管段的典型参数锚索张力（4#）在波-流耦合作用下的锚索张力变化特性，如图 5-85 所示。SFT 的管段锚索张力峰值随流速的增大而增大，但增加幅值很小。

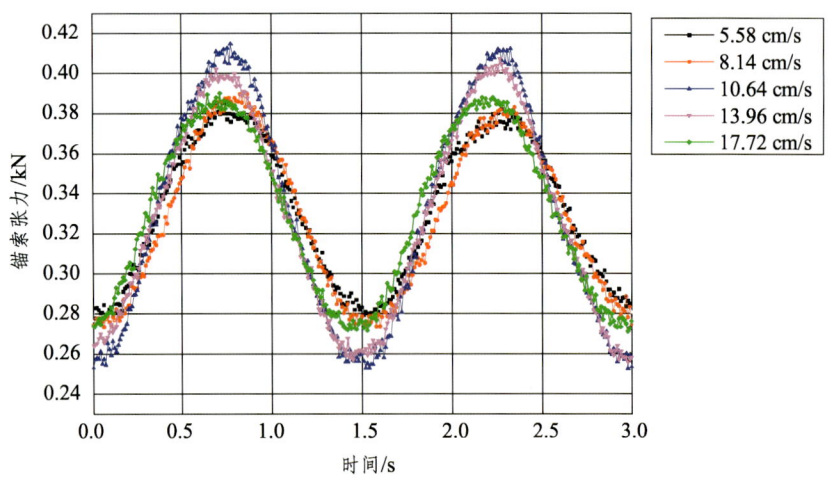

图 5-85 波-流耦合时，不同流速作用下的锚索张力

同样，在波-流耦合作用时，保持实验港池的流速为 8.14 cm/s 和波浪的周期为 1.5 s 不变，使波浪的波高在 2～18 cm 内变化，得到一系列管段迎浪面压强随波高变化的曲线。以 50 cm 悬浮水深工况为例，分析 SFT 管段典型参数锚索张力（4#）在波-流耦合作用下的锚索张力变化特性，如图 5-86 所示。SFT 管段的锚索张力峰值随波高的增大而增大。

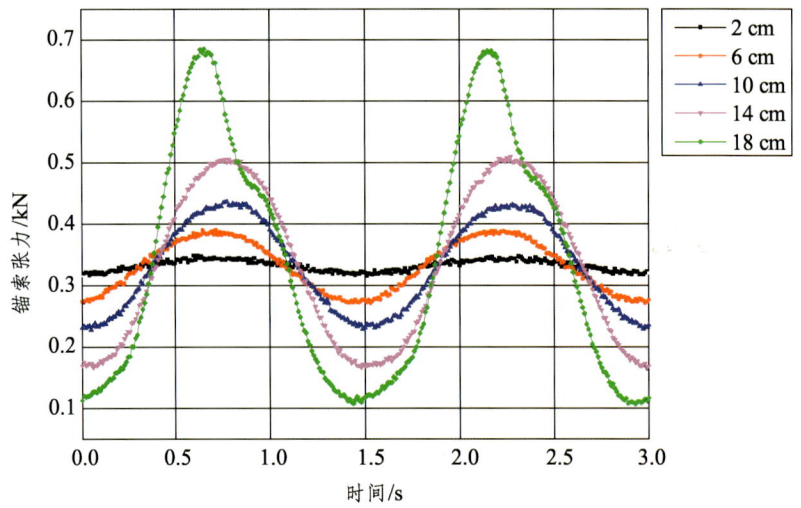

图 5-86 波-流耦合时，不同波高作用下的锚索张力变化

2. 锚索张力随悬浮水深的变化

为研究 SFT 锚索张力在不同水深下随流速变化的敏感性，保持规则波波浪周期为 1.5 s、波高为 6 cm 不变，而使管段顶部悬浮水深分别在 25～125 cm 内变化，以典型参数锚索张力（4#）分析 SFT 管段在波 - 流耦合作用下随悬浮水深变化的特性，得到一系列流速下管段锚索张力随悬浮水深而变化的曲线，如图 5-87 所示。锚索张力随着 SFT 管段悬浮水深的增大而逐渐减小，主要是由于在水深增大后，波浪和水流对管段的影响均逐渐减小。在管段悬浮水深为 125 cm 时，SFT 管段锚索张力变化极小。

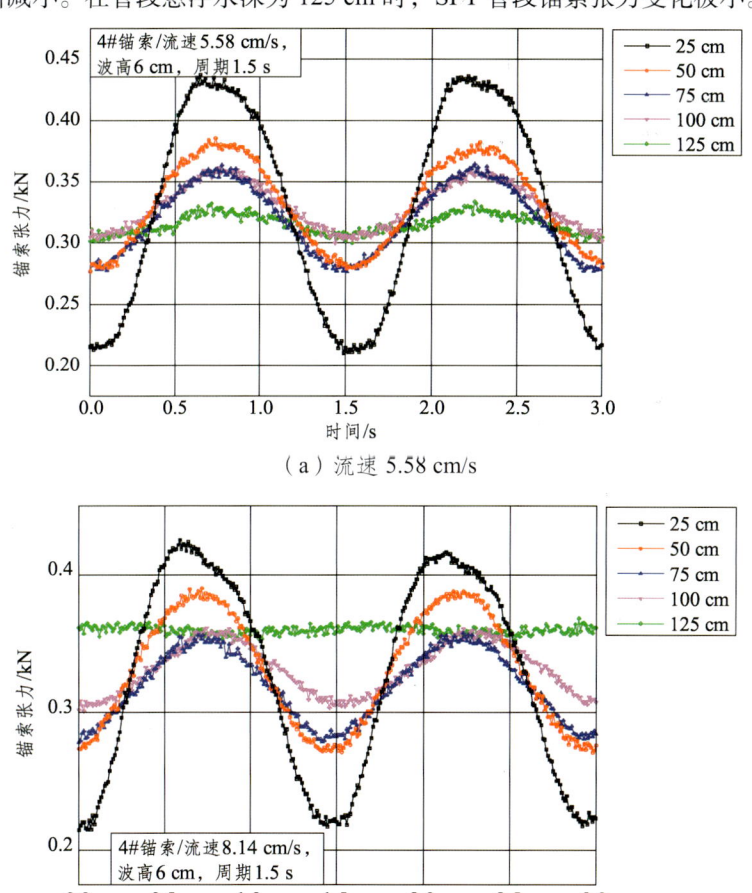

（a）流速 5.58 cm/s

（b）流速 8.14 cm/s

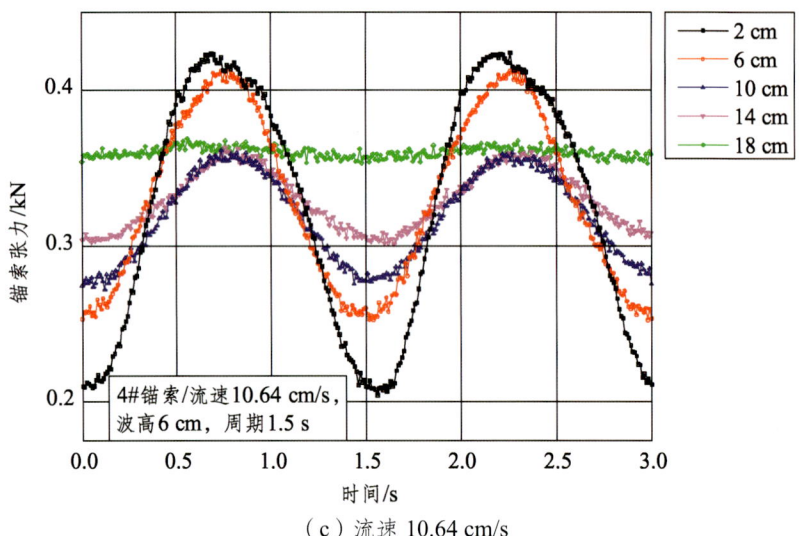

（c）流速 10.64 cm/s

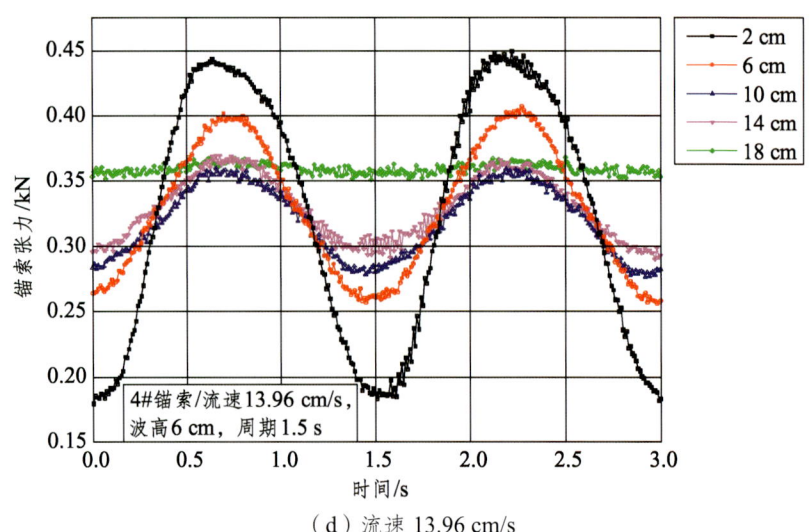

（d）流速 13.96 cm/s

5.4 波-流耦合作用下的 SFT 结构响应

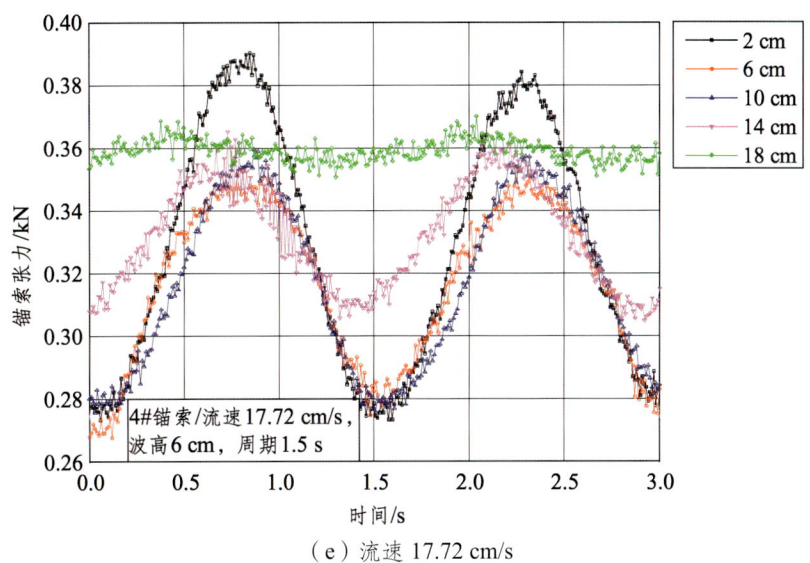

（e）流速 17.72 cm/s

图 5-87　波-流耦合时，锚索张力随流速的变化

为了进一步分析 SFT 管段锚索张力幅值的变化规律，此处给出了耦合时，不同波高下 SFT 管段的锚索张力极值差变化趋势（图 5-88）。SFT 管段锚索张力极值差随管段悬浮水深的增大而逐渐减小。张力极值差减小的

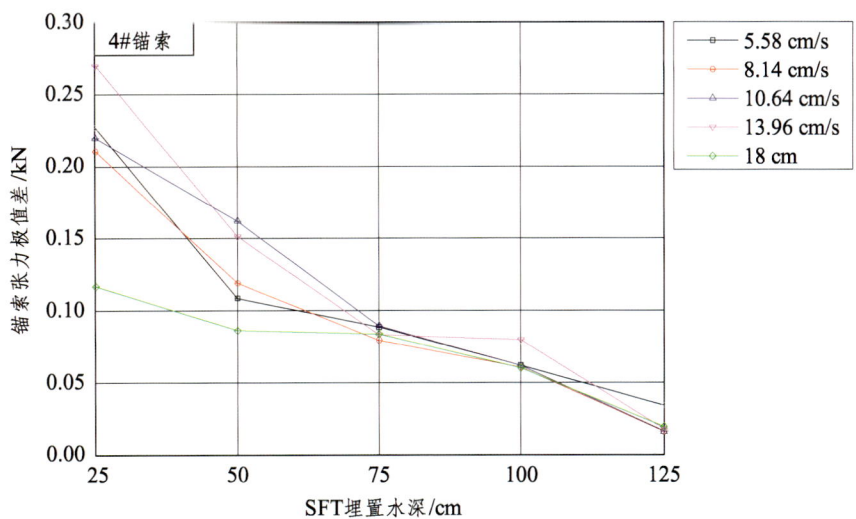

图 5-88　在波-流耦合时，不同流速下 SFT 管段的锚索张力极值差变化

规律近似波-流耦满足指数分布，如式（5-4）所示。通过线性回归的方法可以得到图 5-88 中锚索张力最大实验值随悬浮水深变化的各曲线线性回归后的 a、b 参数值，如表 5-30 所示。由 R^2 可以看出线性回归的关联性较好。

$$y = a \cdot \mathrm{e}^{bx} \tag{5-4}$$

表 5-30　不同流速下锚索张力极值差线性回归值

流速 /（cm/s）	a	b	R^2
5.58	0.315 6	− 0.435	0.968 8
8.14	0.413 9	− 0.584	0.917 2
10.64	0.509 3	− 0.619	0.919 0
13.96	0.540 4	− 0.612	0.895 7
17.72	0.206 1	− 0.395	0.799 9

从图 5-88 中可以看出，结构悬浮水深在超过 75 cm 范围后，锚索张力极值差变化显著减小，在这一悬浮水深下结构的任一流速工况锚索张力极值差均小于 0.1 kN。若我们以实验管段结构的锚索张力极值差 0.1 kN 为锚索容许受力的控制指标，则可通过式（5-4）和表 5-30 推算，可得到不同流速下管段结构的最小悬浮水深推荐值，如表 5-31 所示。根据特定海域的常遇设计流速和容许锚索张力极值差，即可推算此海域 SFT 管段的最小悬浮水深推荐值，这对工程实践具有指导意义。

表 5-31　不同流速下的管段结构的最小悬浮水深

流速 /（cm/s）	容许锚索张力极值差 /kN	最小悬浮水深 /cm
5.58	0.1	45.77
8.14	0.1	60.81
10.64	0.1	65.75
13.96	0.1	66.05
17.72	0.1	68.92

为研究 SFT 管段随波高的变化特性，保持规则波波浪周期为 1.5 s、流速为 8.14 cm/s 不变，而使管段顶部悬浮水深分别在 25～125 cm 内变化，以典型参数锚索张力（4#）分析 SFT 管段在波-流耦合作用下随悬浮

5.4 波-流耦合作用下的 SFT 结构响应

水深变化的特性，得到一系列波高下管段锚索张力随悬浮水深而变化的曲线，如图 5-89 所示。SFT 管段锚索张力随悬浮水深的增大而逐渐减小，主要是由于在水深增大后，波浪和水流对管段的影响均逐渐减小。当悬浮水深为 25 cm 时，SFT 管段的锚索张力峰值波动很大，而当管段悬浮水深为 125 cm 时，SFT 管段锚索张力变化极小。

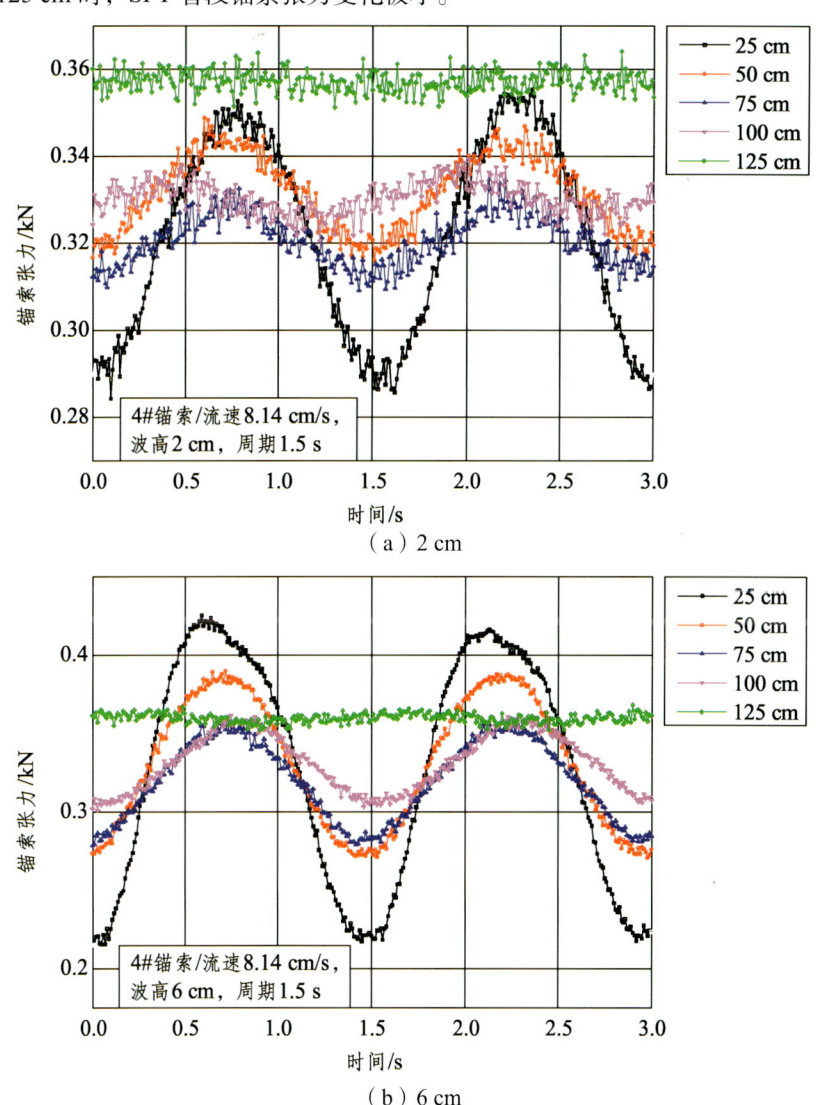

(a) 2 cm

(b) 6 cm

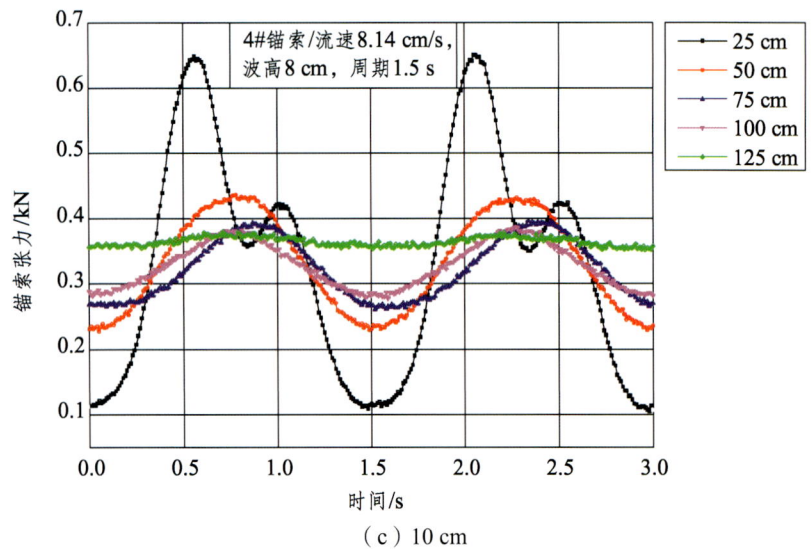

（c）10 cm

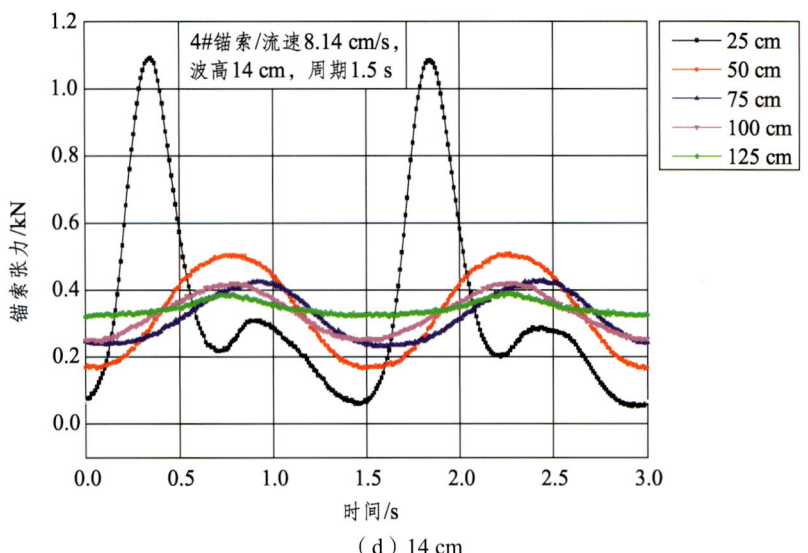

（d）14 cm

5.4 波-流耦合作用下的 SFT 结构响应

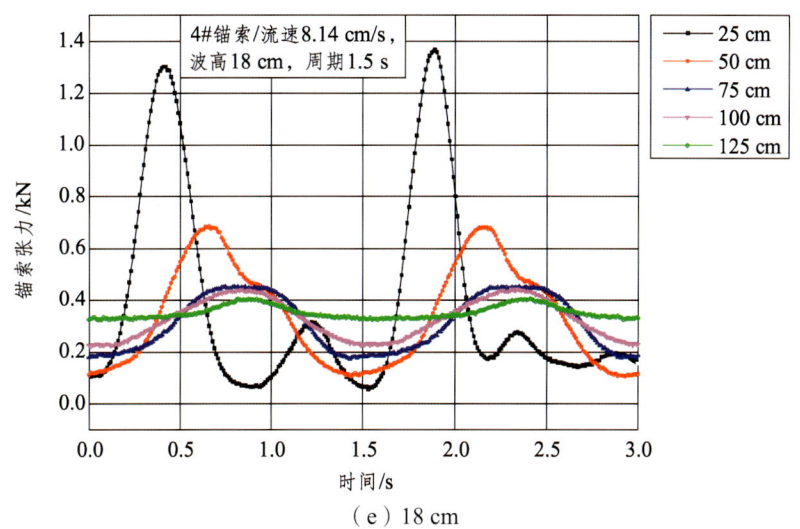

(e) 18 cm

图 5-89　波-流耦合时锚索随波高的变化

为了进一步分析锚索张力幅值随波高的变化规律，我们给出了波-流耦合时，不同波高下 SFT 管段的锚索张力极值差变化趋势图（图 5-90）。SFT 结构锚索张力极值差随管段悬浮水深的增大而逐渐减小。张力极值差减小的规律近似满足指数分布，如式(5-5)所示。通过线性回归的方法可以得到图 5-90

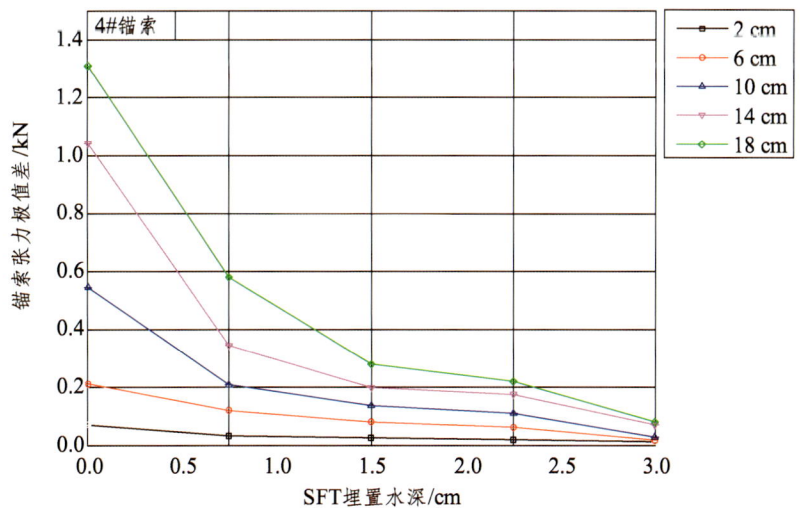

图 5-90　在波-流耦合时不同波高下 SFT 管段的锚索张力极值差变化

中 5 条曲线线性回归后的 a、b 参数值，如表 5-32 所示。由 R^2 可以看出线性回归的关联性较好。

$$y = a \cdot e^{bx} \quad (5\text{-}5)$$

表 5-32　不同波高下锚索极值差线性回归值

波高 /cm	a	b	R^2
2	0.088 4	− 0.01576	0.951 1
6	0.413 9	− 0.02336	0.917 2
10	0.982 1	− 0.02632	0.932 0
14	1.518 2	− 0.0244	0.937 7
18	2.338 6	− 0.02624	0.974 4

从图 5-90 中可以看出，当管段悬浮水深超过 75 cm 范围后，锚索张力极值差变化显著减小，在这一悬浮水深下结构的任一波高工况锚索张力极值差均小于 0.25 kN。若我们以实验管段结构的容许锚索张力极值差为 0.25 kN，则可通过式（5-5）和表 5-32 推算不同波高下的管段结构的最小悬浮水深推荐值，如表 5-33 所示。根据特定海域的常遇设计波高和容许锚索张力极值差，即可推算此海域 SFT 管段的最小悬浮水深推荐值，这对工程实践具有指导意义。同时，从表 5-31 和表 5-33 中周期和波高对悬浮水深的影响大小来看，波高是主要控制因素。

表 5-33　不同波高下管段结构的最小悬浮水深

波高 /cm	容许锚索张力极值差 /kN	最小悬浮水深 /cm
2	0.25	—
6	0.25	21.58
10	0.25	51.98
14	0.25	73.93
18	0.25	85.21

3. 锚索张力在不同波流条件下的对比分析

下面，我们对纯波时的锚索张力与纯流、波 - 流耦合工况时的锚索张力做对比分析。图 5-91 所示是 SFT 在不同波流条件下的锚索张力随波高而变化的时程曲线。在波 - 流耦合作用下的锚索张力总是大于纯波作用，这是因为增加恒定流作用后，锚索多了一个恒定力的作用。当改变恒定流流

5.4 波-流耦合作用下的SFT结构响应

速时，在波-流耦合作用下的锚索张力也大于纯波作用，在恒定流速发生改变后，恒定力随流速的增大而增大，如图5-92所示。

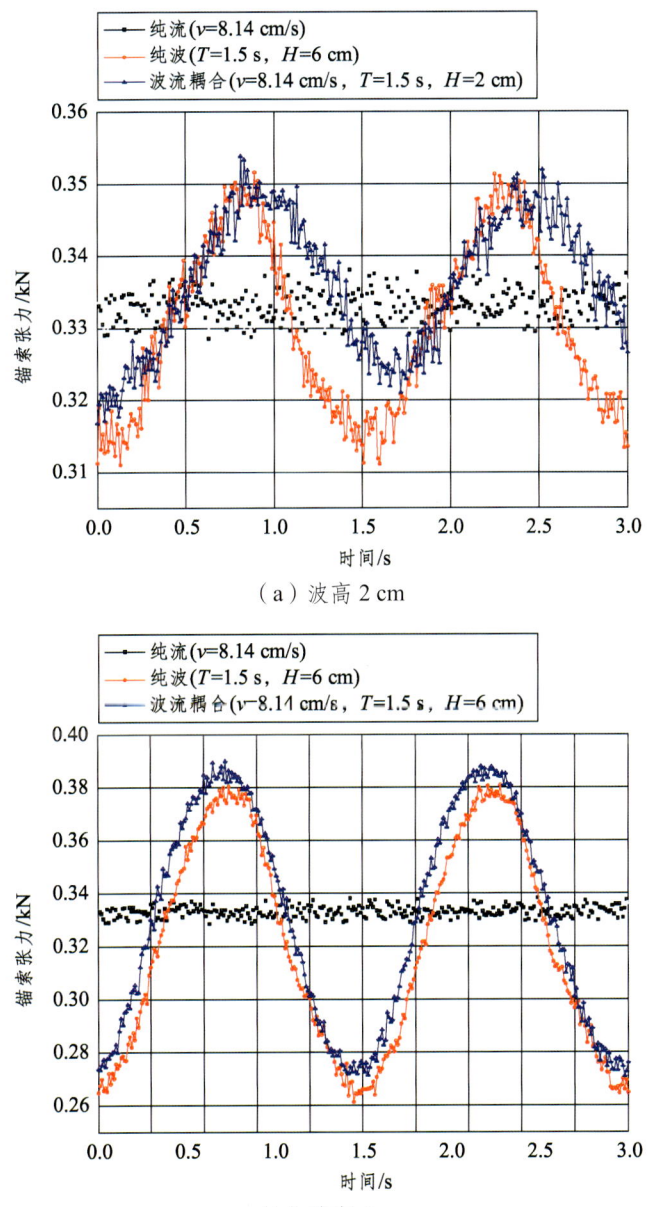

(a) 波高 2 cm

(b) 波高 6 cm

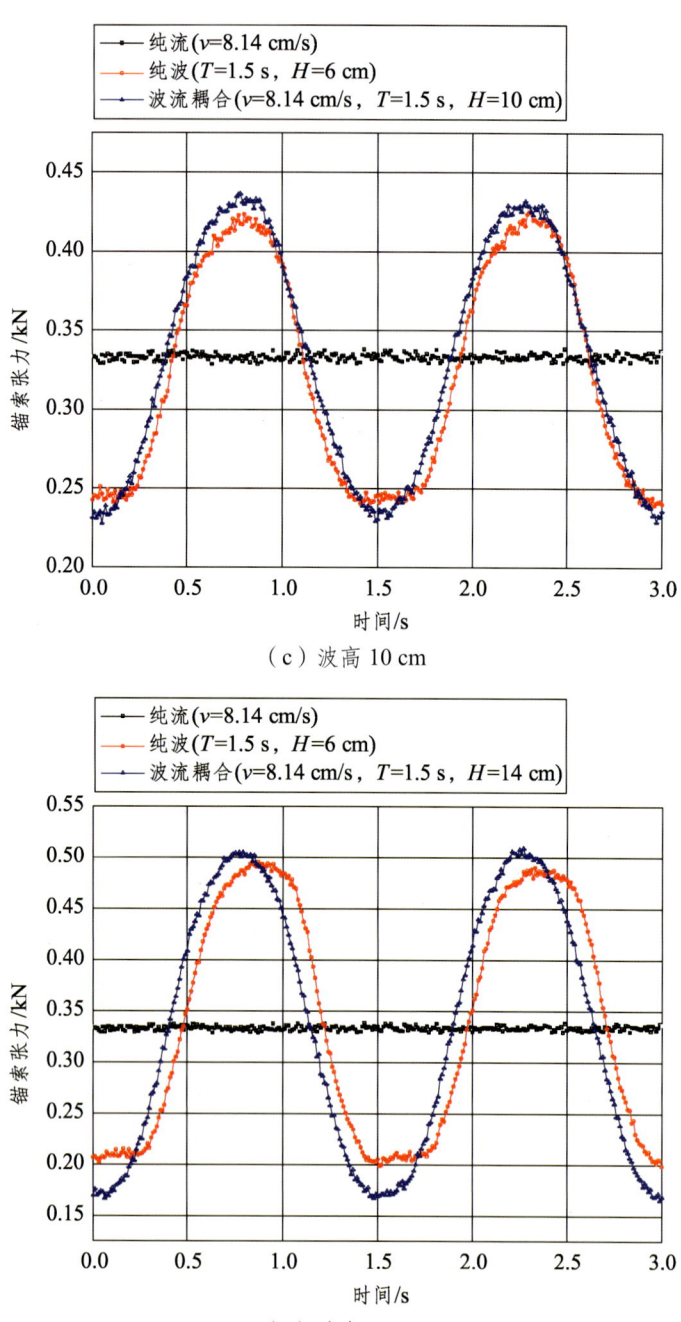

（c）波高 10 cm

（d）波高 14 cm

5.4 波-流耦合作用下的 SFT 结构响应

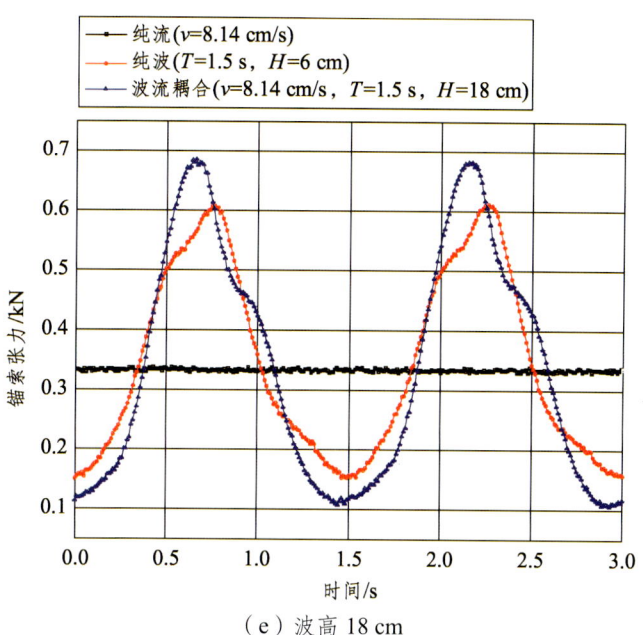

（e）波高 18 cm

图 5-91 锚索张力随波高的变化时程曲线（以管段悬浮水深 50 cm 为例）

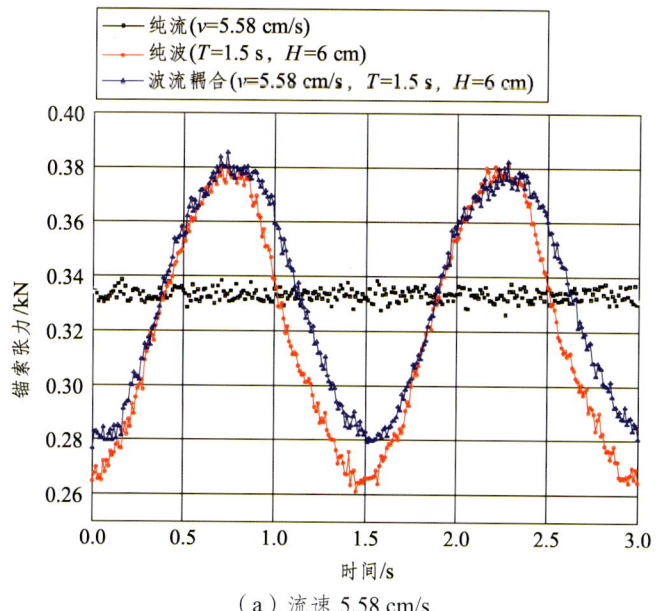

（a）流速 5.58 cm/s

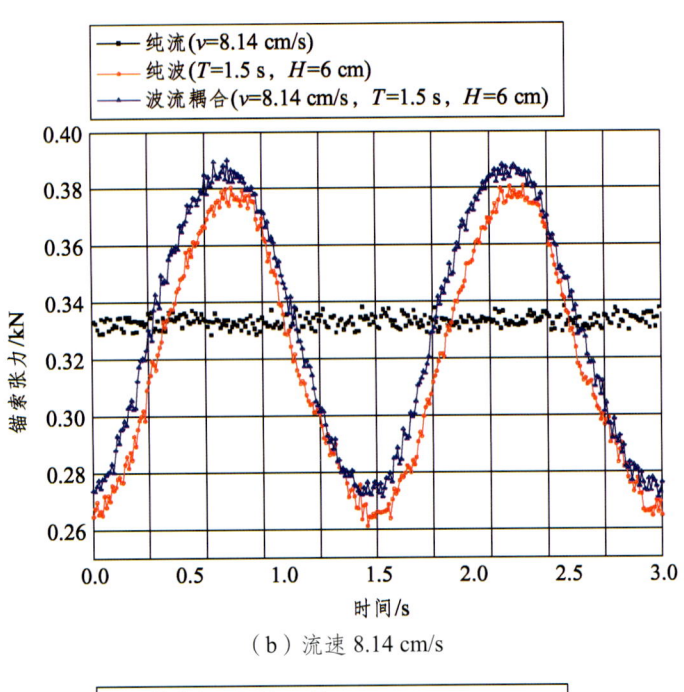

（b）流速 8.14 cm/s

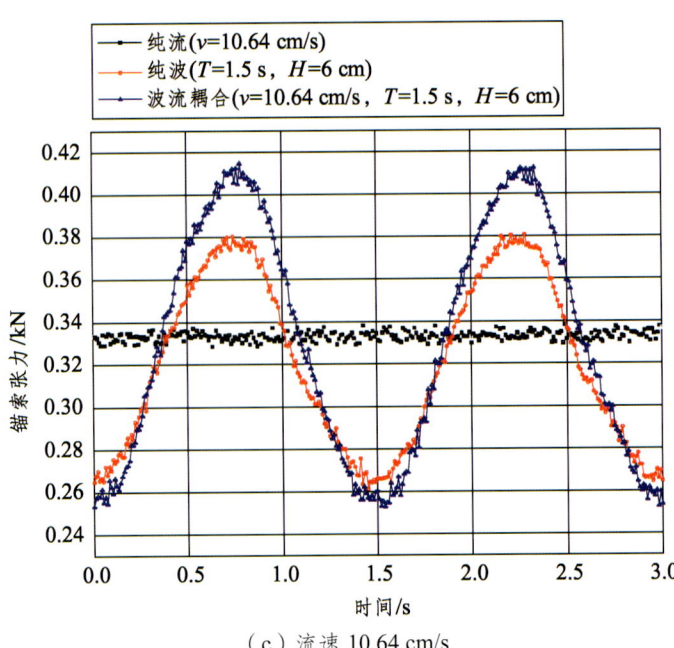

（c）流速 10.64 cm/s

5.4 波-流耦合作用下的 SFT 结构响应

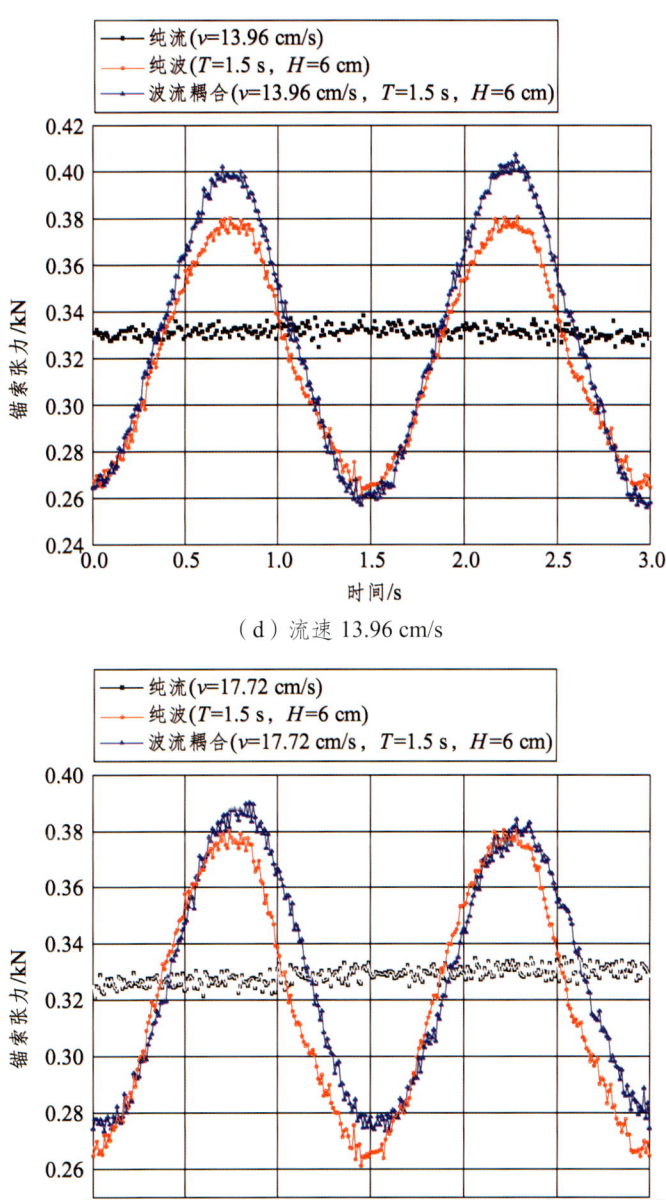

（d）流速 13.96 cm/s

（e）流速 17.72 cm/s

图 5-92 锚索张力随流速的变化时程曲线（以管段悬浮水深 50 cm 为例）

表 5-34 给出了不同波流工况时，锚索张力的最大实验值结果对比。从表 5-34 可以看出波-流耦合作用下的锚索张力大于纯波作用，但小于纯波和纯流作用线性叠加的结果。即锚索张力最大实验值的大小比较为（纯波＋纯流）＞波-流耦合＞纯波。

表 5-34　不同波流作用时，锚索张力的最大实验值的对比（以 4# 锚为例）

波流条件	v=5.58 cm/s, H=6 cm, T=1.5 s	v=8.14 cm/s, H=6 cm, T=1.5 s	v=10.64 cm/s, H=6 cm, T=1.5 s	v=13.96 cm/s, H=6 cm, T=1.5 s	v=17.72 cm/s, H=6 cm, T=1.5 s	v=8.14 cm/s, H=2 cm, T=1.5 s	v=8.14 cm/s, H=10 cm, T=1.5 s	v=8.14 cm/s, H=14 cm, T=1.5 s	v=8.14 cm/s, H=18 cm, T=1.5 s
纯流	0.3385	0.3392	0.3383	0.3382	0.3351	0.3383	0.3383	0.3383	0.3383
纯波	0.3808	0.3808	0.3808	0.3808	0.3808	0.3516	0.4249	0.4950	0.6117
波-流耦合	0.3853	0.3900	0.4146	0.4073	0.3902	0.3538	0.4363	0.5093	0.6851

5.4.3　管段六自由度位移

1. 管段六自由度位移随流速和波高的变化

在波-流耦合作用时，保持波浪波高 6 cm 和周期 1.5 s 不变，使实验港池的流速从 5.58 到 17.72 cm/s 变化，可以得到一系列管段六自由度运动量随流速变化的曲线，以 50 cm 悬浮水深工况为例，如图 5-93 所示。从隧道管段运动位移随时间变化的历程曲线可以看出其变化规律为周期性振荡运动，振荡周期等于外激励即波浪周期。

在波-流耦合作用下，我们以波高 6 cm、周期 1.5 s 和流速 8.14 cm/s 工况为例，分析 SFT 管段典型六自由度位移功率谱，如图 5-94 所示。SFT 的横摇功率谱出现了两个峰值，分别在 0.195 和 0.684 位置。

以 50 cm 悬浮水深工况为例，在波-流耦合作用时，保持波浪周期 1.5 s 和流速 8.14 cm/s 不变，使实验港池的波浪波高从 2 到 18 cm 变化，可以得到一系列管段六自由度运动量随波高变化的曲线，如图 5-95 所示。从隧道管段动力响应随时间变化的历程曲线可以看出，其变化规律为周期性振荡运动，振荡周期等于外激励即波浪周期。

5.4 波-流耦合作用下的 SFT 结构响应

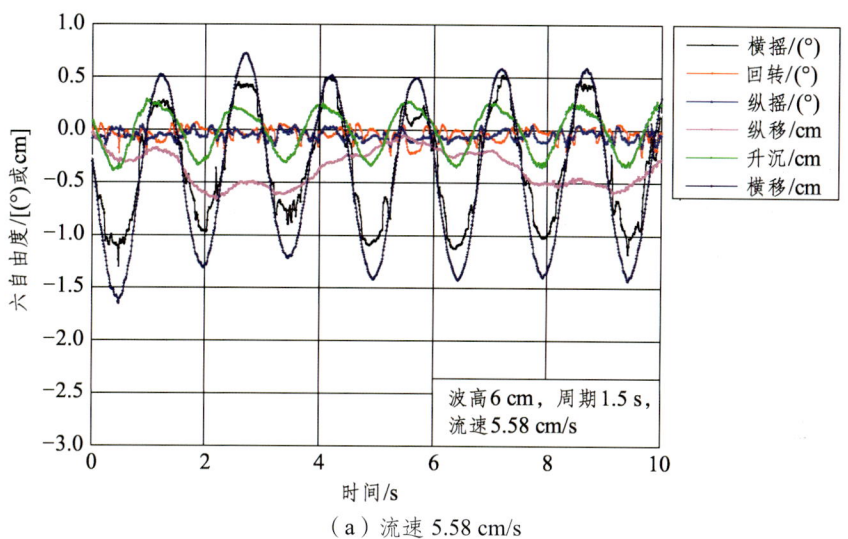

（a）流速 5.58 cm/s

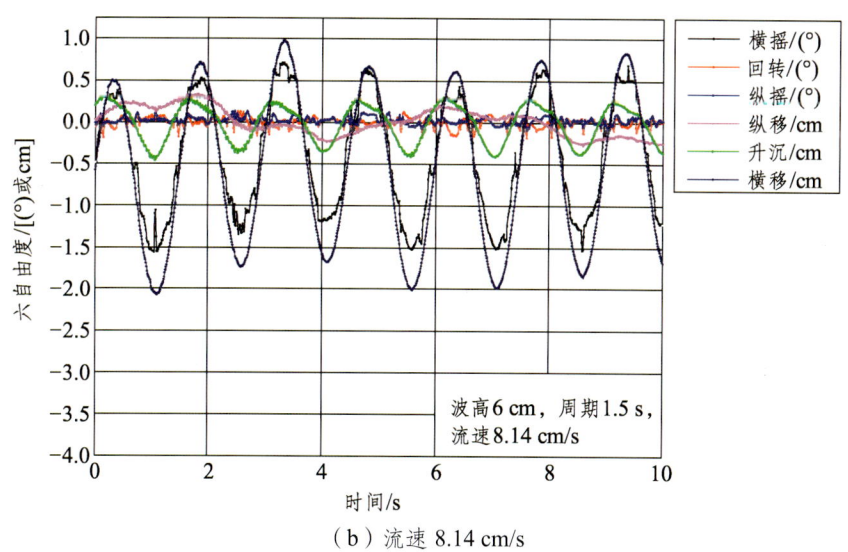

（b）流速 8.14 cm/s

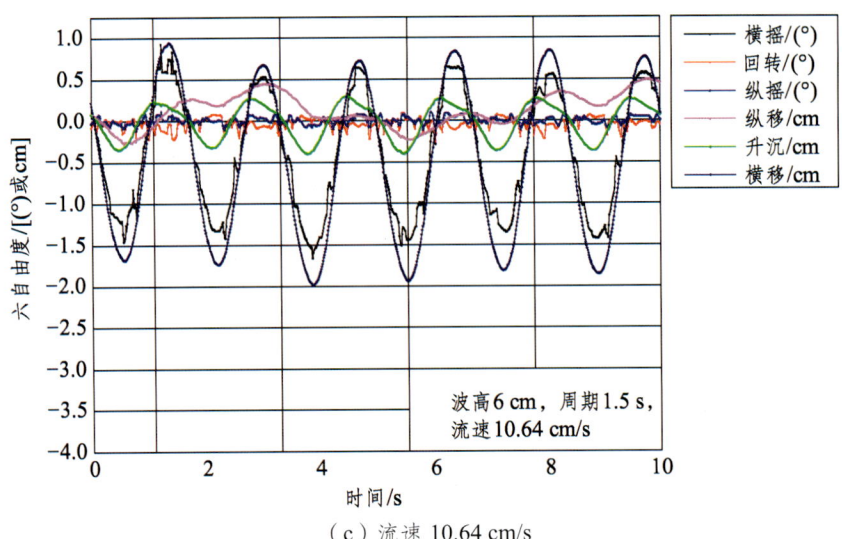

(c) 流速 10.64 cm/s

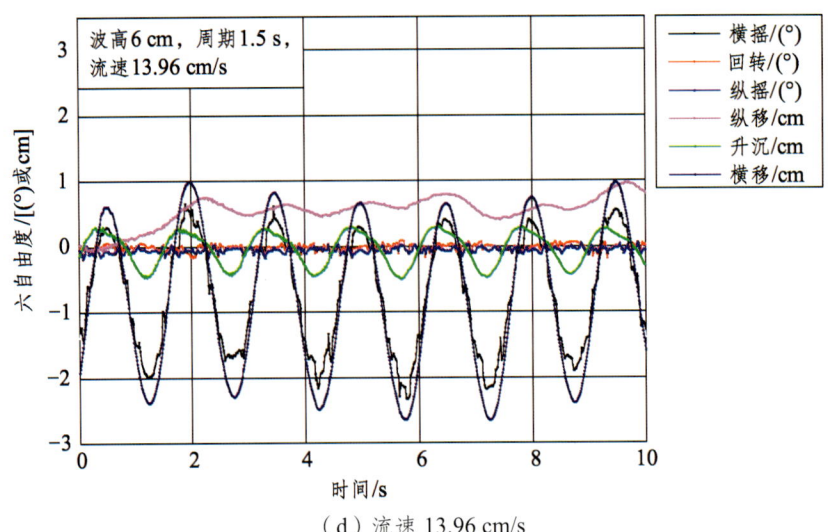

(d) 流速 13.96 cm/s

5.4 波-流耦合作用下的 SFT 结构响应

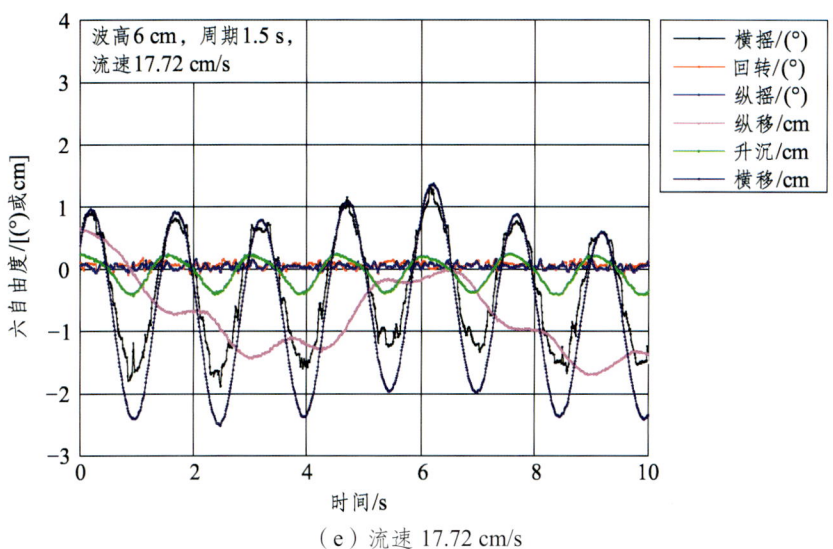

(e)流速 17.72 cm/s

图 5-93 管段六自由度位移随流速的变化曲线（以管段悬浮水深 50 cm 为例）

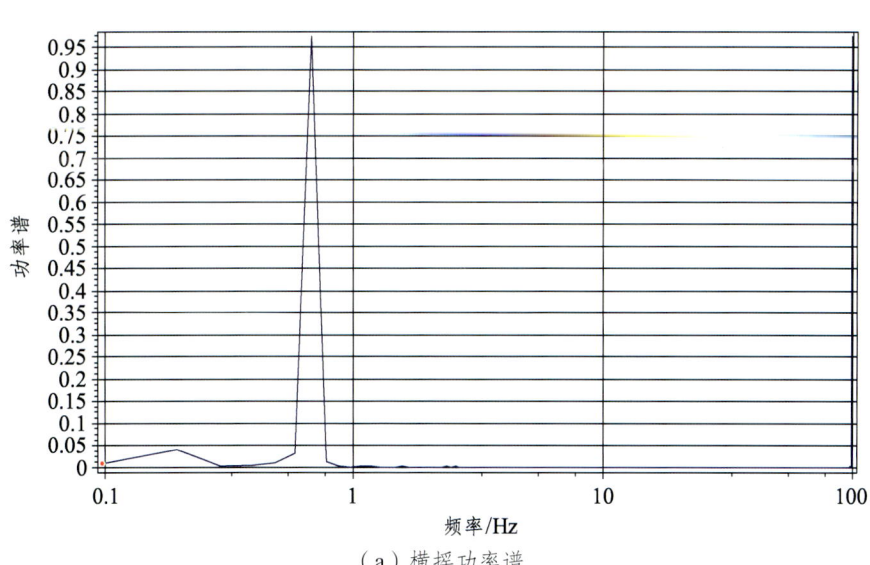

(a)横摇功率谱

第 5 章　波-流耦合作用下悬浮隧道模型实验

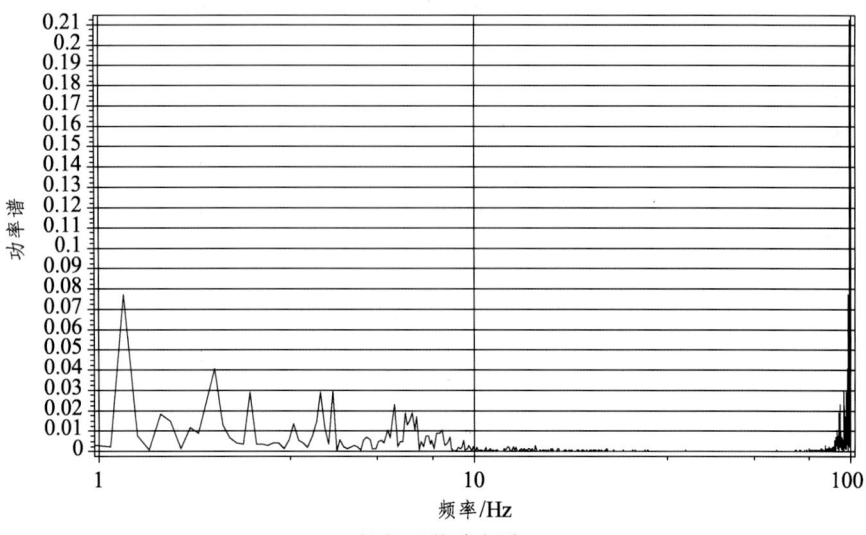

（b）回转功率谱

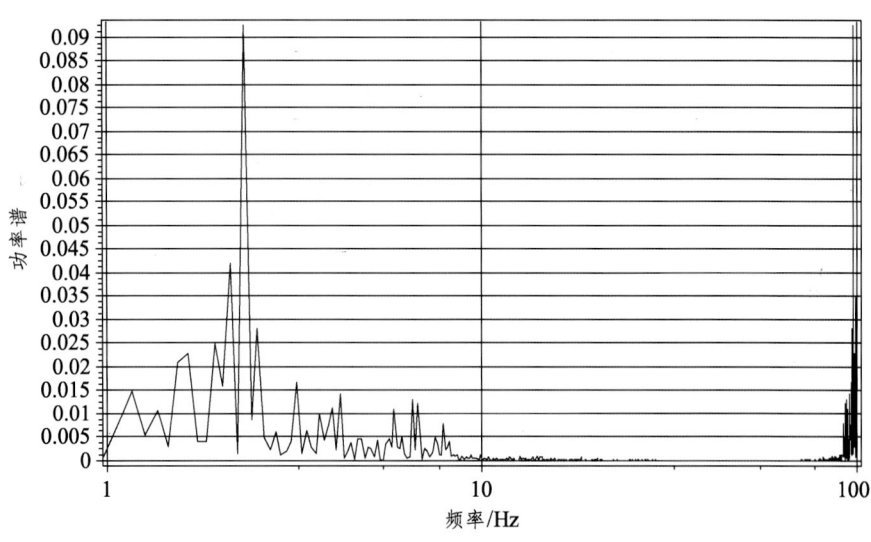

（c）纵摇功率谱

5.4 波-流耦合作用下的 SFT 结构响应

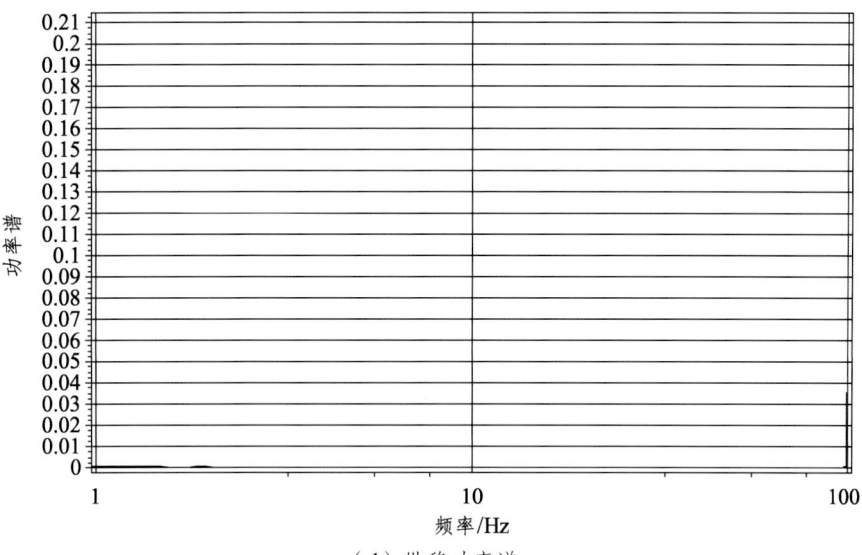

（d）纵移功率谱

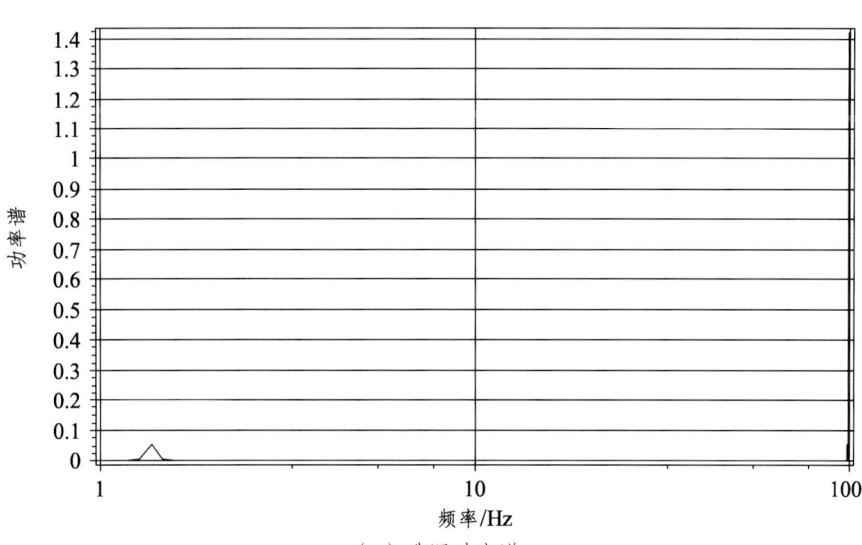

（e）升沉功率谱

第 5 章 波-流耦合作用下悬浮隧道模型实验

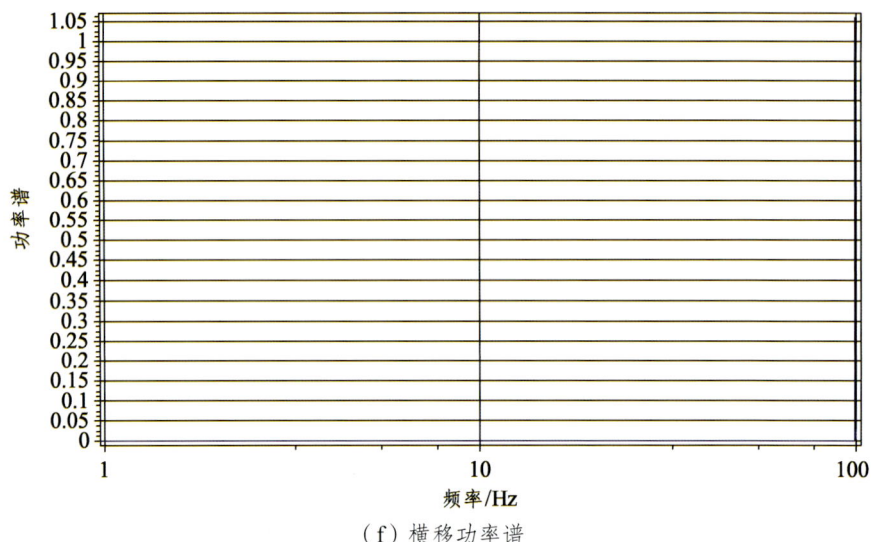

（f）横移功率谱

图 5-94　管段六自由度位移功率谱

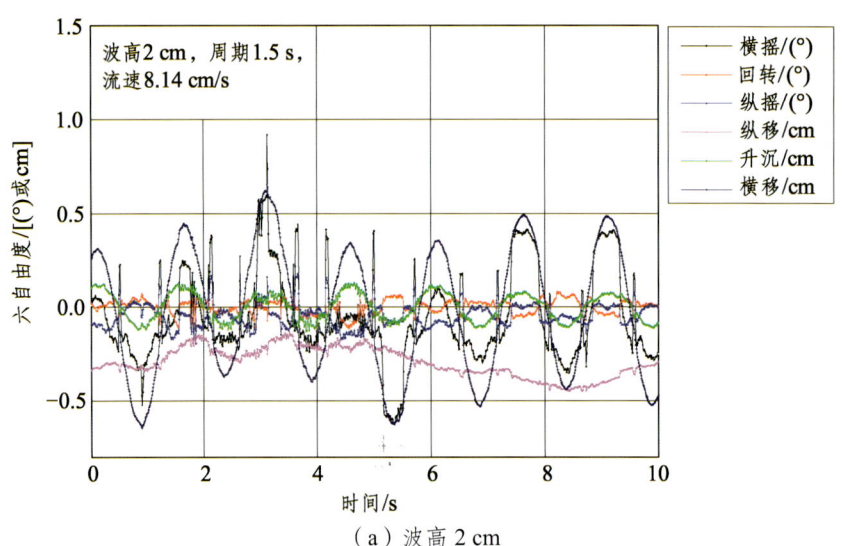

（a）波高 2 cm

5.4 波-流耦合作用下的 SFT 结构响应

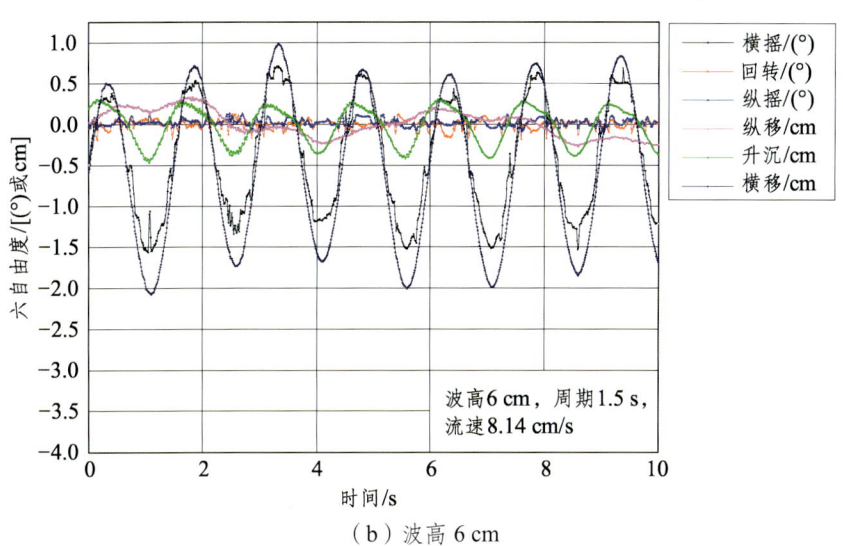

(b) 波高 6 cm

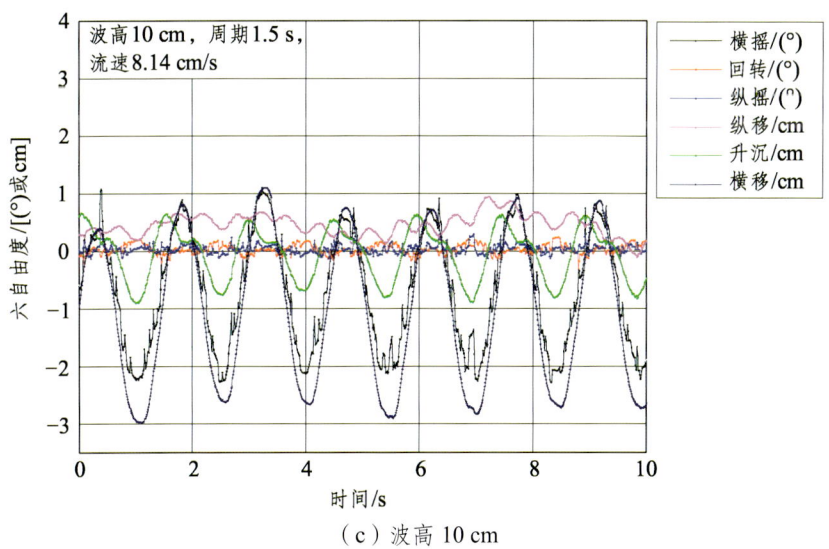

(c) 波高 10 cm

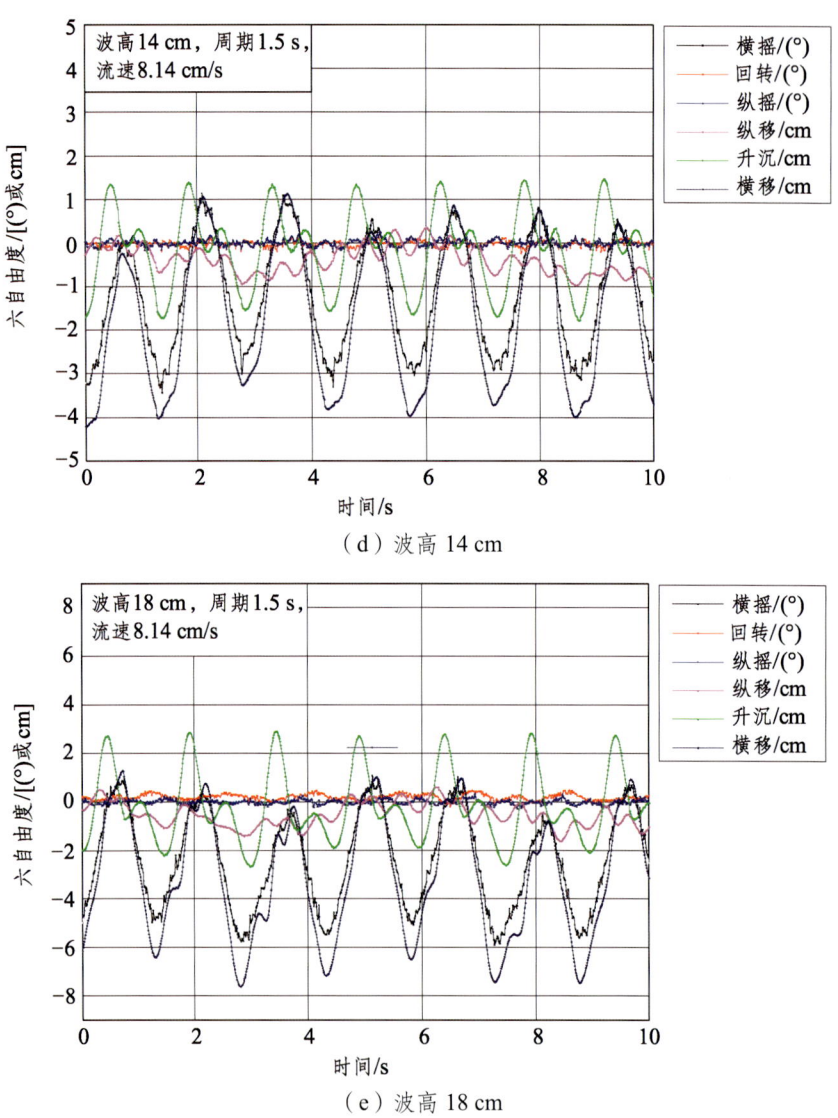

(d) 波高 14 cm

(e) 波高 18 cm

图 5-95　管段六自由度位移随波高的变化曲线（以管段悬浮水深 50 cm 为例）

在波-流耦合作用下，我们以波高 14 cm、周期 1.5 s、流速 8.14 cm/s 为例，得到 SFT 管段的典型六自由度位移功率谱，如图 5-96 所示。

5.4 波-流耦合作用下的SFT结构响应

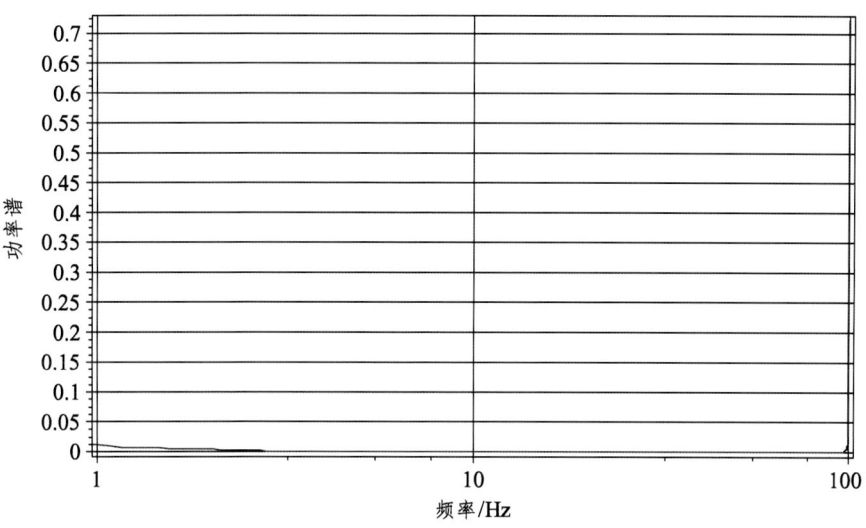

（a）横摇功率谱

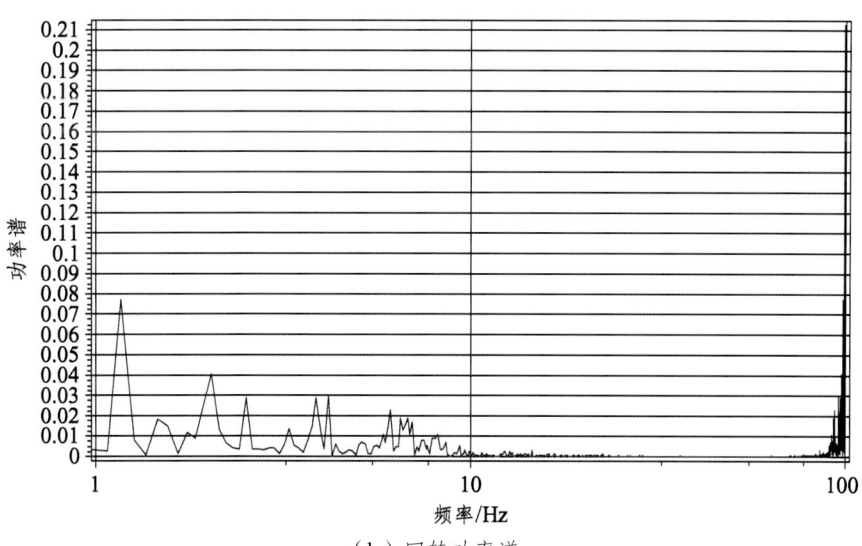

（b）回转功率谱

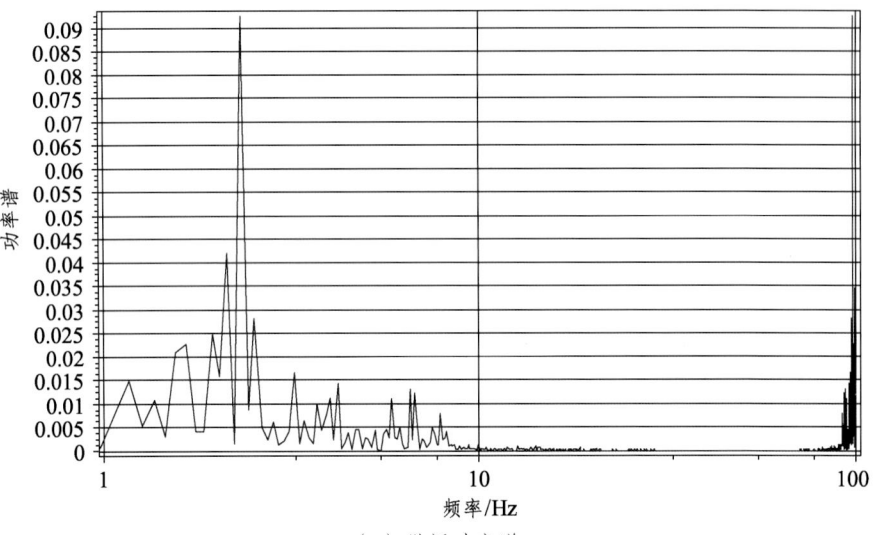

(c) 纵摇功率谱

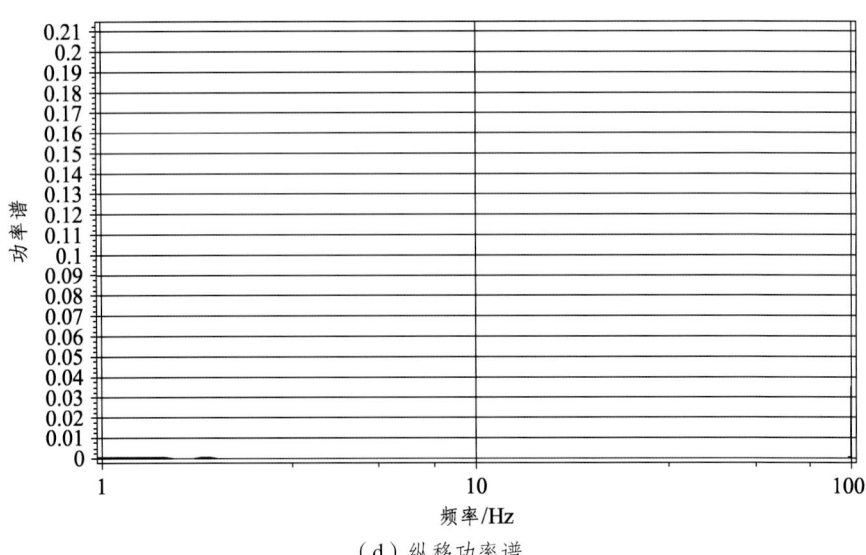

(d) 纵移功率谱

5.4 波-流耦合作用下的SFT结构响应

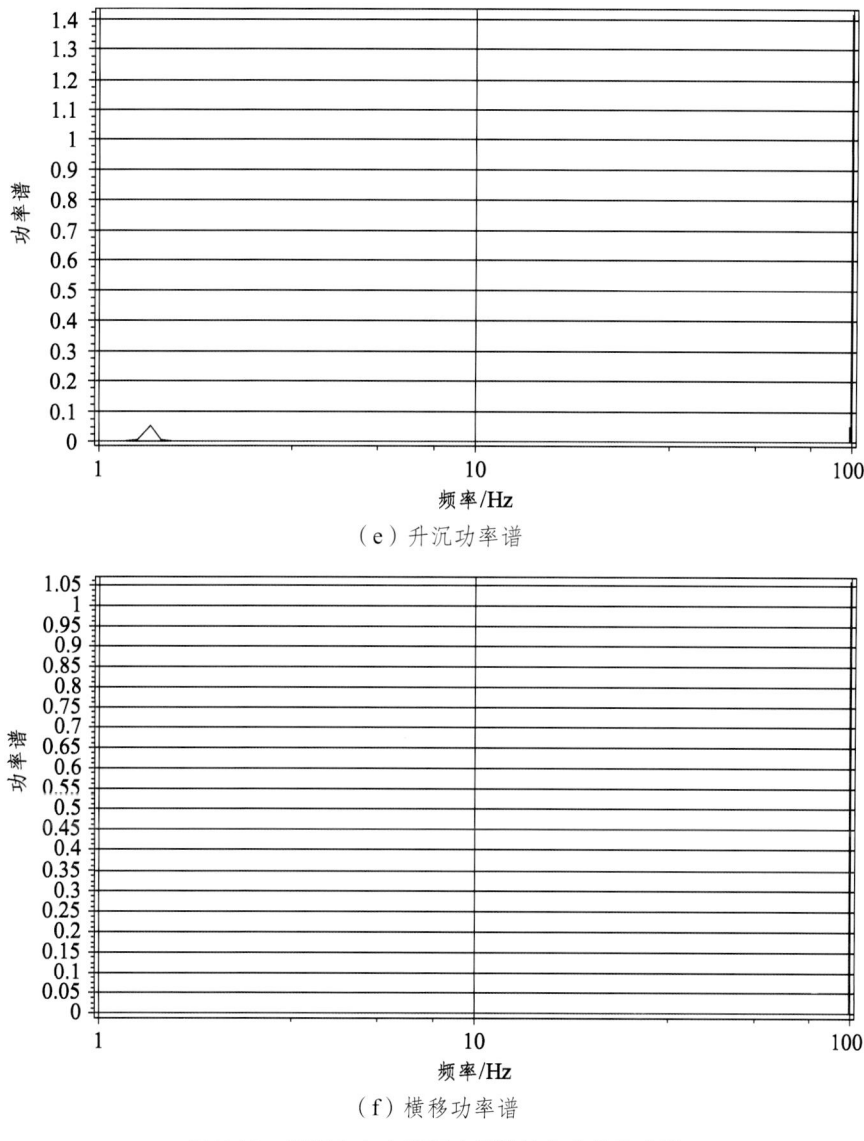

（e）升沉功率谱

（f）横移功率谱

图 5-96　管段六自由度运动量随波高变化的曲线

2. 管段六自由度位移随悬浮水深的变化特性

表 5-35 ~ 表 5-39 是在 25 ~ 125 cm 悬浮水深时，波-流耦合作用下 SFT 管段六自由度运动量最大实验值结果。图 5-97 给出了纵移、升沉和横移位移

量绝对值随波高变化的曲线。由图可以看出，在波-流耦合作用下，当入射波周期和波高一定时，水流流速对隧道管段的横移振幅有直接的影响。SFT 管段随波浪波高的增大，横移和纵移位移量逐渐增大，而升沉位移量变化很小，在波高超过 14 cm 后，横移位移量有突变现象。图 5-98 给出了纵移、升沉和横移位移量相对值随周期变化的曲线。当入射波周期和流速一定时，入射波高对隧道管段的横移振幅有直接的影响，随着波高的增长，运动响应呈非线性增长趋势。SFT 管段随波浪周期的增大，横移、纵移和升沉的位移量均有所增大，其中横移最为显著，纵移和升沉位移量增幅依次减小。

表 5-35 波-流耦合作用下 25 cm 悬浮水深各工况 SFT 管段运动量最大值实验

H_4%/cm	T/s	流速/(cm/s)	横摇/(°)	回转/(°)	纵摇/(°)	纵移/cm	升沉/cm	横移/cm
6	1.5	5.58	0.92	0.20	0.19	26.71	373.73	138.91
6	1.5	8.14	0.80	0.20	0.25	26.84	373.67	138.74
6	1.5	10.64	0.75	0.20	0.20	26.86	373.70	138.58
6	1.5	13.96	0.66	0.17	0.36	25.53	373.72	138.73
6	1.5	17.72	0.44	0.16	0.15	27.83	373.65	138.18
2	1.5	8.14	1.05	0.15	0.12	24.62	373.32	139.64
6	1.5	8.14	0.80	0.20	0.25	26.84	373.67	138.74
10	1.5	8.14	1.78	0.21	0.12	24.77	373.88	140.98
14	1.5	8.14	2.04	0.51	0.52	24.41	375.28	141.29
18	1.5	8.14	2.66	1.02	0.47	24.84	376.52	142.07

表 5-36 波-流耦合作用下 50 cm 悬浮水深各工况 SFT 管段运动量最大值实验

H_4%/cm	T/s	流速/(cm/s)	横摇/(°)	回转/(°)	纵摇/(°)	纵移/cm	升沉/cm	横移/cm
6	1.5	5.58	0.39	1.32	1.08	146.29	55.73	−18.08
6	1.5	8.14	−0.01	1.05	0.57	145.91	55.77	−18.31
6	1.5	10.64	0.10	0.90	0.30	146.30	55.76	−18.13
6	1.5	13.96	0.42	1.00	0.65	146.37	55.75	−18.30
6	1.5	17.72	0.04	1.25	1.55	146.67	55.69	−18.30
2	1.5	8.14	−0.30	0.79	0.51	146.03	55.70	−18.74

5.4 波-流耦合作用下的 SFT 结构响应

续表

H_4%/cm	T/s	流速/(cm/s)	横摇/(°)	回转/(°)	纵摇/(°)	纵移/cm	升沉/cm	横移/cm
6	1.5	8.14	− 0.01	1.05	0.57	145.91	55.77	− 18.31
10	1.5	8.14	0.30	1.17	1.22	146.28	55.84	− 17.72
14	1.5	8.14	0.79	1.18	1.15	145.98	56.06	− 17.25
18	1.5	8.14	1.25	1.46	1.32	146.62	56.45	− 16.76

表 5-37 波-流耦合作用下 75 cm 悬浮水深各工况 SFT 管段运动量最大值实验

H_4%/cm	T/s	流速/(cm/s)	横摇/(°)	回转/(°)	纵摇/(°)	纵移/cm	升沉/cm	横移/cm
6	1.5	5.58	1.31	1.56	0.75	145.82	29.79	− 17.78
6	1.5	8.14	1.33	2.48	3.32	146.16	29.87	− 17.63
6	1.5	10.64	1.34	2.53	3.39	146.59	29.87	− 17.74
6	1.5	13.96	0.66	1.69	0.61	146.89	29.74	− 17.68
6	1.5	17.72	1.16	2.36	2.83	146.85	29.75	− 17.06
2	1.5	8.14	2.31	1.76	4.24	145.88	30.00	− 18.16
6	1.5	8.14	1.33	2.48	3.32	146.16	29.87	− 17.63
10	1.5	8.14	2.12	1.57	1.90	146.21	29.92	− 15.53
14	1.5	8.14	2.32	0.86	1.89	145.85	30.05	− 17.03
18	1.5	8.14	2.73	1.59	3.22	146.07	30.18	− 16.49

表 5-38 波-流耦合作用下 100 cm 悬浮水深各工况 SFT 管段运动量最大值实验

H_4%/cm	T/s	流速/(cm/s)	横摇/(°)	回转/(°)	纵摇/(°)	纵移/cm	升沉/cm	横移/cm
6	1.5	5.58	1.93	0.70	1.10	146.10	5.83	− 18.20
6	1.5	8.14	1.74	0.76	1.25	146.31	5.94	− 18.19
6	1.5	10.64	3.98	1.29	0.65	147.14	6.23	− 17.96
6	1.5	13.96	1.34	0.68	1.41	147.28	5.82	− 17.69
6	1.5	17.72	1.35	1.32	2.61	145.57	5.86	− 18.05
2	1.5	8.14	0.51	1.36	2.57	146.26	5.91	− 18.35
6	1.5	8.14	1.74	0.76	1.25	146.31	5.94	− 18.19
10	1.5	8.14	1.84	0.85	0.56	146.45	5.91	− 17.86
14	1.5	8.14	4.27	2.40	4.31	146.39	6.33	− 17.58
18	1.5	8.14	1.70	1.55	2.52	147.54	6.02	− 17.07

表 5-39 波-流耦合作用下 125 cm 悬浮水深各工况 SFT 管段运动量最大值实验

H_4%/cm	T/s	流速/(cm/s)	横摇/(°)	回转/(°)	纵摇/(°)	纵移/cm	升沉/cm	横移/cm
6	1.5	5.58	1.22	0.15	0.59	145.58	−19.77	−18.23
6	1.5	8.14	1.16	0.31	0.38	145.18	−19.66	−18.39
6	1.5	10.64	0.96	0.33	0.19	145.28	−19.69	−18.37
6	1.5	13.96	0.82	0.27	0.39	145.43	−19.78	−18.33
6	1.5	17.72	0.68	0.34	0.98	145.58	−19.74	18.40
2	1.5	8.14	0.89	0.14	0.55	145.22	−19.86	−18.65
6	1.5	8.14	1.16	0.31	0.38	145.18	−19.66	−18.39
10	1.5	8.14	1.14	0.38	0.61	145.51	−19.67	−18.11
14	1.5	8.14	0.90	0.82	0.95	145.33	−19.69	−17.96
18	1.5	8.14	1.39	0.34	0.80	145.36	−19.64	−17.60

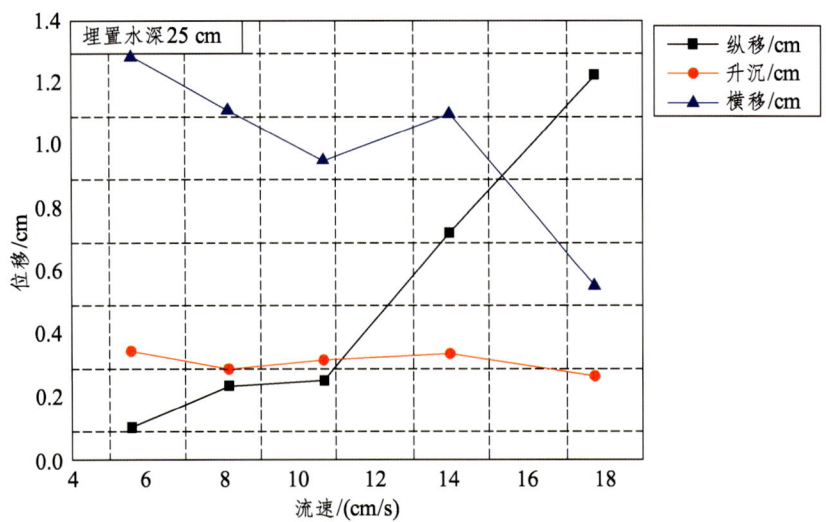

5.4 波-流耦合作用下的 SFT 结构响应

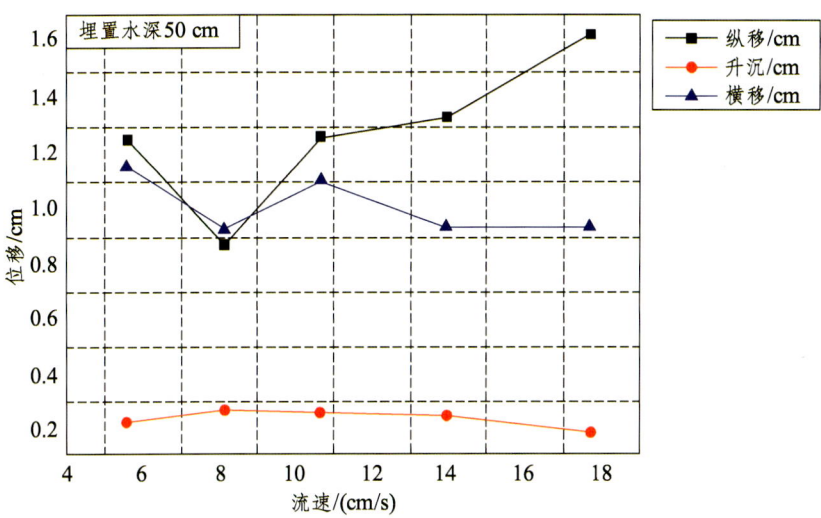

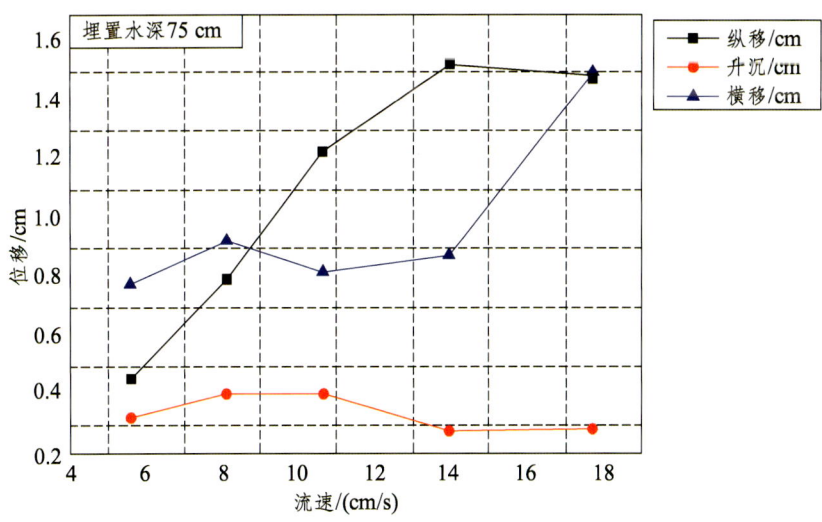

第 5 章 波-流耦合作用下悬浮隧道模型实验

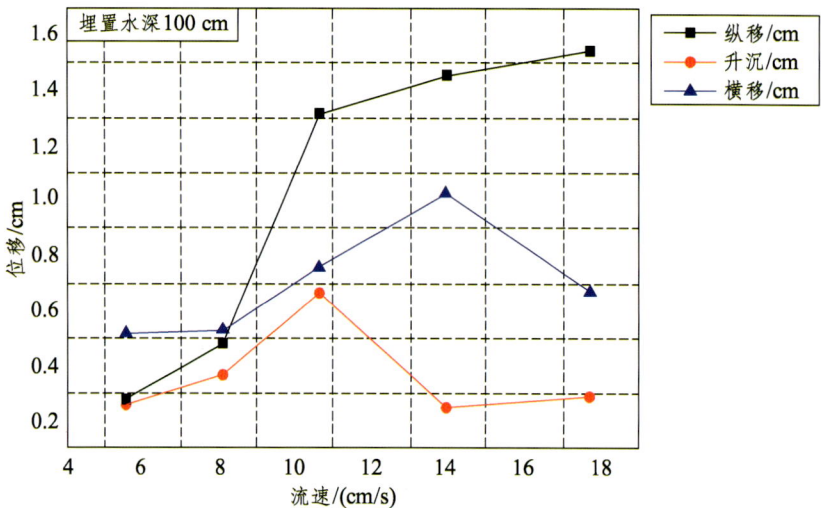

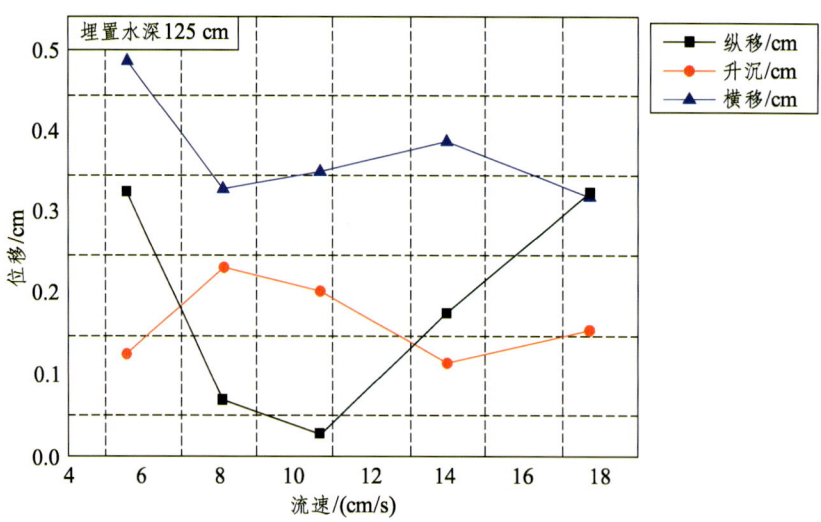

图 5-97 纵移、升沉、横移随流速的变化

5.4 波-流耦合作用下的 SFT 结构响应

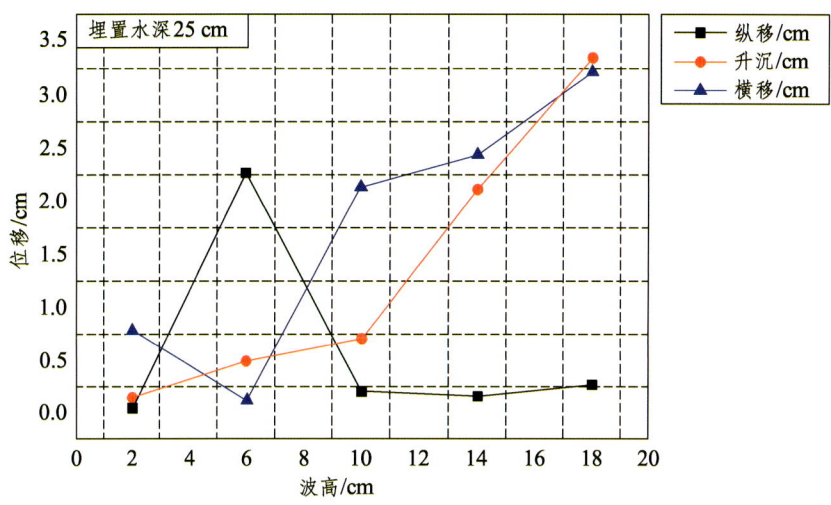

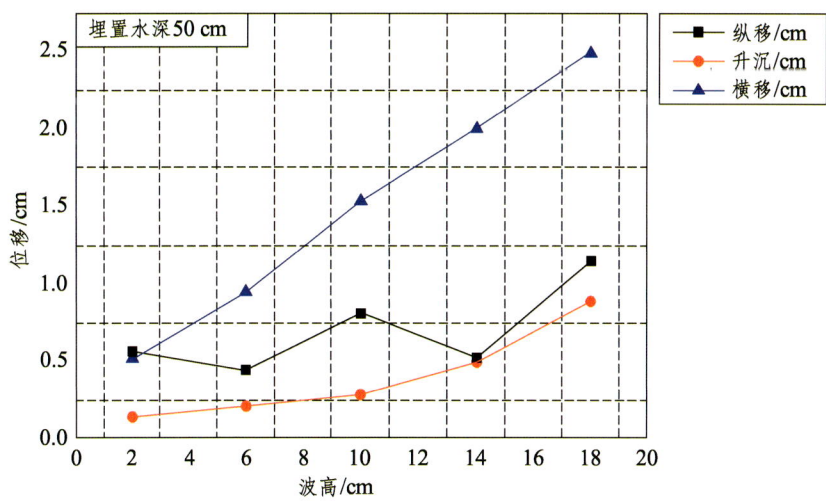

第 5 章　波-流耦合作用下悬浮隧道模型实验

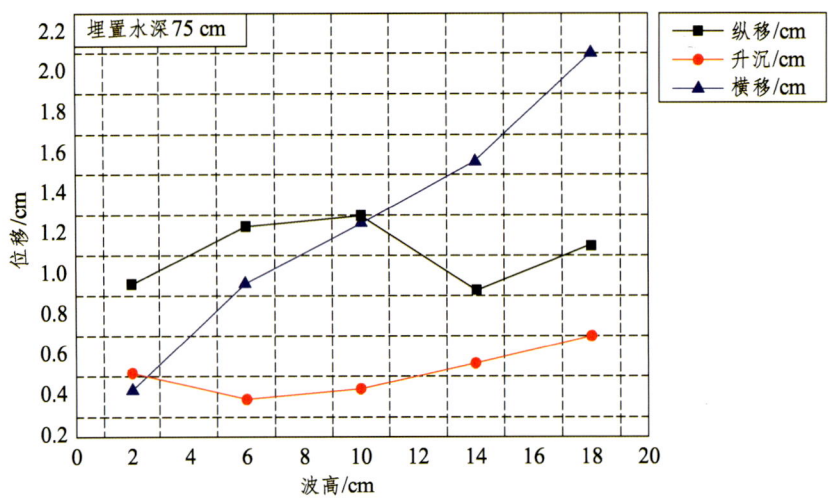

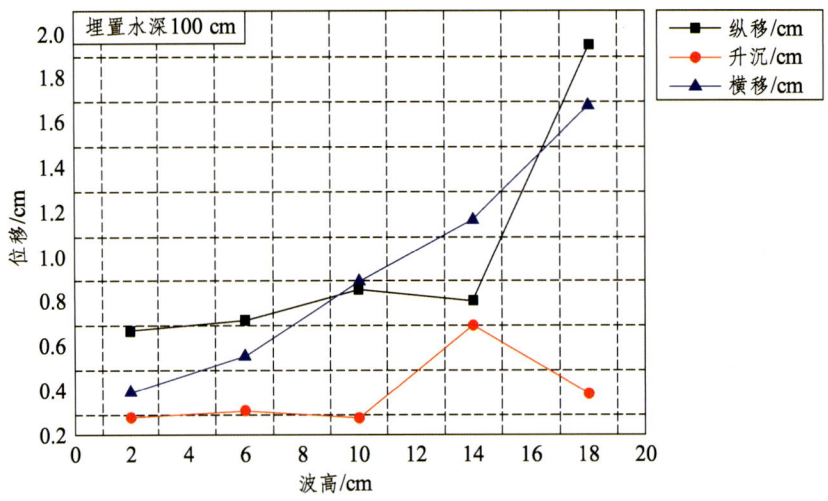

5.4 波-流耦合作用下的 SFT 结构响应

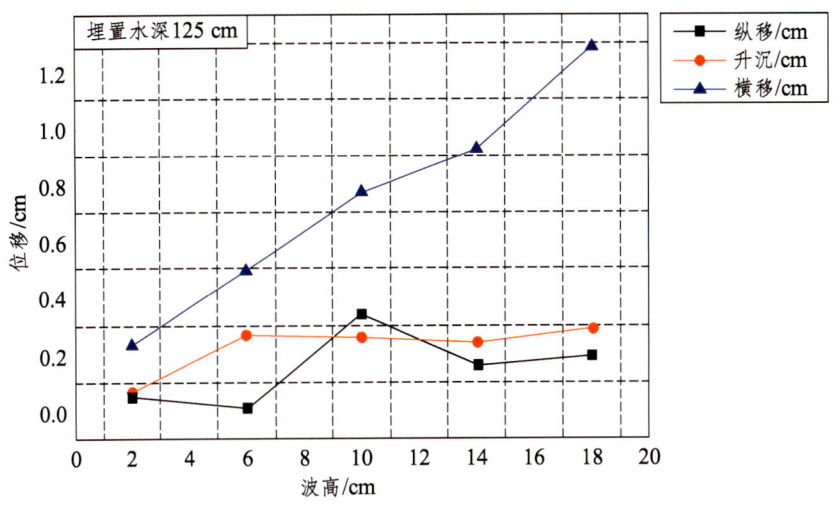

图 5-98 纵移、升沉、横移随波高的变化

从上面的分析可以看出，SFT 的纵移、横移和升沉运动位移相对变化较大且具有较好的规律性。因此我们对 SFT 管段纵移、横移和升沉位移做进一步分析。图 5-99 给出了波-流耦合作用时，SFT 管段横移、纵移和升沉位移在不同波高下随悬浮水深的变化曲线，可以看出 SFT 管段的横移、纵移和升沉位移相对最大值随悬浮水深的增大逐渐减小。纵移、升沉和横移位移相对最大值减小的规律近似满足指数分布，如式（5-6）所示。通过线性回归的方法可以得到图 5-99 中纵移、升沉和横移位移最大实验值随悬浮水深变化的各曲线线性回归后的 a、b 参数值，如表 5-40～表 5-42 所示。由 R^2 值可以看出线性回归的关联性较好。

$$y = a \cdot e^{bx} \qquad (5\text{-}6)$$

从图 5-99 可以看出纵移、升沉和横移位移的变化规律是不相同的，但从曲线的变化趋势来看都具有收敛的性质。因此，可以利用其收敛规律，找到其收敛值，即最大位移实验值，将其作为结构运动位移的控制指标。然后通过式（5-6）和表 5-40～表 5-42，即可推算以纵移、升沉和横移位移为控制指标的不同波高下的管段结构的最小悬浮水深。

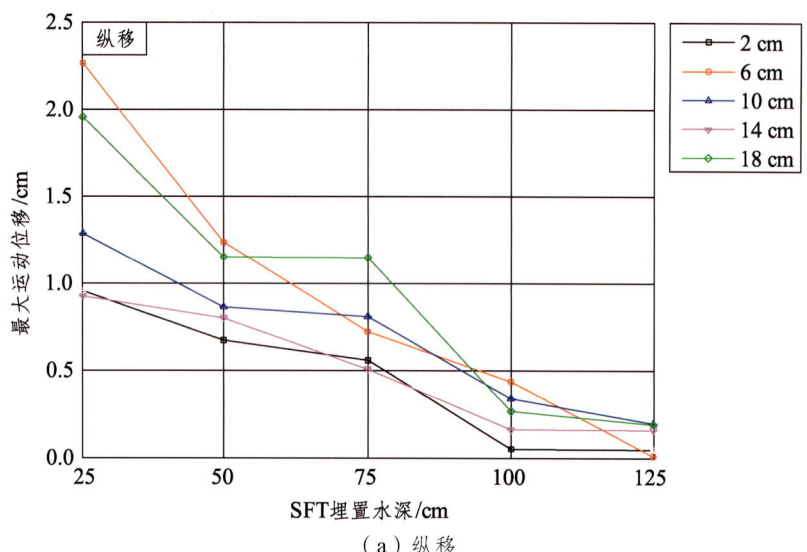

(a)纵移

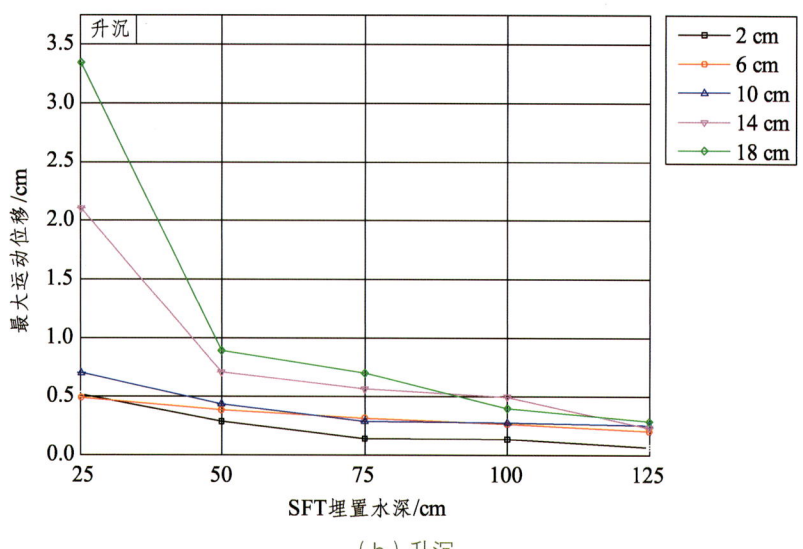

(b)升沉

5.4 波-流耦合作用下的 SFT 结构响应

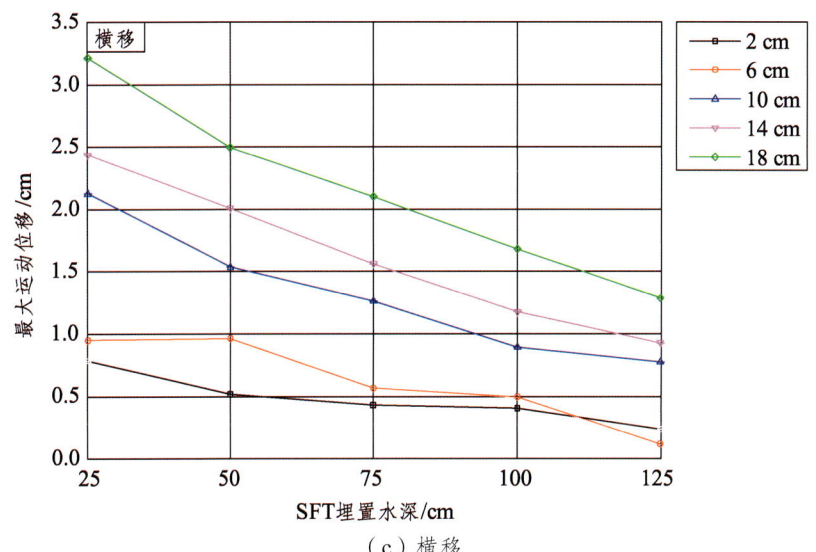

（c）横移

图 5-99　在波-流耦合时，不同波高下 SFT 管段的纵移、升沉和横移位移相对最大值变化

表 5-40　不同波高下纵移位移相对最大值线性回归值

波高 /cm	a	b	R^2
2	3.229	－0.860	0.8462
6	13.240	－1.169	0.7780
10	2.327	－0.468	0.9323
14	1.839	－0.510	0.8996
18	4.171	－0.611	0.9003

表 5-41　不同波高下升沉位移相对最大值线性回归值

波高 /cm	a	b	R^2
2	0.767	－0.479	0.9541
6	0.599	－0.209	0.9964
10	0.759	－0.245	0.8491
14	2.593	－0.471	0.8943
18	4.154	－0.570	0.9083

表 5-42　不同波高下横移位移相对最大值线性回归值

波高 /cm	a	b	R^2
2	0.981	−0.267	0.9272
6	2.139	−0.490	0.7911
10	2.659	−0.256	0.9858
14	3.207	−0.248	0.9964
18	4.008	−0.223	0.9951

但 SFT 的运动位移控制指标的选择是难点，目前尚无公开的 SFT 结构位移控制相关规范。《公路斜拉桥设计细则》（JTG/T D65-01—2007）规定主梁结构设计的挠度不应大于 $L/500$，混凝土行车道板的挠度不应大于 $L/600$。《公路悬索桥设计规范》（JTG/T D65-05—2015）规定由车道荷载引起的最大竖向挠度不宜大于 $L/250$，风荷载下的最大横向位移不宜大于 $L/150$。这里我们假设 SFT 管段的运动位移以 $L/250$ 和 $L/150$ 作为结构安全性和行车舒适性控制指标，根据本模型实验的原型长度和实验比尺换算得到本模型实验需要控制的最大位移为 1.2 cm 和 2 cm。通过式（5-6）和表 5-40 ~ 表 5-42 即可推算以纵移、升沉和横移位移为控制指标的不同波高下的管段结构的最小悬浮水深，如表 5-43 ~ 表 5-45 所示，实际采用时按最不利悬浮水深控制。这对工程实践的意义在于我们可以根据特定海域的常遇设计波高和结构最大允许运动位移，推算此海域 SFT 管段需要的最小悬浮水深推荐值。

表 5-43　不同波高下的管段结构的最小悬浮水深（纵移相对位移最大值控制）

波高 /cm	相对最大位移允许值 /cm	最小悬浮水深 /cm	相对最大位移允许值 /cm	最小悬浮水深 /cm
2	1.2	28.77	2.0	13.92
6	1.2	51.34	2.0	40.42
10	1.2	35.38	2.0	8.09
14	1.2	20.92	2.0	—
18	1.2	50.97	2.0	30.07

5.4 波-流耦合作用下的SFT结构响应

表 5-44 不同波高下的管段结构的最小悬浮水深（升沉相对位移最大值控制）

波高 /cm	相对最大位移允许值 /cm	最小悬浮水深 /cm	相对最大位移允许值 /cm	最小悬浮水深 /cm
2	1.2	—	2.0	—
6	1.2	—	2.0	—
10	1.2	—	2.0	—
14	1.2	40.90	2.0	13.79
18	1.2	54.46	2.0	32.06

表 5-45 不同波高下的管段结构的最小悬浮水深（横移相对位移最大值控制）

波高 /cm	相对最大位移允许值 /cm	最小悬浮水深 /cm	相对最大位移允许值 /cm	最小悬浮水深 /cm
2	1.2	—	2.0	—
6	1.2	29.48	2.0	3.41
10	1.2	77.73	2.0	27.84
14	1.2	99.08	2.0	48.58
18	1.2	135.20	2.0	77.93

在SFT纵移、升沉和横移运动位移中，横移对波高变化更为敏感，从结构安全富余系数考虑，应主要参考SFT管段的横移最大允许运动位移控制选择SFT管段的最小悬浮水深。

进一步来看，我们考虑波-流耦合作用下的不同流速工况，SFT的纵移、横移和升沉运动位移最大实验值的变化规律性。因此我们仍以SFT管段纵移、横移和升沉运动位移为例做进一步分析。图5-100是波-流耦合作用下，SFT管段横移、纵移和升沉位移最大实验值在不同波高下随悬浮水深的变化曲线。SFT管段的横移、纵移和升沉位移最大实验值随悬浮水深的增大而逐渐减小。纵移、升沉和横移位移最大实验值减小的规律近似满足指数分布，如式（5-7）所示。通过线性回归的方法可以得到图5-100中纵移、升沉和横移位移最大实验值各曲线线性回归后的a、b值，如表5-46～表5-48所示。由R^2值可以看出线性回归的关联性较好。

$$y = a \cdot e^{bx} \quad (5\text{-}7)$$

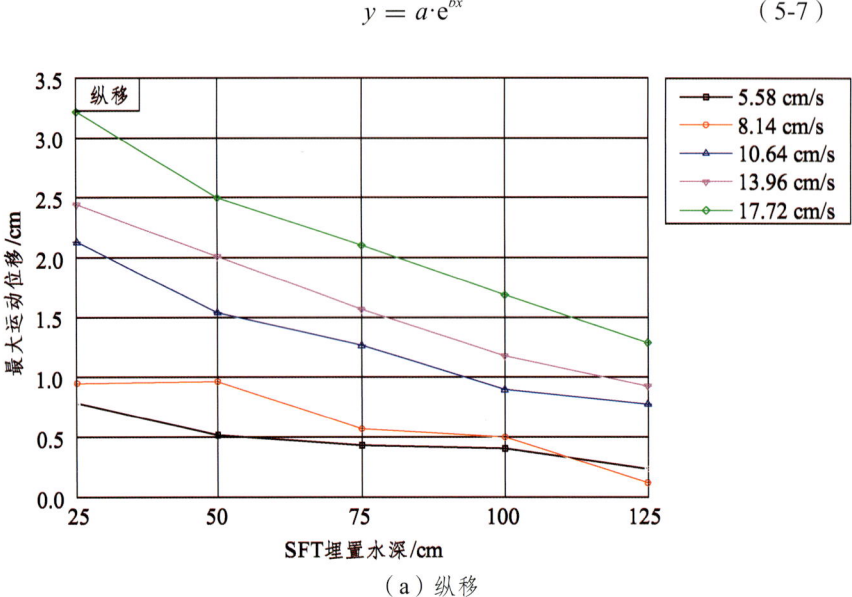

（a）纵移

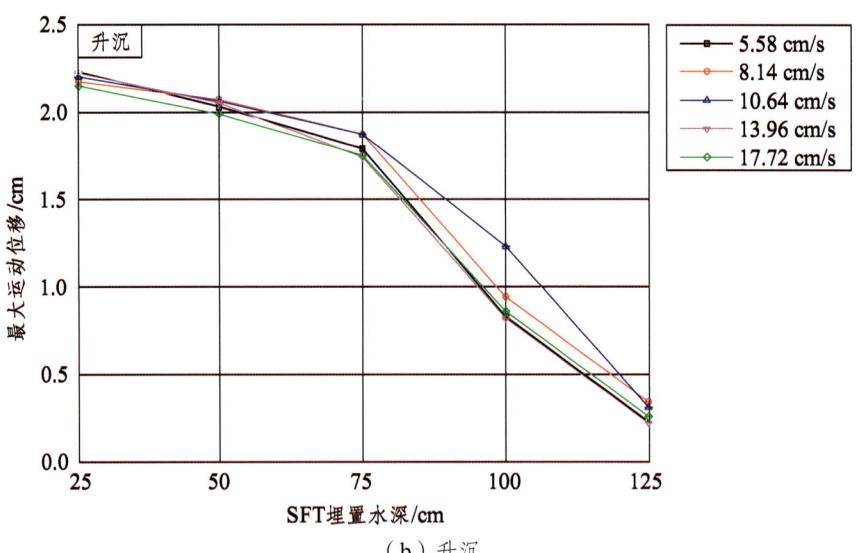

（b）升沉

5.4 波-流耦合作用下的 SFT 结构响应

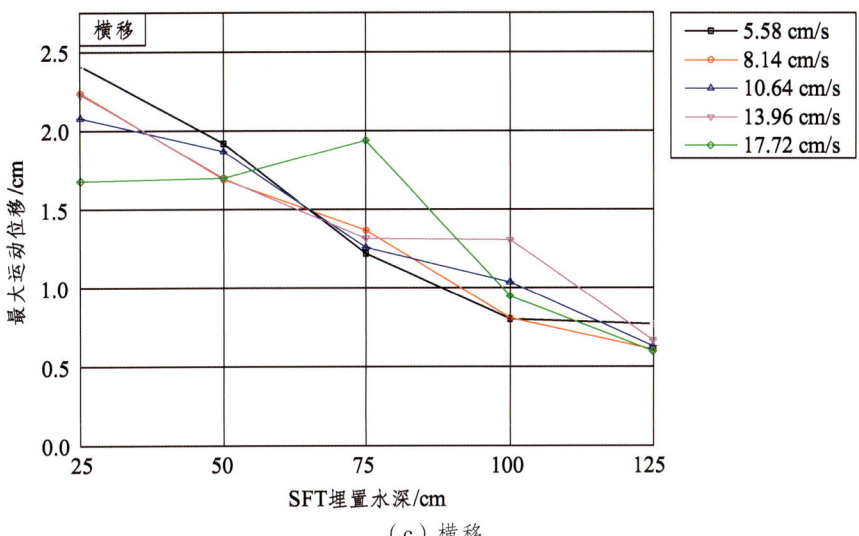

（c）横移

图 5-100　不同流速下 SFT 管段的锚索张力极值差随悬浮水深的变化

表 5-46　不同波高下锚索极值差线性回归值

流速/（cm/s）	a	b	R^2
5.58	0.980 7	-0.267	0.927 2
8.14	2.138 6	-0.490	0.791 1
10.64	2.659 9	-0.256	0.985 8
13.96	3.206 6	-0.248	0.996 4
17.72	4.008 3	-0.223	0.995 1

表 5-47　不同波高下锚索极值差线性回归值

流速/（cm/s）	a	b	R^2
5.58	5.576 5	-0.544	0.812 3
8.14	4.694 8	-0.450	0.810 7
10.64	4.783 0	-0.443	0.735 3
13.96	5.658 7	-0.554	0.815 1
17.72	5.064 6	-0.506	0.812 3

表 5-48　不同波高下锚索极值差线性回归值

流速/(cm/s)	a	b	R^2
5.58	3.308 5	−0.316	0.952 9
8.14	3.284 8	−0.334	0.979 8
10.64	3.083 2	−0.298	0.957 8
13.96	2.991 1	−0.267	0.891 3
17.72	2.779 7	−0.264	0.705 4

这里我们仍以 $L/250$ 和 $L/1\ 500$ 作为 SFT 管段的运动位移安全性和行车舒适性控制指标，根据本模型实验的原型长度和实验比尺换算得到本模型实验需要控制的最大位移为 1.2 cm 和 2.0 cm。通过式(5-7)和表 5-46～表 5-48 即可推算以纵移、升沉和横移位移为控制指标的不同波高下的管段结构的最小悬浮水深推荐值，如表 5-49～表 5-51 所示，实际采用时按最不利悬浮水深控制。这对工程实践的意义在于我们可以根据特定海域的常遇设计波高和结构最大允许运动位移，推算此海域 SFT 管段需要的最小悬浮水深推荐值。

表 5-49　不同流速下的管段结构的最小悬浮水深（纵移相对位移最大值控制）

流速/(cm/s)	相对最大位移允许值/cm	最小悬浮水深/cm	相对最大位移允许值/cm	最小悬浮水深/cm
5.58	1.2	—	2.0	—
8.14	1.2	29.48	2.0	3.41
10.64	1.2	77.73	2.0	27.84
13.96	1.2	99.08	2.0	47.58
17.72	1.2	135.20	2.0	77.93

5.4 波-流耦合作用下的 SFT 结构响应

表 5-50　不同流速下的管段结构的最小悬浮水深（升沉相对位移最大值控制）

流速/(cm/s)	相对最大位移允许值/cm	最小悬浮水深/cm	相对最大位移允许值/cm	最小悬浮水深/cm
5.58	1.2	70.59	2.0	47.12
8.14	1.2	75.78	2.0	47.40
10.64	1.2	78.03	2.0	49.20
13.96	1.2	69.95	2.0	46.93
17.72	1.2	71.14	2.0	45.90

表 5-51　不同流速下的管段结构的最小悬浮水深（横移相对位移最大值控制）

流速/(cm/s)	相对最大位移允许值/cm	最小悬浮水深/cm	相对最大位移允许值/cm	最小悬浮水深/cm
5.58	1.2	75.25	2.0	39.82
8.14	1.2	75.37	2.0	37.13
10.64	1.2	79.16	2.0	36.31
13.96	1.2	79.30	2.0	37.68
17.72	1.2	79.54	2.0	31.17

在 SFT 纵移、升沉和横移运动位移中，横移对波高变化更为敏感，从结构安全富余系数考虑，应主要参考 SFT 管段的横移最大允许运动位移控制选择 SFT 管段的最小悬浮水深推荐值。

3. 管段六自由度位移在不同波流条件下的对比分析

为分析不同波-流耦合下的管段六自由度位移变化规律，我们以流速 8.14 cm/s、波高 18 cm 和周期 1.5 s 工况为例，得到 SFT 运动位移在不同波流条件下的时程变化曲线，如图 5-101 所示。表 5-52 给出了不同波高下，SFT 纵移、升沉和横移位移最大实验值在纯波和波-流耦合时的对比。在波-流耦合作用下的管段横移、纵移和升沉位移总是小于纯波作用。因为增加恒定流作用后会对管段结构产生恒定力矩，这对管段的位移变化有抑制作用。

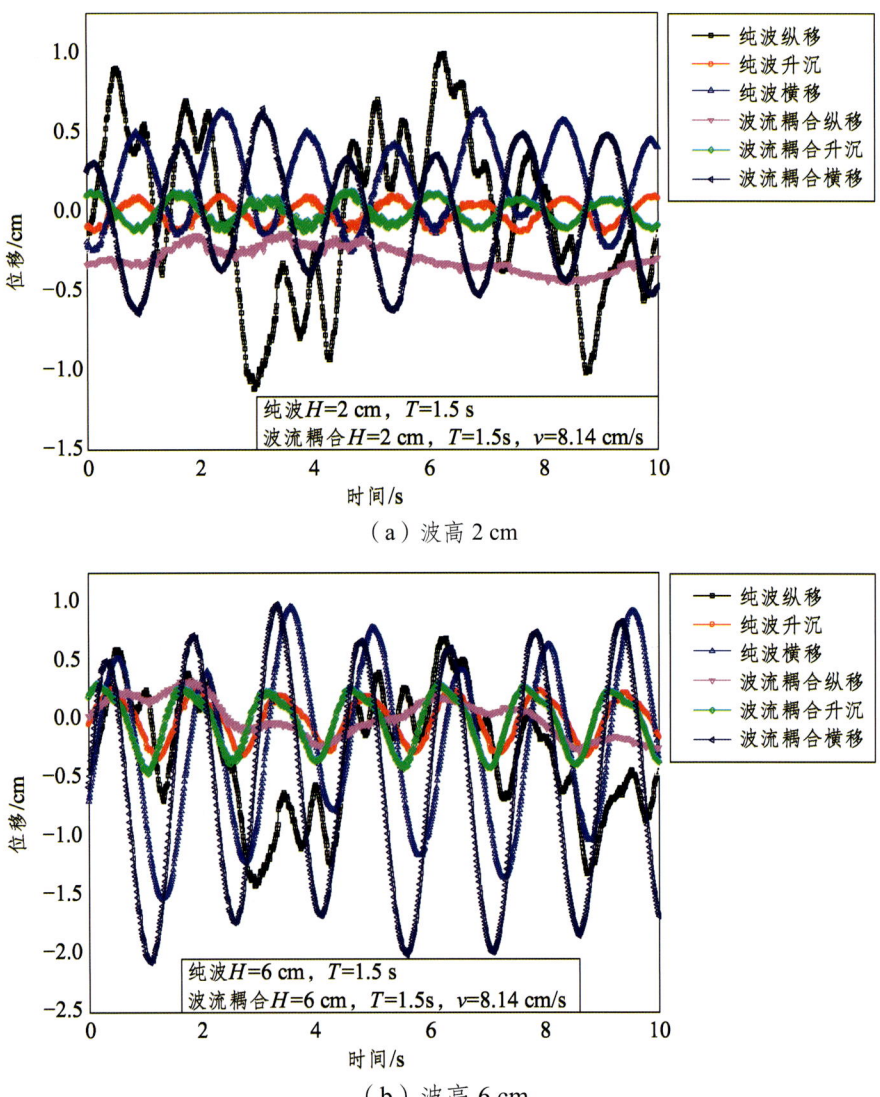

（a）波高 2 cm

（b）波高 6 cm

5.4 波-流耦合作用下的 SFT 结构响应

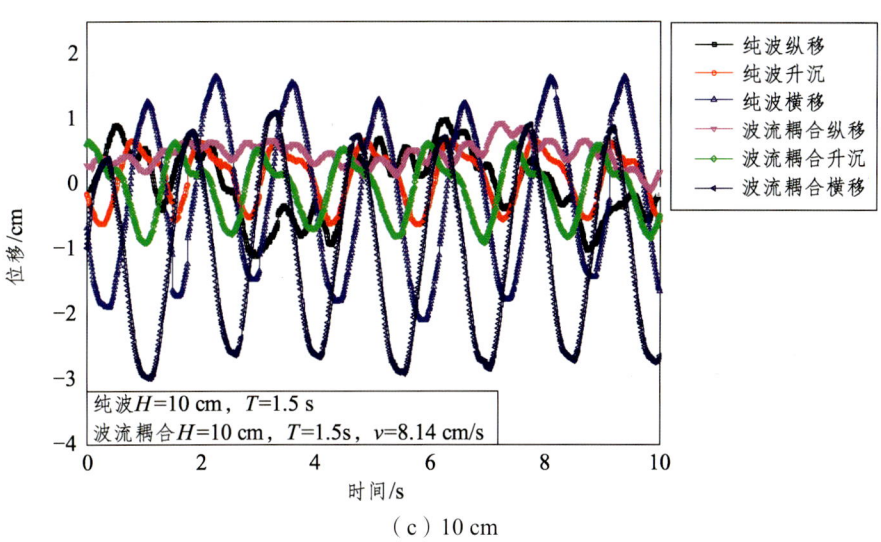

(c) 10 cm

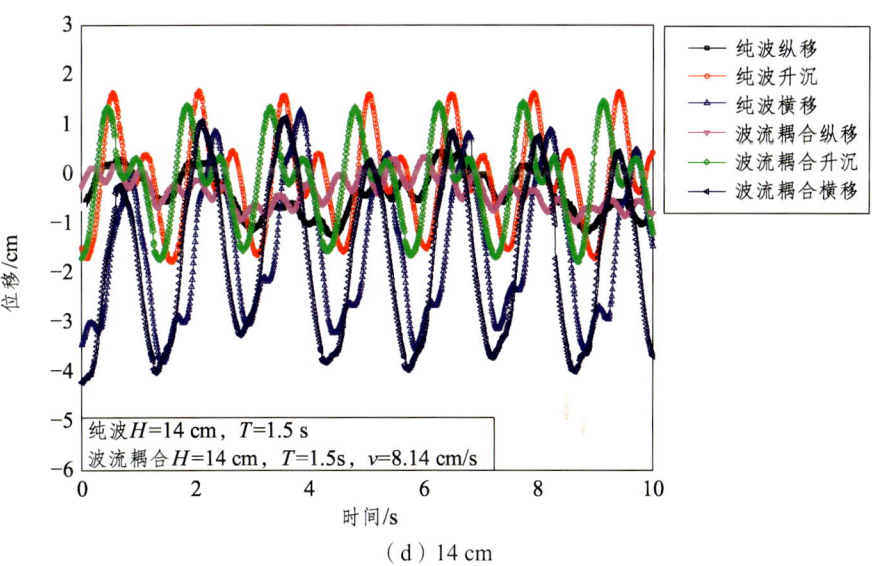

(d) 14 cm

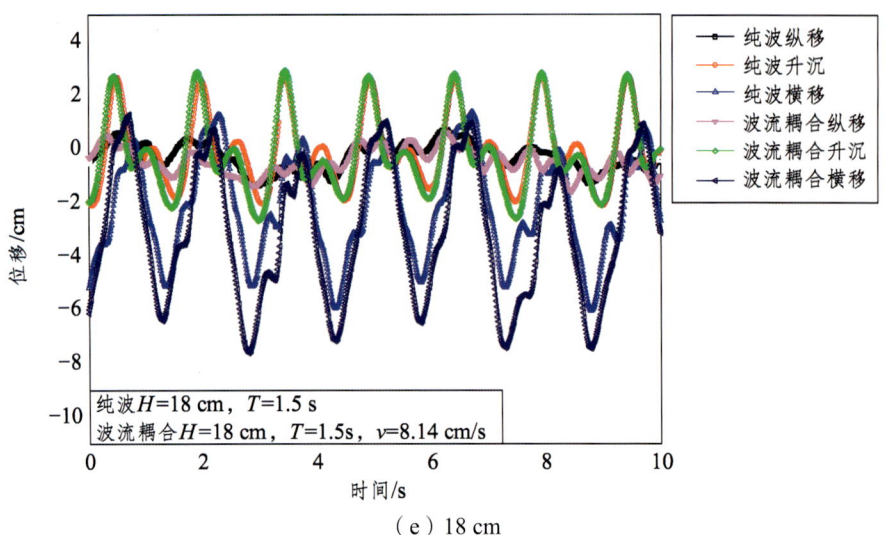

（e）18 cm

图 5-101　SFT 管段运动位移在不同波流条件下的时程变化曲线

表 5-52　不同波流作用时，SFT 纵移、升沉和横移位移最大实验值的对比

波流条件	$v=8.14$ cm/s, $H=2$ cm, $T=1.5$ s	$v=8.14$ cm/s, $H=6$ cm, $T=1.5$ s	$v=8.14$ cm/s, $H=10$ cm, $T=1.5$ s	$v=8.14$ cm/s, $H=14$ cm, $T=1.5$ s	$v=8.14$ cm/s, $H=18$ cm, $T=1.5$ s
纯波纵移 /cm	0.247	0.394	0.526	0.781	0.994
纯波升沉 /cm	0.128	0.307	0.679	1.668	2.888
纯波横移 /cm	0.651	0.984	1.160	1.290	1.348
波-流耦合升沉 /cm	0.136	0.340	0.353	0.621	0.947
波-流耦合纵移 /cm	0.101	0.269	0.663	1.462	2.707
波-流耦合横移 /cm	0.639	0.959	1.099	1.126	1.270

第 6 章

PART

主要结论

第 6 章 主要结论

（1）SFT 的断面形式是其重要控制性指标，波浪荷载是其主要控制荷载之一。随着波高增加、周期减小，不论何种形状，三种断面的压强幅值和压强差值均相应增加，波动特性更显著。压强分布包络线均匀性大小关系是圆形＞椭圆形≈八边形；压强绝对值大小关系是圆形＞八边形＞椭圆形；压强差大小关系是椭圆形＞八边形＞圆形。

（2）在相同的交通量条件下，椭圆形和多边形断面的波浪力虽然更小，但它们对波高的变化更加敏感，增幅明显。而圆形断面波浪力分布则更加均匀。椭圆形断面在波浪中的流线型最好，压强绝对值最小，但迎背浪表面的压强差值最大，分布均匀性较差，因此该型断面受力相对最小，但波动频繁，波动稳定性最差；圆形断面压强绝对值最大，但迎背浪表面的压强差值最小，分布均匀性最好，因此该型断面受力相对最大，但其波动稳定性最好；八边形断面居中。

（3）就本实验的结果来看，在水深较大时，可选择压强分布较为均匀的圆形断面，中等水深时可选择水力性能较好的椭圆形断面，当水深中等偏大时通过控制锚索的预张力也可选择椭圆形断面。而在水深较小的情况下，可考虑选择具有最优断面布置空间的八边形断面。因此，在不同的悬浮水深以及不同的波浪条件下，最为适宜的断面结构形式是相对的。在考虑技术经济比较的同时，特定的海域条件推荐的 SFT 断面形式是一个相对适宜的范围，因此 SFT 的断面选型实际上是一个优化的问题，这对下一阶段的 SFT 应用极为重要。最终在确定 SFT 的断面形式时，还应考虑断面在水流作用下的"流动"特性，以及隧道交通类型、空间利用和技术经济情况等综合因素。

（4）在纯流作用时，SFT 管段迎浪面压强随流速的增大而增大，管段锚索张力受流速的影响很小；在纯波作用时，SFT 的管段压强和锚索张力随波高的增大而增大，管段压强峰值和锚索张力峰值随波浪周期的增大而增大。无论是在规则波还是不规则波作用下，SFT 管段的位移振幅均随着波高的增加而逐渐增大。在波 - 流耦合作用时，SFT 的管段迎浪面压强绝对值随流速的增大而减小，随波高的增大而增大。SFT 的管段锚索张力峰值随流速的增大而增大，随波高的增大而增大。SFT 管段的位移振幅均随着波高和流速的增加而逐渐增大。

（5）从断面压强分布来看，管段的下表面保持了较大的压强绝对值，而上表面的压强幅值波动较大，其中3号位置的压强幅值波动主要是受波流荷载的影响。在纯流作用时，对上表面的1号位置压强相对幅值影响显著。由波流荷载引起的断面最大压强远小于C40混凝土的抗压强度，SFT管段的结构材料设计主要由静水压强控制。

（6）基于不同悬浮水深波-流耦合模型实验，以SFT压强、锚索张力和运动位移在波浪荷载作用下的变化规律为基础，进一步分析得到了SFT的结构安全和行车舒适性控制指标，即管段压强极值差、锚索张力极值差和管段运动位移最大值。通过线性回归的方法得到了以上控制指标的回归函数，并以回归分析得到了具体控制指标值对应的悬浮水深推荐值，为不同波流条件下SFT合理悬浮水深的分析提供了一种可供借鉴的方法。以参数表的形式，给出了不同控制指标对应的悬浮水深推荐值表。

（7）在不同波流荷载工况下，波-流耦合作用下的SFT压强最大实验值小于纯波作用。SFT在波-流耦合作用下的锚索张力大于纯波作用，但小于纯波和纯流线型叠加的结果。在波-流耦合作用下的管段横移、纵移和升沉位移最大实验值总是小于纯波作用。

参考文献

[1] LAI W. Transient dynamic response of submerged sphere shell with an opening subjected to underwater explosion[J]. Ocean Engineering, 2007, 34(5//6): 653-664.

[2] TARIVERDILO S, MIRZAPOUR J, SHAHMARDANI M, et al. Vibration of submerged floating tunnels due to moving loads[J]. Applied Mathematical Modelling, 2011, 35(11): 5413-5425.

[3] SEO S, SAGONG M, SON S. Global response of submerged floating tunnel against underwater explosion[J]. KSCE Journal of Civil Engineering, 2015, 19(7): 2029-2034.

[4] FUJITA R M T Y T. Development of submerged floating tunnels in shallow water[C]. Doboku Gakkai R onbunshuu B, 2000.

[5] K Y S T S, AL E. Current-induced vibrations of submerged floating tunnels: The sixth international offshore and polar engineering conference[C]. Los Angeles: International Society of Offshore and Polar Engineers., 1996.

[6] AL K H M S. Study of submerged floating tunnel characteristics under the wave condition: The Fourth International Offshore and Polar Engineering Conferece[C]. Osaka: International Society of Offshore and Polar Engineers, 1994.

[7] OH S H P W S J. Physical experiments on the hydrodynamic response of submerged floating tunnel against the wave action: Proceedings of the 7th international conference on Asian and Pacific Coasts[C]. Indonesia: Hasanuddin University Press, 2013.

[8] KANG L, GE F, HONG Y. A numerical study on responses of submerged floating structures undergoing vortex-induced vibration and seismic excitation[J]. Procedia Engineering, 2016, 166: 91-98.

[9] 肖剑, 黄国君. 岸桥连接方式对水中悬浮隧道地震响应的影响[C].//第16届全国结构工程学术会议, 2007.

[10] XIANG Y, LIU C, ZHANG K, et al. Risk analysis and management of submerged floating tunnel and its application[J]. Procedia Engineering, 2010, 4（4）: 107-116.

[11] ZHANG Qi. Scene design and simulation analysis of fire accident in underwater tunnel[J]. Procedia Engineering, 2016, 166: 337-346.

[12] 麦继婷. 波流作用下悬浮隧道的响应研究 [D]. 成都: 西南交通大学, 2005.

[13] 刘欣. 水下悬浮隧道锚索松弛—张紧过程中的动态张力研究 [D]. 聊城: 聊城大学, 2017.

[14] 闫宏生, 杨国彬, 余建星. 水下悬浮隧道选型研究 [J]. 施工技术, 2015（7）: 113-116.

[15] LEI Z, XIE J, ZHAO A, et al. A simulation on microstructure sensitivity to very-high-cycle fatigue behavior of metallic materials[J]. Procedia Engineering, 2010, 4（6）: 225-232.

[16] 王广地. 波流作用下悬浮隧道结构响应的数值分析及实验研究 [D]. 成都: 西南交通大学, 2008.

[17] 罗刚, 周晓军, 李登峰, 等. 不同断面悬浮隧道绕流特性分析 [J]. 铁道学报, 2013, 35（1）: 115-120.

[18] 洪开荣. 超长隧道面临的挑战与思考 [J]. 科技导报, 2018, 36（10）: 93-100.

[19] MANDARA A, RUSSO E, FAGGIANO B, et al. Analysis of fluid-structure interaction for a submerged floating tunnel[J]. Procedia Engineering, 2016, 166: 397-404.

[20] 麦继婷, 罗忠贤, 关宝树. 波流作用下悬浮隧道动态响应的分析估算 [J]. 铁道工程学报, 2006（6）: 51-54.

[21] 陈越. 沉管隧道技术应用及发展趋势 [J]. 隧道建设, 2017, 37（4）: 387-393.

[22] XIANG Y, YANG Y. Challenge in design and construction of submerged floating tunnel and state-of-art[J]. Procedia Engineering, 2016, 166: 53-60.

[23] 惠磊，葛斐，洪友士. 水中悬浮隧道在冲击荷载作用下的计算模型与数值模拟 [J]. 工程力学，2008（2）：217-221.

[24] 吴梦军，李科. 大型水下隧道实验技术与系统研发 [J]. 地下空间与工程学报，2018，14（6）：274-281.

[25] 董满生，张嫄，唐飞，等. 等间距移动荷载作用下水中悬浮隧道管体的位移响应 [J]. 应用力学学报，2016，33（5）：760-765.

[26] FANG, LIN, WU, et al. Comparative analysis on stress state of submerged floating tunnels in different anchor cable arrangement modes[J]. Procedia Engineering，2016.

[27] 孙胜男，陈健云. 地震下悬浮隧道所受动水压力研究——SV 波 [J]. 防灾减灾工程学报，2006（4）：71-76.

[28] 王变革. 水下悬浮隧道锚索的动力响应研究 [D]. 大连：大连理工大学，2007.

[29] FAGGIANO B，PANDURO J，ROSAS M T M，et al. The conceptual design of a roadway SFT in Baja California，Mexico[J]. Procedia Engineering，2016，166：3-12.

[30] 李静，林祥金. 水中悬浮隧道施工风险分析的 BP 神经网络模型 [J]. 建筑管理现代化，2007.

[31] LI K，JIANG X . Research on section form of submerged floating tunnels considering structural internal force pptimization under fluid action[J]. Procedia Engineering，2016，166：288-295.

[32] 李满. 地震作用下水中悬浮隧道管体的动力响应 [D]. 合肥：合肥工业大学，2016.

[33] 汪精河. 定常流作用下单跨悬浮隧道涡激振动可靠性分析 [D]. 成都：西南交通大学，2010.

[34] MARTIRE G，FAGGIANO B，MAZZOLANI F M . Compared cost evaluation among traditional versus innovative strait crossing solutions[J]. Procedia Engineering，2010，4：293-301.

[35] 张嫄. 动力荷载作用下水中悬浮隧道管体的位移响应 [D]. 合肥：合肥工业大学，2017.

[36] 蒋博林，梁波. 国内外拟建水中悬浮隧道设计方案研究 [J]. 水利与建筑工程学报，2017，15（6）：69-75.

[37] ZHANG L，CHEN W，ZHENG Z. Controlling parameter for wave types of long flexible cable undergoing vortex-induced vibration[J]. Procedia Engineering，2010，4：161-170.

[38] 杨国彬. 水下悬浮隧道缆索的优化研究 [D]. 天津：天津大学，2015.

[39] 刘斌，刘祚秋，巫志文. 路面不平顺激励作用下悬浮隧道锚索的动力响应 [J]. 现代隧道技术，2017（5）.

[40] 孙胜男，陈健云. 海底锚固悬浮隧道所受动水压力研究——P波 [J]. 哈尔滨工业大学学报，2008（8）：1292-1296.

[41] 邓荣荣. 海湾悬浮隧道运营期风险评价研究 [D]. 青岛：中国海洋大学，2015.

[42] CHEN Z，XIANG Y，LIN H，et al. Coupled vibration analysis of submerged floating tunnel system in wave and current[J]. Applied Sciences，2018，8（8）.

[43] 田雪飞，董满生，逄焕平，等. 海洋内波和洋流联合作用下水中悬浮隧道的动力响应 [J]. 应用数学和力学，2014.

[44] 杨俊超. 水下悬浮隧道管段结构分析与健康监测方案设计 [D]. 哈尔滨：哈尔滨工业大学，2008.

[45] 何志. 基于流固耦合的深海悬浮隧道悬浮动力响应影响研究 [D]. 重庆：重庆交通大学，2016.

[46] YAN H，ZHANG F，YU J. The lectotype optimization study on submerged floating tunnel based delphi method[J]. Procedia Engineering，2016，166：118-126.

[47] XIAO J，HUANG G. Transverse earthquake response and design analysis of submerged floating tunnels with various shore connections[J]. Procedia Engineering，2010，4：233-242.

[48] 赵佳佳. 地震作用下悬浮隧道的动力响应研究 [D]. 合肥：合肥工业大学，2014.

[49] 蒋树屏，李勤熙. 水中悬浮隧道概念设计及动力分析理论与模型试验进展 [J]. 隧道建设，2018.

[50] 陈健云，孙胜男，王变革. 水下悬浮隧道锚索的动力分析 [J]. 计算力学学报，2008，25（4）.

[51] LIN H，XIANG Y，YANG Y. Vehicle-tunnel coupled vibration analysis of submerged floating tunnel due to tether parametric excitation[J]. Marine Structures，2019，67（9）：102646.1-102646.14.

[52] 苏志彬，孙胜男. 基于随机等价线性化法的悬浮隧道锚索随机振动研究 [J]. 振动与冲击，2015（4）：190-194.

[53] 蒋博林，梁波. 交通荷载作用下水中悬浮隧道动力响应分析 [J]. 铁道建筑，2018，58（8）：75-78.

[54] REMSETH S，LEIRA B J，OKSTAD K M，et al. Dynamic response and fluid/structure interaction of submerged floating tunnels[J]. Computers & Structures，1999，72（4//5）：659-685.

[55] 麦继婷，杨显成，关宝树. 水流作用下悬浮隧道的响应分析 [J]. 现代隧道技术，2005，42（4）：25-31.

[56] JIANG X，LI K. Research on pull-out mechanical characteristics of pile foundation in submerged floating tunnel[J]. Procedia Engineering，2016，166：389-396.

[57] ZHANG K，XIANG Y，DU Y. Research on tubular segment design of submerged floating tunnel[J]. Procedia Engineering，2010，4：199-205.

[58] 杨龙昌. 考虑管段连接作用下悬浮隧道的动力行为研究 [D]. 合肥：合肥工业大学，2014.

[59] 胡鸿运. 定常流作用下拉索式悬浮隧道单节管段的振动初探 [D]. 成都：西南交通大学，2008.

[60] YAN H，YUAN Y，YU J. Fatigue reliability analysis of cable con-

sidering corrosion[J]. Procedia Engineering，2016，166：127-135.

[61] 周金忠，唐健，贺维国，等．矿山法海底隧道废水排水系统设计实践[J]．隧道建设（中英文），2018，38（10）：114-121.

[62] 面向世界和未来"悬浮隧道工程技术研究"正式启动[J].隧道建设（中英文），2018，38（6）：1021.

[63] SUN S N，SU Z B，et al. Parametric vibration of submerged floating tunnel tether under random excitation[J]. China Ocean Engineering，2011.

[64] 罗刚，潘少康，周晓军，等．水下非接触爆炸冲击作用下悬浮隧道动力响应[J].中国公路学报，2018，31（6）：244-253.

[65] 黄柳楠，李欣，伍绍博．水中悬浮隧道关键问题研究进展[J]．中国港湾建设，2017，37（12）：7-10；70.

[66] 田雪飞．内波和海流联合作用下水中悬浮隧道动力响应及振动控制分析[D].合肥：合肥工业大学，2015.

[67] 挪威要建世界首条"水下悬浮隧道"[J].中国公路，2016（17）：27.

[68] 贺效强．潜浮式倒悬索跨海大桥的结构分析[D].武汉：武汉理工大学，2008.

[69] LIN Heng，XIANG Yiqiang，CHEN Zhengyang，et al. Vehicle-tunnel coupled vibration responses of a submerged floating tunnel under excitation of track irregularities[J]. Journal of Vibration and Shock，2019.

[70] 麦继婷，关宝树．琼州海峡悬浮隧道的可行性研究[J]．铁道工程学报，2003，20（4）：93-96.

[71] 疏义广．深海悬浮隧道荷载组合及效应分析[D].重庆：重庆交通大学，2012.

[72] 雷凡．水下柔性结构流固耦合动力效应研究[D].武汉：武汉理工大学，2011.

[73] JIANG L，GAO R．Deformation monitoring during removal of the supporting of T-type rigid frame bridge constructed by rotation method[J]. Procedia Engineering，2010，4：355-360.

[74] YANG，Xiujun. Design environmental protection，energy saving

and safety ventilation system of long highway immersed tunnel[J]. Procedia Engineering, 2016, 166: 32-36.

[75] 麦继婷, 罗忠贤, 关宝树. 流作用下悬浮隧道张力腿的涡激动力响应 [J]. 西南交通大学学报, 2004, 39 (5): 600-604.

[76] 谢立广. 水中悬浮隧道管段接头的力学行为分析 [D]. 成都: 西南交通大学, 2007.

[77] JAKOBSEN B. Design of the submerged floating tunnel operating under various conditions[J]. Procedia Engineering, 2010, 4: 71-79.

[78] 干湧. 水下悬浮隧道的空间分析与节段模型试验研究 [D]. 杭州: 浙江大学, 2003.

[79] 罗刚. 水中悬浮隧道绕流场特性与锚索疲劳损伤研究 [D]. 成都: 西南交通大学, 2013.

[80] SKORPA L. Developing new methods to cross wide and deep Norwegian fjords[J]. Procedia Engineering, 2010, 4: 81-89.

[81] 王长春. 水中悬浮隧道与洋流耦合作用的模型实验 [D]. 成都: 西南交通大学, 2005.

[82] CHEN Jianzhong. Discussion on disaster prevention and rescue measures in underwater interchange tunnel[J]. Procedia Engineering, 2016.

[83] ZHANG Yuan, DONG Mansheng, DING Hao, et al. Displacement response of submerged floating tunnel tube due to single moving load[J]. Procedia Engineering, 2016, 166: 143-151.

[84] 马军庆. 水中悬浮隧道研究现状 [J]. 中国港湾建设, 2008 (6): 71-73.

[85] HONG Y, GE F. Dynamic response and structural integrity of submerged floating tunnel due to hydrodynamic load and accidental load[C]. //International symposium on archimedes bridge ISAB-2010. Beijing: Chinese Academy of Sciences, 2010.

[86] 徐国勇. 悬浮隧道结构选型关键参数理论研究 [D]. 重庆: 重庆交通大学, 2016.

[87] MAI Jiting, YANG Xiancheng, GUAN Baoshu. Dynamic response analysis of the submerged floating tunnel subjected to wave[J]. Journal of Railway Engineering Society, 2007.

[88] 王广地, 周晓军, 高波. 水下悬浮隧道管段结构流阻特性分析 [J]. 西南交通大学学报, 2007（6）: 715-719.

[89] LIANG B, JIANG B. Study on composition and simulation analysis of traffic loads in submerged floating tunnels[J]. Procedia Engineering, 2016, 166: 180-189.

[90] WANG X, LIU G. Research on strait crossing solution of submerged floating tunnel（underwater continuous girder bridge）[J]. Procedia Engineering, 2016, 166: 76-82.

[91] 晁春峰, 项贻强, 杨超. 悬浮隧道锚索流固耦合振动实验研究 [J]. 振动与冲击, 2016, 35（3）: 158-163.

[92] 巫志文, 梅国雄, 刘济科, 等. 随机波浪力激励作用下悬浮隧道锚索频域动力响应 [J]. 现代隧道技术, 2017, 54（6）: 174-179.

[93] 张科乾. 悬浮隧道结构设计分析与健康监测 [D]. 杭州: 浙江大学, 2011.

[94] LONG X, GUO H. Fire resistance study of concrete in the application of tunnel-like structures[J]. Procedia Engineering, 2016, 166: 13-18.

[95] 杨群, 谢立广. 悬浮隧道技术应用前景的探讨 [J]. 成都师范学院学报, 2009, 25（7）: 113-114.

[96] 罗刚, 周晓军. 悬浮隧道锚索涡激疲劳损伤分析 [J]. 西南交通大学学报（社会科学版）, 2014（4）: 642-648.

[97] DING Hao, LI Qinxi, JIANG Shuping, et al. Enlightenment to Floating Tunnel of Existing Typical Submerged Tunnel[J]. Procedia Engineering, 2016, 166: 355-361.

[98] KUNISU H. Evaluation of wave force acting on submerged floating tunnels[J]. Procedia Engineering, 2010, 4: 99-105.

[99] 廖西平, 赵洪波. 悬浮隧道技术研究挑战世界级难题 [J]. 广东交通, 2018.

[100] KANG L, GE F, WU X, et al. Experiments and modeling on the maximum displacement of a long tensioned mooring tether subjected to vortex-induced vibration[J]. Procedia Engineering, 2016, 166: 83-90.

[101] 晁春峰, 项贻强, 杨超. 悬浮隧道锚索流固耦合振动实验研究[J]. 振动与冲击, 2016, 35（3）: 166-171.

[102] 杜凤. 悬浮隧道水下工作环境动态演示系统的研究[D]. 成都: 西南交通大学, 2008.

[103] GE F, LU W, WU X, et al. Fluid-structure interaction of submerged floating tunnel in wave field[J]. Procedia Engineering, 2010, 4（4）: 263-271.

[104] 李剑. 基于模糊综合评价的水中悬浮隧道风险分析[J]. 地下空间与工程学报, 2008（2）: 383-386.

[105] INGERSLEV C. Immersed and floating tunnels[J]. Procedia Engineering, 2010, 4: 51-59.

[106] 秦银刚, 周晓军. 洋流作用下悬浮隧道动力学行为实验研究[J]. 公路交通科技, 2009.

[107] 王广地, 周晓军, 高波. 均匀流作用下悬浮隧道管段水动力参数分析[J]. 四川大学学报（工程科学版）, 2009.

[108] CHEN H, CHEN J, TAN J, et al. Intelligent ventilation and emergency evacuation of underwater tunnel under fire conditions[J]. Procedia Engineering, 2016, 166: 379-388.

[109] 焦双健, 王毓祺, 王振超. 移动荷载作用下悬浮隧道冲击系数影响因素研究[J]. 公路工程, 2017, 42（6）: 268-274.

[110] 项贻强, 杨赢. 中国沿海跨海峡通道建设挑战与技术构想[J]. 中国市政工程, 2016（5）: 1-5.

[111] ZHANG Zhigang, LIN Wei, JI Hai, et al. Layout and design techniques of cross section for the large immersed tunnel[J]. Procedia engineering, 2016, 166: 37-44.

[112] 晁春峰, 项贻强, 等. 悬浮隧道水下锚索抑振装置实验研究[J].

振动工程学报，2016，29（4）：687-693.

[113] 孔鹏. 洋流作用下水中悬浮隧道的动力时程响应 [D]. 重庆：重庆交通大学，2017.

[114] ZHOU K F, LI Y Z, ZHANG B J. Long-term performance research on reinforced concreted beams with pre-Stressed CFRP plate[J]. Advanced Materials Research，2011，295-297：1188-1192.

[115] 李勤熙，蒋树屏. 随机波浪作用下的水中悬浮隧道力学模型实验 [J]. 科学技术与工程，2018，18（10）：161-165.

[116] 林祥金. 悬浮隧道风险分析 [D]. 大连：大连理工大学，2006.

[117] YAN H, WU L, YU J. Mode analysis of the submerged floating tunnel tether[J]. Procedia Engineering，2016，166：136-142.

[118] 董满生，李满，林志，等. 随机地震激励下水中悬浮隧道的动力响应 [J]. 应用数学和力学，2014（12）：1320-1329.

[119] XIANG J, PI X, FENG S, et al. Research on the layout plan of tether-typed submerged floating tunnel[J]. Procedia Engineering，2016，166：69-75.

[120] JIANG B, LIANG B. Study on the main influence factors of traffic loads in dynamic response of submerged floating tunnels[J]. Procedia Engineering，2016，166：171-179.

[121] 项贻强，薛静平. 悬浮隧道在国内外的研究 [J]. 中外公路，2002，22（6）：49-52.

[122] 秦银刚. 洋流涡激作用下水中悬浮隧道稳定性的关键技术研究 [D]. 成都：西南交通大学，2009.

[123] 项贻强，林亨，陈政阳. 移动荷载作用下悬浮隧道动力响应分析 [J]. 振动与冲击，2018，37（4）：82-87.

[124] MARTINELLI L, BARBELLA G, FERIANI A . Modeling of Qiandao Lake submerged floating tunnel subject to multi-support seismic input[J]. Procedia Engineering，2010，4：311-318.

[125] CHEN W, ZHENG Z, LI M. Multi-mode vortex-induced vibra-

tion of slender cable experiencing shear flow[J]. Procedia Engineering, 2010, 4: 145-152.

[126] 项贻强, 陈政阳, 杨赢. 悬浮隧道动力响应分析方法及模拟的研究进展 [J]. 中国公路学报, 2017, 30（1）: 69-76.

[127] 范增. 移动荷载作用下圆形隧道的动力响应研究 [D]. 南京: 江苏大学, 2016.

[128] XU Y. Node-island, multi-layer self-balanced Archimedes Bridge[J]. Procedia Engineering, 2010, 4（4）: 207-215.

[129] HONG Y, GE F, LU W. On the two essential concepts for SFT: synergetic buoyancy-weight ratio and slack-taut map[J]. Procedia engineering, 2016.

[130] 麦继婷, 关宝树. 用 Morison 方程计算分析悬浮隧道所受波浪力初探 [J]. 石家庄铁道学院学报, 2003（3）: 3-6.

[131] GUO Shuangxi, CHEN Weimin, FU Yiqin. Non-linearly restoring performance of SFT's catenary mooring-lines under consideration of its dynamic behaviors[J]. Procedia Engineering, 2016.

[132] 董满生, 赵佳佳, 牛忠荣, 等. 随机地震激励作用下水中悬浮隧道锚索的动力响应 [J]. 合肥工业大学学报（自然科学版）, 2013, 36（1）: 74-78.

[133] 陈馈, 杨延栋. 中国盾构制造新技术与发展趋势 [J]. 隧道建设, 2017, 37（3）: 276-284.

[134] YAN W, GAO F. Numerical analysis of interfacial shear degradation effects on axial uplift bearing capacity of a tension pile[C]// International symposium on archimedes bridge ISAB, 2010.

[135] 汪滔. 隧道交通安全技术研究现状综述 [J]. 四川水泥, 2018, 264（8）: 151.

[136] MICHELE, BARAVALLE, JOCHEN, et al. Risk and reliability based calibration of design codes for submerged floating tunnels[J]. Procedia Engineering, 2016.

[137] 肖明清. 我国水下盾构隧道代表性工程与发展趋势 [J]. 隧道建设（中英文），2018，38（3）：360-371.

[138] 王雪霁，刘罡. 悬浮隧道（水下连续梁桥）跨越海峡方案研究 [J]. 路基工程，2017（6）：152-155.

[139] CHEN W，LI Y，FU Y，et al. On mode competition during VIVs of flexible SFT's flexible cylindrical body experiencing lineally sheared current[J]. Procedia Engineering，2016，166：190-201.

[140] 马建，孙守增，芮海田，等. 中国筑路机械学术研究综述·2018[J]. 中国公路学报，2018.

[141] CANTERO D，ANDERS RØNNQUIST，NAESS A. Recent studies of parametrically excited mooring cables for submerged floating tunnels[J]. Procedia Engineering，2016.

[142] LU W，GE F，WANG L，et al. Slack phenomena in tethers of submerged floating tunnels under hydrodynamic loads[J]. Procedia Engineering，2010，4：243-251.

[143] 王小林，黄彦波. 中外高地应力软岩隧道大变形工程技术措施对比分析——以兰渝铁路木寨岭隧道与瑞士圣哥达基线隧道为例 [J]. 隧道建设（中英文），2018，38（10）：37-45.

[144] LI Y X，QI W G，GAO F P. Physical modelling of pile-group effect on the local scour in submarine environments[J]. Procedia Engineering，2016，166：212-220.

[145] 孙胜男. 悬浮隧道动力响应分析 [D]. 大连：大连理工大学，2008.

[146] 郭翔宇. 我国启动悬浮隧道工程技术研究 [J]. 广东交通，2018（4）：50-50.

[147] 黄彦波. 基于新意法的高地应力软岩隧道施工技术研究 [D]. 西安：西安科技大学 2019.

[148] ZHANG S，WANG L，HONG Y. Structural analysis and safety assessment of submerged floating tunnel prototype in Qiandao Lake（China）[J].

Procedia Engineering，2010，4：179-187.

[149] 范泽旭，袁勇，何任飞，等. 固定支承式悬浮隧道在洋流涡激作用下的动力响应研究 [J]. 铁道科学与工程学报，2020，17（3）：653-659.

[150] LARSSEN R M，JAKOBSEN S E . Submerged floating tunnels for crossing of wide and deep fjords[J]. Procedia Engineering，2010，4：171-178.

[151] MARTINELLI L，DOMANESCHI M，SHI C. Submerged floating tunnels under seismic motion：Vibration mitigation and seaquake effects[J]. Procedia Engineering，2016.

[152] 葛斐，龙旭，王雷，等. 水中悬浮隧道管段锚索耦合模型涡激振动研究 [J]. 中国公路学报，2009（3）：83-88.